U0011202

FINTECH

FINTECH

FINTECH

FINTECH

融科技理論與應用研究小組 / 劉新海 著

FINTECH

金◎融◎科◎技◎名◎詞
速 查 字 典

序

　　放眼世界，數位經濟點燃高品質發展引擎，科技創新成為百年未有的大變局關鍵變數。在兩者效應疊加、共同推動下，金融與科技深度融合、協調發展，於歷經業務電子化、通路網路化之後步入金融科技新階段。資料成為金融發展的關鍵生產要素，賦能資本、勞動力、技術等其他要素，精準配置和靈活調度，提升金融面向實體經濟的服務供給能力。智慧演算法成為金融創新的重要引擎，為重塑服務流程、加強信任基礎、優化風險定價提供有力的支撐。新興算力加強金融數位化轉型基礎，為金融業務系統高效運轉注入源源不斷的持久動力。新型網路逐步架起萬物網際網路的「高速公路」，大幅提升金融服務觸及能力。可以說，金融科技已成為全球金融發展的重要支撐點與增長點。

　　近年來，中國人民銀行貫徹落實黨中央、國務院決策部署，堅持發展與監管「兩手抓」，推動金融科技發展規劃落地實施，構建金融科技監管體系框架，組織開展金融科技應用試點，多措並舉護航金融科技行業守正創新與健康發展。在各方不懈努力下，中國金融科技發展邁上新臺階，呈現出蓬勃生機與旺盛活力，在服務實體經濟、踐行普惠金融、防範化解風險等方面發揮硬核作用。下一步，金融業將堅守金融科技服務實體經濟和人民群眾的本源，堅持問題導向和目標導向，精準研判、因勢利導，以深化金融資料應用為基礎，強化金融科技監管、數位普惠金融為發力點，加快金融數位化轉型為主線，全面提升金融科技水準，共建適應數位經濟發展的現代金融體系，為構建新發展格局貢獻金融力量。

《FinTech 金融科技名詞速查字典》著眼於金融科技蓬勃興起的時代背景，兼論歷史與現實，結合國內外發展實踐，借鑒知識圖譜理念對金融科技有關理論知識進行系統性梳理、總結與解讀，運用視覺化技術實現「一圖覽全貌」的展示效果。這本書的出版可謂恰逢其時，能夠幫助讀者勾勒金融科技知識體系與認知脈絡，為業務人士掌握金融與科技融合發展規律、創新產品服務提供寶貴經驗，為科技工作者洞悉第一線技術發展動態、開展技術選型設計提供實踐借鑒，為管理團隊把握數位經濟時代脈搏、做好企業發展與經營戰略提供有益參考，為消費者提升金融素養、增強風險意識提供有力幫助，實為一本很好的金融科技知識普及之著。

李偉

中國人民銀行科技司司長

2021 年 2 月 5 日

前言

金融科技是一門實踐性強且橫跨多領域的學科。為促進跨界者快速入門,並幫助有關專業人士了解和把握金融科技概況以及各子領域之間的關係,金融科技理論與應用研究小組創作這本《FinTech 金融科技名詞速查字典》。

本書重點研究各種單點概念在金融科技系統中的地位,但並不深究;對書中概念名詞的解釋也力求好懂易記。讀者對金融科技某個概念或問題產生興趣或疑問時,可按圖索驥,借本書將知識延展到金融科技相關領域。特別建議讀者為解惑某個金融科技具體概念時查閱本書,理解概念並建構好思路後再深入閱讀其他相關資料。

當下,金融越發依賴科技進步推動,所以創作《FinTech 金融科技名詞速查字典》具有現實意義。透過閱讀本書,金融從業者能夠拓寬思路,對設計什麼產品、需要什麼技術、該與什麼樣的技術公司合作等問題有的放矢,乃至產生跨界的靈感和創意;技術人員可以更好地理解金融業務本質,將金融業務與技術結合並找到金融科技的應用入口和應用場景;風險投資人評估金融科技產品或服務專案時能更準確地了解金融科技產品和服務的原理、價值、技術路線以及未來的商業趨勢;監管者則可以快速全面了解金融科技基礎原理和邏輯、熱議問題、現象和技術,更好地理解創新,處理創新與監管的關係,制定監管政策並實施方案。

本書作者來自金融科技理論和應用研究小組。該小組誕生在北京大學金融智慧研究中心，由活躍在金融科技一線的十餘位兼具理論研究和實踐經驗的監管機構和業界的年輕專家組成。2018 年，為了普及金融科技知識，借助具有系統性和邏輯性的專業視角理解金融科技的現狀和未來，「金融科技知識圖譜」公益研究專案順勢啟動，專案組主要成員包括劉新海、賈紅宇、楊望和張楠。

書的英文版得到總部位於中國香港的金融安全聯盟（AFS－IT）的支持，已在境外發行。簡體中文版得到 Visa 公司的大力支持。為了更加詳盡地展現金融科技知識體系的全貌和最新進展，「金融科技知識圖譜」公益研究專案中文網站也在籌備上線。

本書通俗易懂，除通篇閱讀引發新思維和共鳴，金融科技從業者、研究者、愛好者等還可將其放於案頭，作為工具書隨時按需查閱。

總之，希望讀者喜歡這本金融科技知識書籍。

目錄

3

信用科技

數位貨幣與
區塊鏈

5

支付科技

監管科技與
網路分析

洗錢防治

資訊與網路安全

個人資料
保護與應用

量化投資

保險科技

參考資料

1

數位經濟和
數位金融

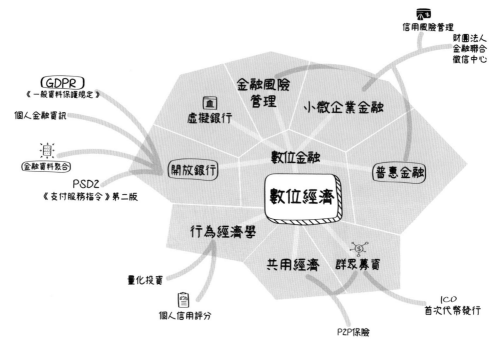

1.1 數位經濟和數位金融模組知識圖譜

金融在數位經濟的場景下呈現數位金融的形態。數位經濟是金融科技的理論支點。數位經濟和數位金融模組知識圖譜如圖 1.1 所示。

首先，數位金融是數位經濟中最具代表性的行業。數位金融是透過行動上網及資訊技術與傳統金融服務相結合的新一代金融服務。數位金融和金融科技相比，金融科技更突顯技術性，而數位金融涵蓋面更廣，強調金融業務的數位化。在新冠肺炎疫情期間，金融科技發揮重要的作用，從傳統金融機構到數位金融平台，金融服務的數位化都得到了大幅度的提升。

2014 年，在世界銀行春季研討會上，中國國際金融公司執行副總裁兼首席執行官蔡金勇在開幕式上說：「數位金融的好處遠遠超出傳統金融服務：這也可以成為發展中國家強大的工具和創造就業機會的引擎。」[1]

中小企業金融雖然在發展中國家繁榮經濟發揮著重要作用，但也是全球性難題。數位金融對於中小企業的發展起著重要作用。它不僅為中小企業提供融資管道，還使它們可以使用電子支付系統、安全的金融產品，以及獲得建立財務記錄的機會。數位技術的進步，從資料模型到智慧風險分析，都為改善中小企業金融服務狀況提供有力的工具。

數位金融也為擴大普惠金融覆蓋面提供龐大的機會。金融服務的新進入者，從行動網路營運商、金融科技公司到超級平台，正利用這些數位化技術延展金融服務的邊界並豐富金融服務的內容，表現科技向善的潮流。

其次，在數位化浪潮的衝擊下，金融風險管理的內涵和向外延展更加豐富，例如，網路安全變得越來越重要，但是金融風險管理的本質和基本形態沒有變化，信用風險仍是金融風險管理的核心內容。在數位金融下，金融風險管理的數位化特徵越來越明顯，可以進行數位化分析和決策，但同時更多新的業態和場景需要金融風險管理與時俱進。大數據風險管控成為新趨勢，依賴於金融科技的監管科技越來越受關注。

再次，數位金融催生出開放銀行和虛擬銀行等新金融服務形態。銀行在數位化技術的推動下開始變革，開放銀行的推出是銀行數位化轉型自我革命的一步。而虛擬銀行的發展可以讓更多的網路科技公司參與金融服務，促進金融與科技的融合。不同於傳統銀行，虛擬銀行不需要依賴實體銀行開展業務，所有的金融服務（存貸取等）都在網上透過數位化方式實現。開放銀行則指商業銀行透過應用程式介面（Application Programming Interface，API）對外進行數位化輸出，包括資料、演算法、流程和其他業務功能，提供更加多樣化的金融產品和服務，促進個人金融資訊有效符合規範開放和金融資料聚合更好發揮作用。銀行資料和服務開放的同時也要注意相對應的保護，《一般資料保護規定》（GDPR）和《第二版支付服務指令》（PSD2）就是歐洲提出的在資料保護的前提下開放金融資料的發展規範。

最後，群眾募資、行為經濟學和共享經濟不僅是數位經濟發展的脈絡分支，還是金融科技創新的理論基礎。群眾募資、行為經濟學和共享經濟在數位經濟形態下出現新的消費場景，也催生出新的金融服務業態。股權式群眾募資給資本市場帶來新思路，然而數位貨幣和區塊鏈的 ICO（首次代幣發行）也帶來全球範圍內的龐大爭議。行為經濟學在金融領域不斷被成功應用，如量化投資交易、以心理測驗的個人信用評分。共享經濟更是帶來一些金融交易模式革命性的變革，例如，P2P（點對點）網路借貸和 P2P 保險改變原有的金融模式，對未來金融科技的發展有著深遠意義。

數位經濟 | Digital Economy

Key word：大數據、共享經濟、普惠金融、網路支付、
跨境支付、個人資料保護、開放銀行

數位經濟是以數位資源為核心要素，以資訊技術（數位技術）為主要驅動力，透過資訊網路（行動通信網路、網際網路、企業內部網路等）連接進行的生產、分配、交換、消費等全部經濟活動的總和。

數位經濟的發展不僅包括以知識為核心的資訊技術產業的興起和快速發展，也包括由資訊技術推動的傳統產業、傳統經濟部門的深刻變革和飛躍性發展。數位經濟並非獨立於傳統經濟之外的「虛擬」經濟，而是在傳統經濟基礎上產生的，經過現代資訊技術提升的進階經濟發展形態。同時，網際網路、行動上網、大數據、電子商務等產業和正在湧現的未知新興業態，也都是數位經濟的組成部分。[2]

數位經濟是指一種數位計算科技（Digital Computing Technology）的經濟，儘管人們認為數位經濟透過網際網路（Internet）和全球資訊網（World Wide Web）的市場開展業務。**數位經濟也被稱為網際網路經濟（Internet Economy）、新經濟（New Economy）或網路經濟（Web Economy）。**

數位經濟與傳統經濟交織在一起，使得區分兩者間清晰的界限變得更加困難。在 20 世紀日本經濟的衰退中，日本經濟學家首先提出「數位經濟」一詞。在西方，這個名詞在唐·泰普史考特（Don Tapscott）於 1997 年出版的《數位經濟：網路智慧時代的前景與風險》（The Digital Economy：Promise and Peril in the Age of Networked Intelligence）中指出數位時代價值創造的兩個主要驅動力——數位資料化和平台化。

數位技術的進步在創紀錄的時間內創造龐大的財富，但是這些財富集中在少數個人、公司和國家手裡。在現行的政策和法規下，這種趨勢可能會繼續，進一步加劇不平等。我們必須努力縮小數位落差，因為全世界一半以上的人連結網際網路的機會有限或根本無法上網。普惠性對於建設惠及所有人的數位經濟至關重要。[3]

數位落差（Digital Divide）是指在全球數位化進程中，不同國家、地區、行業、企業、社群之間，對資訊、網路技術的擁有程度、應用程度以及創新能力的差別而造成的資訊落差及貧富差距分化為兩極的趨勢。特別是人工智慧等新技術的出現，將不可避免地導致勞動力市場發生重大轉變，包括某些部門的一些工作消失，而另一些部門則出現大量就業機會。

數位經濟是經濟發展中最為活躍的領域，與之相關的各類技術與商業模式的創新速度非常快，其中的代表性行業就是**數位金融**和**網際網路金融**。[4]

數位金融泛指金融機構利用數位化技術實現融資、支付、投資和其他新型金融業務的模式。金融機構包括傳統金融機構和新興網際網路金融機構。[5]

數位金融、網際網路金融和金融科技內涵接近，經常被混用。網際網路金融更多被看作利用網際網路平台和技術從事金融業務；金融科技則更突顯技術特性；數位金融更加中性，所涵蓋的面也更廣一些，強調金融業務的數位化形態。

在數位化時代，數位金融是透過網際網路及資訊技術手段與傳統金融服務業態相結合的新一代金融服務。

數位金融為增強金融普惠性和擴展基本服務提供龐大的機會。發展中國家只有將近50％的人擁有手機。金融服務的新進入者，例如行動網路業者（Mobile Network Operator，MNO）、電子支付服務供應商（Payment Service Provider，PSP）、商戶聚合商、零售商、金融科技公司、新銀行和超級平台，正在利用這些數位化技術改變金融服務的競爭格局。

透過技術創新（包括加密貨幣）提供金融服務可以促進其他各類金融服務提供和使用，包括信貸、保險、儲蓄和金融教育。現在被排除在外的人可以享受更多的轉帳、小額貸款和保險服務。數位金融對於中小企業也發揮著重要作用。數位金融不僅為中小企業提供融資管道，還使它們可以使用電子支付系統、安全的金融產品，以及獲得建立財務歷史記錄的機會。

中小企業金融 | Small and Medium Enterprise（SME）Finance / Micro, Small and Medium Enterprise Finance

Key word：個人徵信、企業徵信、信用評估、供應鏈金融、替代資料、徵信中心

中小企業金融主要是指專門向小型和微型企業提供相關金融產品和服務，包括銀行貸款、租賃、分期付款、股票 / 公司債券發行，風險投資或私募股、資產融資（如保險理賠和發票貼現）、政府補助或提供貸款等形式。

中小企業金融全稱為**微型、小型和中型企業（Micro、Small and Medium Enterprise，MSME）金融**，也被稱為**中小企業金融**。中小企業在大多數經濟體，

尤其是發展中國家有著重要作用，占全球企業的大多數，是就業機會和全球經濟發展的重要貢獻者。它們代表著全球約 90％ 的企業和超過 50％ 的就業機會。

與大中型企業相比，中小企業獲得銀行貸款的可能性較小。相對地，它們依靠內部資金或來自親朋好友的現金來創辦或經營。國際金融公司 2018 年估計，發展中國家有 6500 萬家中小企業（約占中小企業的 40％）的融資需求得不到滿足，每年未滿足的融資需求為 5.2 萬億美元，相當於現今全球中小企業貸款水平的 1.4 倍。根據波士頓諮詢公司（BCG）的研究報告，中國的中小企業中有 80％ 難以獲得企業信用貸款支援，12％ 可以獲得正規金融機構的企業信用貸款支持，8％ 可以獲得新金融機構的企業信用貸款支持。

2020 年 4 月，美國聯邦小型企業總署實施專門針對中小企業的薪資保障計劃（Paycheck Protection Program，PPP），用金融手段幫助受新冠肺炎疫情衝擊的中小企業渡過難關。

2020 年 6 月 1 日，中國人民銀行等金融監管部門連續發佈 3 份檔案，強調加大金融對實體經濟的支援。其中包括兩項直達實體經濟的創新貨幣政策工具：普惠中小企業貸款延期支援工具和普惠中小企業信用貸款支援計畫。[6]

金融科技可以為改善微型、小型和中型企業金融服務狀況提供技術支援，例如，一家秘魯的公司創業金融實驗室（Entrepreneurial Finance Lab，EFL）透過心理測量（Psychometrics）技術對中小企業主進行信貸信用評估，不完全依賴信用記錄和資產抵押，目前營運 10 年，業務擴展至東南亞和非洲地區。

【案例】在哈佛大學甘迺迪政治學院的研究成果，2006 年美國哈佛大學發展金融學教授阿西姆·赫瓦加（Asim Khwaja）和博士比利·科林格（Bailey Klinger）創立 EFL，目的是刺激新興市場企業的金融活力，開發低成本的信貸審查工具，解決資訊不對稱問題。

2013 年，EFL 和主要的拉丁美洲零售商合作發佈直接面對消費者的心理測量信用評分，從厄瓜多爾的銀行到辛巴威的服裝商店，都開始使用

EFL 的心理測量信用評分。截至 2013 年，利用這一模型已經放貸超過 2 億美元，主要對象是不太符合傳統審貸標準的企業主，平均每位可獲貸款 7500 美元。

EFL 的服務內容：EFL 最初只是針對中小企業主進行風險評核，由於消費者和中小企業主的信貸記錄有很多相似之處，EFL 也開始針對消費者進行風險評核。在商業借貸方面，EFL 主要針對小企業主和個體戶，借貸的範圍為 500 美元到 25 萬美元，時間為 3 個月到 48 個月，貸款可以用於資本營運和資產購買等，正式或非正式的行業都可以申請。在消費者信貸方面，零售商和銀行利用 EFL 的工具，增加對消費者購買時點預購能力的判斷，像通常被傳統信貸機構拒之門外的消費者（如無法驗證收入的雇員或其他人）提供貸款。貸款金額一般為 300 美元到 10 萬美元，時間為 3 個月到 48 個月以上。

【成效】EFL 的實踐證明，中小企業如果保持正常運轉，就能夠不斷帶來效益，所以中小企業貸款業務被證明是很好的收入來源。由於使用 EFL 的測量信用評分，秘魯的一家銀行業務增長 50%。利用 EFL 的測量信用評分計算出的償還率和傳統測量信用評分一致，但利用傳統測量信用評分時，貸款申請者需要有一定長度的信貸歷史，而且要償還 60% 的利息，相比之下，利用 EFL 的測量信用評分，這種短期貸款只需要償還 30% ~45% 的利息。[7][8]

普惠金融 | Inclusive Finance

Key word：行動支付、消費金融、消費者徵信、企業徵信、替代資料、個人資料保護、資料代理商、社群網路

普惠金融（Inclusive Finance）也被稱作包容性金融，最早由聯合國於 2005 年提出。普惠金融強調透過加強政策扶持和完善市場機制，使偏遠貧窮地區人群、中小企業和社會低收入人群能夠獲得價格合理、方便快捷的金融服務，不斷提高金融服務的可獲得性。

普惠金融的主要特徵如下：

一是逐步涵蓋整個金融體系和全部人群。如世界銀行將普惠金融定義為：「在一個國家或地區，所有處於工作年齡的人都有權使用一整套價格合理、形式方便的優質金融服務。」金融普惠聯盟（Alliance for Financial Inclusion，AFI）認為：「普惠金融是將被金融體系排斥的人群納入主流金融體系。」

二是內涵豐富。金融普惠聯盟認為，普惠金融包括 6 個核心內容，即金融消費者保護、代理銀行、手機銀行（行動銀行）、國有銀行改革、金融服務提供者多元化、資料收集與評估體系。

三是多方參與。從國際到國內，從政府到非政府組織共同推進。國際上正組織研究開發普惠金融指標體系，並要求各國制定國家策略，明確做出相關承諾。各國也積極推進普惠金融發展。新興經濟體與發展中國家在普惠金融方面進行積極探索，取得可喜的成績。巴西、印尼、肯亞、墨西哥等國的做法具有一定的代表性。

【案例】肯亞大約有 1900 萬人，其中大部分都沒有銀行帳戶，但約 80% 的人有手機。在肯亞，手機支付平台 M-Pesa 就成肯亞的「支付寶」。在 M-Pes 這個名字裡，「M」代表流動，「Pesa」在當地語言中是錢的意思。在肯亞，在藥房、路邊香料鋪、理髮店，甚至公共廁所都可以使用 M-Pesa，在很多小店（類似於中國售賣手機卡的門市），人們可以用 M-Pesa 存錢提現，店員則手工記在帳本上。在肯亞農村地區，M-Pesa 允許使用者將貨幣儲存在虛擬的「儲值」帳戶裡，這一帳戶由電信營運商的伺服器維護，由使用者透過手機操作。使用者可以透過本地的 M-Pesa 代理商存款和取款，也可以使用其可用餘額，將貨幣發送給其他手機用戶、購買話費或者儲值貨幣等。電信營運商將客戶儲存在 M-Pesa 帳戶上的資金匯集到統一帳戶，委託商業銀行集中管理。

儘管看上去「簡陋」，但 M-Pesa 的創新性非常符合肯亞的國情。它對手機的要求非常簡單：不需要高階的智慧手機，即使是最便宜的手機——一部老式的 Nokia 手機也可以做到。值得一提的是，M-Pesa 的成功並不是靠慈善，它已經實現並建全的運轉——每年為營運商 Safaricom 帶來 1.5 億美元的收入，達到普惠金融和商業可持續盈利的效果。[9]

行為經濟學 | Behavioral Economics, BE

Key word：信用評估、量化投資、系統性風險、心理測量

行為經濟學將行為分析理論、心理學與經濟學結合起來，修正古典經濟學中關於理性人、偏好及效用最大化等假設的不足，解釋個人決策中的非理性現象。

丹尼爾·康納曼（Daniel Kahneman）和阿摩司·特沃斯基（Amos Tversky）提出的展望理論（Prospect Theory）、錨定效應（Anchoring Effect），與理察·塞勒（Richard Thaler）提出的心理帳戶（Mental Accounting）理論，被認為是行為經濟學的三大理論基石。丹尼爾·康納曼與理察·塞勒因此分別獲得 2002 年與 2017 年的諾貝爾經濟學獎。

展望理論，也被稱作預期理論或展望理論，描述的是在不同的風險預期條件下，人們的行為傾向是可以預測的。展望理論包括確定性效應（Certainty Effect）、反射效應（Reflection Effect）、損失趨避（Loss Aversion）和參照依賴（Reference Dependence）等內容。

確定性效應，描述的是在確定性收益與不確定性收益之間，大多數人會選擇前者。在股票市場，確定性效應表現為強烈的獲利了結傾向，人們喜歡將盈利的股票賣出，而持有虧損的股票。反射效應，與確定性效應「相反」，是指當面對兩種虧損選擇時，大多數人會變為風險偏好型，在確定性虧損和不確定性虧損之間，往往會選擇後者，選擇賭一把。在股票市場，反射效應表現為持有虧損的股票，而不忍心「割肉」，不願承認自己做錯，期待股票能再漲回來。

損失趨避，描述的是大多數人對損失和收益的敏感程度不對等，損失帶來的痛苦比相同額度的收益帶來的幸福感要強烈。虧 5 萬元的痛苦，比賺 5 萬元的快樂，要強烈得多。在股票市場，虧損的股票投資人每日為帳面浮虧而痛苦萬分，在長期的股票橫向盤整中，不忍「割肉」離場。

參照依賴，是指多數人對得失的判斷往往著重在參考點。例如，假設選擇 A 是自己年收入 100 萬元，同事年收入 50 萬元；選擇 B 是自己年收入 120 萬元，同事年收入 200 萬元。大部分人會選擇 A，人的選擇除了受金錢本身影響，還受比較、嫉妒等心理影響。

錨定效應，是指當人們需要對某個事件做定量估測時，會將某些特定數值作為起始值，起始值像錨一樣制約著估測值。在做決策的時候，人們會不自覺地給予最初獲得的資訊過多的關注。[10] 例如，在價格談判中，人們常常以「先入為主」的價格作為錨定價格。如果賣方要價 1000 元，買家就會以此價格砍價；如果買方先報價 500 元，賣方就會以此價格加價。尤其是在價值標準難以判定的市場，如股票市場，這種先入為主的心理更能影響人們對價格的預測。

心理帳戶理論，用於解釋個體在做消費決策時為什麼會受到沉沒成本（Sunk Cost）的影響。心理帳戶，是指人們會根據金錢的獲取方式、儲存方式或支付方式，無意識地將金錢加以歸類，並賦予不同價值，進行管理。[11] 比如，大部分人對工作賺來的錢精打細算，而對股票的投資收益則不知節制。

心理帳戶理論的一個重要結論是，合併和分開事件會對人的心理造成不同影響。例如，如果有多個利多好消息，則盡可能分開發訊息，人們就能夠獲得持續的幸福感；如果有多個不好的消息，則盡可能合併一次性發佈出來，讓人們只痛苦一次。在股票市場，上市公司在做市值管理時，往往持續發放「小」的利多好消息；而關於財務醜聞，則會一次性釋放「大」的利空消息。

群眾募資 | Crowdfunding
Key word：ICO、網路借貸

群眾募資是指透過網際網路來展示和宣傳創意作品或創業計畫，吸引感興趣的購買者或投資者對專案進行資金的支援，在一定時間內募集預先設定的募資金額的過程。[12]

群眾募資的概念來自群眾外包（Crowdsourcing），群眾外包是一種透過分散式協作來解決問題的方式。群眾募資與群眾外包略有不同，群眾募資不僅要解決一個小的任務，還需要籌集一定數額的資金。

群眾募資概念進入公眾視野源於美國最早的創意群眾募資網站 Kickstarter。

Kickstarter 的創始人陳佩里（Perry Chen）是一名期貨交易員，他熱愛藝術，曾開辦一家畫廊，並主辦一些音樂會。他曾因資金問題被迫取消一場在新奧爾良爵士音樂節上舉辦的音樂會，於是便有建立一個募集資金的網站的想法。2009 年 4 月，Kickstarter 正式上線。

Kickstarter 平台上最知名的專案是 Pebble E-Paper 智慧手錶。發起者在 Kickstarter 上設定的「融資」目標是 10 萬美元，在 37 天內籌集 10266845 美元，來自約 69000 個群眾募資支持者。

實際上，Kickstarter 的「融資」本質上並不是一種融資，而是一種商品預售，只不過這種商品還在設想中，並不是成熟產品，比正常商品預售的風險要大得多。

按照美國著名群眾募資研究機構 Massolution 的分類，群眾募資可以分為 4 種類型：一是捐贈式群眾募資，二是回報式群眾募資，三是債權式群眾募資，四是股權式群眾募資。其中，債權式群眾募資一般可以理解為網路借貸，捐贈式群眾募資被劃歸為慈善領域。狹義上，群眾募資一般指的是回報式群眾募資和股權

式群眾募資。Kickstarter 是為創意提供融資的回報式群眾募資平台，還有一些為創業者提供早期創業融資的股權式群眾募資平台，如美國的 AngelList。

由於股權式群眾募資本質上是一種股權融資行為，需要接受公司或證券相關法律的約束。對於向公眾公開募集資金的行為，各個國家有不同的法律限制。美國為了支援創業中小企業融資，順應網際網路股權式群眾募資浪潮，專門制定《新創公司推動法案》（Jumpstart Our Business Startups Act，JOBS），又名《**JOBS 法案**》，以對小額股權式群眾募資進行豁免。

群眾募資涉及的領域很廣，不僅包括藝術作品、發明創造、科學研究、創業募資，還包括演藝、競選等領域的資金募集。

在**數位貨幣**與**區塊鏈**領域，**ICO** 是一種新技術形態下的群眾募資行為。現有群眾募資監管框架對 ICO 監管也是一種參考，相關部門應對數位貨幣的性質加以區分，制定相對應的監管政策。

共享經濟 | Sharing Economy

Key word：網路借貸、P2P 保險、區塊鏈

共享經濟是一種經濟模式，通常被定義為點對點的活動，透過社群的線上平台獲取、提供或共用對商品和服務登入。共享經濟允許個人和團體從未被充分利用的閒置資產中賺錢。透過這種方式，物理資產作為服務載體可以被共用。

共享經濟在過去幾年裡不斷發展，如今它已成為一個「包羅萬象」的概念，指的是大量線上交易，甚至可能包括企業對企業（**B2B**）的交互。其他加入共享經濟的平台包括：

聯合工作平台──在大城市為自由工作者者、企業家和在家工作的員工提供共用的開放工作空間的公司。

P2P 借貸平台——允許個人以比傳統信貸更低的利率向其他人放貸的公司。

時尚平台——允許個人出售或出租衣服的網站。

自由工作者平台——為自由工作者者提供外包服務的網站，範圍從傳統的自由工作者到約聘服務。

典型的例子包括交通類的優步（Uber）和大陸滴滴，短租房屋（間）的 Airbnb 等。

虛擬銀行 | Virtual Bank, VB

Key word：數位金融、網際網路金融、開放銀行

虛擬銀行是指透過網際網路或其他形式的電子管道，而非實體分支機構提供零售銀行服務的銀行。[13]

虛擬銀行也被稱為**網路銀行**，主要透過網際網路、通訊系統和電腦系統向客戶提供銀行服務，包括 ATM 機（自動取款機）、POS 機（零售終端）、無人銀行、電話銀行、線上銀行和手機銀行等載體。

不同於傳統銀行，虛擬銀行沒有實體網點，所有服務（包括申請帳號、存款、借貸、投資諮詢等）都在網上實現，大大縮減實體網點的房屋租賃成本和人工成本。虛擬銀行同時能夠實現 3A（Anytime、Anywhere、Anyhow）金融服務。

全球第一家真正意義上的虛擬銀行是 1995 年 10 月 18 日開業的美國安全第一網路銀行（Security First Network Bank‧SFNB）。1994 年 4 月，由 Area 銀行、美聯銀行（Wachovia）、Hunting Bancshares 股份公司、Secureware 和 Five Space 電腦公司等聯合成立。SFNB 獲得美國聯邦銀行管理機構的批准，其前臺業務幾乎全部在網際網路上開展，當時在金融界引起極大迴響。1998 年 10 月，SFNB 除技術部門以外的所有部門被加拿大皇家銀行（Royal Bank of Canada）以 2000 萬美元收購。[14]

在中國香港，香港金融管理局率先引入虛擬銀行的概念，並於 2018 年 5 月 30 日公佈《虛擬銀行的認可》指引修訂本，闡釋虛擬銀行的發牌原則。截至 2019 年年底，已經有 8 家機構獲得香港金融管理局發放的虛擬銀行牌照。香港虛擬銀行掛牌名單見表 1.1。

中國境內的虛擬銀行主要由網際網路公司設立，例如，浙江網商銀行、深圳前海微眾銀行，是持有銀行牌照的獨立法人實體。此外，傳統商業銀行也在逐步向虛擬銀行轉型，隨著使用者習慣網路金融服務，大量的銀行據點將退出歷史舞臺。

表 1.1 香港持牌照的虛擬銀行名單 [15、16]

發牌時間	名稱	股東
2019 年 3 月 27 日	Livi VB Limited	中國銀行、京東數科、怡和洋行（Jardine Matheson）
	SC Digital Solutions Limited	渣打銀行、攜程、香港電訊有限公司（HKT）、電訊盈科（PCCW）
2019 年 3 月 27 日	眾安虛擬金融有限公司（ZhongAn Virtual Finance Limited）	眾安國際
2019 年 4 月 10 日	Welab Digital Limited（WDL）	WeLab
2019 年 5 月 9 日	螞蟻商家服務（香港）有限公司〔Ant SME Services（Hong Kong）Limited〕	螞蟻金服
	貽豐有限公司（Infinium Limited）	騰訊、中國工商銀行、香港交易所、高瓴資本集團（Hillhouse Capital Group）以及知名商人鄭志剛先生（透過其投資主體 Perfect Ridge Limited）
	洞見金融科技有限公司（Insight Fintech HK Limited）	小米（90%）、尚乘
	平安壹帳通銀行（香港）有限公司〔PingAn OneConnect Bank（Hong Kong）Limited〕	中國平安

開放銀行 | Open Banking

Key word：個人資訊、個人金融資訊、大數據、資料採擷、
金融資料聚合、帳戶資訊服務、GDPR

開放銀行是一種新型商業模式，指的是商業銀行透過 API，向協力廠商機構和資訊技術服務商開放資料、演算法、交易、流程或其他業務功能，提供更加多樣化的金融產品和服務的模式。

開放銀行的概念最早於 2015 年出現在英國。這一概念的提出是有其商業背景的。當時，英國前五大商業銀行在零售銀行市場的佔有率達 80% 以上。大銀行失去充分競爭的動力，其金融產品和服務創新能力弱化。與之相對，業務壟斷造成小銀行和金融科技公司進入市場困難，生存空間被不斷擠壓。兩種不利局面都導致市場競爭乏力，消費者要支付更高的交易和服務費用，卻無法享受到更好的金融服務。

為了打破這一僵局，歐盟發佈的**《支付服務指令》第二版（PSD2）**要求歐洲的商業銀行「必須」把支付服務和相關消費者資料開放給消費者授權的協力廠商機構和資訊技術服務商。其主要目的是降低行業進入門檻，同時加強對消費者對自身資訊和資料的所有權的保護。

不僅如此，2018 年，歐盟進一步推出**《一般資料保護規定》（General Data Protection Regulation，GDPR）**。GDPR 透過賦予歐盟居民對個人資料更多的控制權，對網路安全、數位經濟進行嚴格監管。網際網路經濟和商業銀行體系等眾多領域受 GDPR 約束。

可以説，PSD2 和 GDPR 為開放銀行的規範有秩序地發展和歐盟**個人資料保護**提供基礎保障。

資料屬於客戶，而不是銀行，這是 PSD2 賦予開放銀行超前的價值主張。儘管聽起來很簡單，但它足以改變銀行和客戶之間的「權力平衡」。開放銀行使客戶更加自由，客戶可以把資料交給任何他認為能夠提供更好服務的機構。在該商業模式下，商業銀行體系將演變為提供金融服務的基礎設施平台。

【案例】2017 年 5 月，西班牙對外銀行（Banco Bilbao Vizcaya Argentaria，BBVA）的 API 開放市場正式對西班牙客戶開放。在 API 類型方面，根據 BBVA 官網的資料，截至 2018 年 8 月，BBVA 的 API 開放市場在西班牙、墨西哥、美國三個國家共計開放 12 類 API，主要零售客群資料、企業客群資料、整合多管道資料和支付貸款授權。

中國的開放銀行尚處於起步階段。由於中國金融業務採取牌照制度，以及個人資料保護制度尚未制定，共用使用者資料、開展開放銀行業務還需要監管和立法的更進一步。2020 年 5 月，全國人大常委會工作報告已經明確指出，圍繞中國安全和社會治理，制定生物安全法、個人資料保護法、資料安全法。這意味著個人資料保護法終於有望發表。在商業模式方面，與國外銀行開放資料介面不同，中國境內銀行主要借助網際網路管道為各種金融科技應用場景提供新型金融產品和服務。[17]

金融風險管理 | Financial Risk Management

Key word：信用風險、信用風險管理、徵信中心、徵信機構、系統性風險、網路安全

金融風險管理是指企業透過使用金融工具來管理暴險的業務操作，金融風險管理需要確定風險來源，進行衡量並計畫解決這些問題。

在風險管理中，首先識別、評估和確定風險優先順序，然後將經濟資源用於最小化、監視和控制不利事件發生的可能性，以最大限度把握機會。在 2008 年

金融危機之後，金融部門越來越重視風險管理。除了政府制定更嚴格的規定外，金融機構也比以往更加謹慎。所有業務都以兩個因素來承擔風險：不利情況發生的可能性以及此不利情況帶來的成本。

金融風險管理可以透過定性和定量的角度開展。作為一個專業化風險管理領域，金融風險管理側重於何時及如何使用金融工具來對衝高暴險。

銀行和金融科技初創公司都面臨三種主要的風險：信用風險、市場風險和操作風險。

信用風險是最常見和重要的金融風險，是指由於借款人未能及時、足額償還債務而產生的債務違約風險。

市場風險是指因市場價格變動而導致頭寸①損失的風險。

操作風險是指由於內部流程、人員和系統的不完備或失效，或者外部事件（包括法律風險）而導致損失的風險。

風險管理是一套完善的專業流程，如圖 1.2 所示，包括**風險識別（Risk Identification）**、**風險測量（Risk Measurement）**、**風險處理策略（Risk Treatment Strategy）**和**風險管理實施（Risk Management Implementation）**。

風險識別：在確定的風險管理範圍內，識別所有潛在的風險。透過風險識別可以分析潛在風險的來源（例如，較低的房價可能會導致較低的回收率和較高的抵押貸款損失）或識別潛在的威脅（例如，哪些因素會導致按揭貸款損失增加）。識別所有風險需要對金融產品有很好的了解。一個主要的風險是在組織中由於能力不足而缺乏識別能力。

---

① 頭寸（Position）是一個金融術語，指的是個人或實體持有的特定商品、證券、貨幣等的數量。Position 翻譯為頭寸，源於舊社會作為貨幣的「袁大頭」每 10 個串起來為 1 寸。

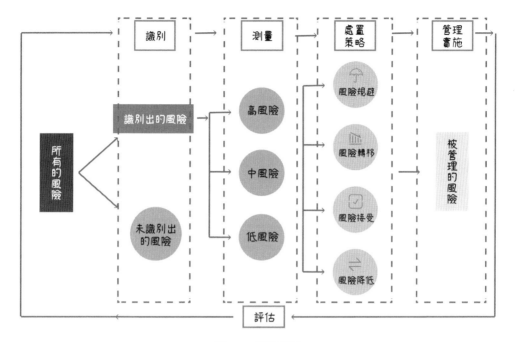

圖 1.2　風險管理

風險測量：要給出確定的風險來源，需要對風險進行量化。對於信用風險，這意味著，需要確定實際違約機率和風險驅動因素（如企業的盈利能力）的變化對違約機率的影響。如果房價下降 10%，那麼違約損失會增加多少？風險測量需要對過去的事件進行徹底的統計分析。當過去的事件只在有限的範圍內有效時，可以應用理論模型和專家知識來量化風險。

風險處理策略：可以透過以下 4 種方法對風險進行處置。

1. 規避風險：處理風險的一個簡單方法就是規避風險。這意味著一個人不會投資風險太高或對其風險了解不充足的產品。

2. 降低風險：風險降低或緩解意味著一個人承擔部分風險，但不承擔全部風險。對於高風險的行業，可能需要銀行在個體違約的情況下出售其抵押品。

3. 接受風險：作為業務戰略的一部分，一個人接受或保留必須承擔的風險。
   風險接受通常適用於低風險資產。

4. 風險轉移：一個人將風險轉移到另一家銀行或保險公司。被稱為金融擔保
   人的保險公司為信用風險提供擔保。

風險管理實施：一旦定義風險管理策略，就開始實施，並投入相對應的人力、
物力、財力，包括人員、統計模型和 IT（資訊技術）系統。[18]

2 人工智慧相關支援技術

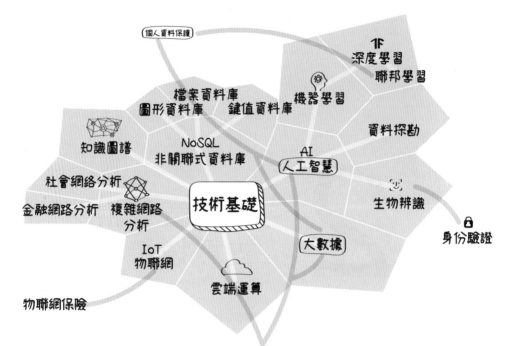

圖 2.1 人工智慧相關支援技術模組知識圖譜

在歷屆金融博覽會上，可以看到全球各大 IT 公司頗具規模的展位，這是因為金融是資訊技術的最佳應用場景之一。新技術不僅在金融領域的應用最容易產生效果，而且金融業也最容易為新技術的紅利買單。金融科技的成功應用往往能夠帶動一般經濟場景的技術應用，例如，從作為金融科技代表性產品的 ATM 引入到現在各式各樣的 All in one 設備廣泛應用，從金融領域的人臉辨識深入應用推廣到各種生活場景的生物辨識。人工智慧相關支援技術模組知識圖譜如圖 2.1 所示。

首先，金融科技並不是一個全新的名詞。從過去的機械動力和電子技術對金融業的改變，到資訊技術和金融業務的融合，只能說技術進步對金融業的影響越來越深入，其反覆運算升級越來越快。

本次資訊技術浪潮以大數據、雲端運算和物聯網等技術為驅動力，以人工智慧技術為核心，人工智慧技術包羅萬象，以理論分析為主的機器學習和以應用實踐為主的資料探勘都是其重要分支，人工智慧也是金融智慧的理論基礎。2016 年5 月，大陸中央四部委發佈《「網際網路＋」人工智慧三年行動實施方案》。2019 年 9 月 6 日，中國人民銀行正式發佈的《金融科技（FinTech）發展規劃（2019—2021 年)》中也提出要穩步應用人工智慧技術。

其次，波士頓諮詢的研究表示：從不同行業來看，金融行業的資料強度為各個行業之首，因此大數據理念很受金融機構重視。舉例而言，銀行中有著大量的資料儲存，在每 100 萬美元收入中，銀行業創造和使用的資料大約是 820GB，遠多於其他行業。麥肯錫的研究報告也稱，大數據、雲端運算以及區塊鏈等下一代金融顛覆性技術正逐步成熟。

大數據提供豐富資訊的原料，雲端運算則提供計算服務的新動能，物聯網延伸資訊感知的邊界。有了基礎支撐技術的發展讓金融智慧化變成可能，深度學習的異軍突起使人臉辨識和語音辨識的準確率得到大幅度的提升，使金融身份辨識技術升級換代。作為深度學習的一個分支，聯邦學習目前被應用於解決個人隱私安全問題。洗錢防制領域也是人工智慧技術的應用場景。智慧分析演算法的進步使自動量化投資和聊天機器人得到越來越多的應用。中國「人工智慧＋投資顧問」形式的智慧型投顧草創企業陸續出現。

信用評核產品是機器學習和資料探勘在金融領域成功應用的一個典範，自動化決策代替人工分析，促進全球信貸市場的快速發展。目前，越來越多的人工智慧技術被逐漸應用於未來信用評核產品的研發。

同時，技術的進步也帶來商業模式的創新，例如，物聯網技術就催生出物聯網保險業務形式。

其次，傳統的關聯式資料庫以查詢為主，適合儲存結構化資料。大數據和智慧分析對資料庫技術提出新的要求，於是非關聯式資料庫應運而生，對統治金融領域數十年的大型電腦、小型電腦帶來挑戰和衝擊。

　　知識圖譜是一種特殊的圖形資料庫。對大數據進行深入挖掘和智慧分析可以獲得豐富的知識，就金融機構如何對知識進行管理以便於檢索和理解，知識圖譜技術提供有力的工具。目前，中國多家金融機構正在嘗試知識圖譜的商業應用。

　　最後，金融系統變得越來越複雜，傳統的特徵向量描述和線性分析模型已經滿足不了充斥著各種關聯的金融系統，適合複雜系統建模的複雜網路分析技術在2008年金融危機之後變得越來越重要，從「太大而不能倒」到「太關聯而不能倒」，從宏觀系統性風險分析到微觀信用風險管理，未來甚至會形成金融網路分析的相關學科。而社會網絡分析是現代社會學中的一項關鍵技術①，其理念和技術相對比較成熟，可以用於一些金融分析場景，例如洗錢防制。

　　「一圖勝千言。」無論是知識的視覺化還是網路分析結果的視覺化，都可以為決策人員或跨領域、跨部門的專業人士更好地理解金融現象。

　　關於人工智慧的挑戰和未來展望，目前金融智慧的發展仍低於預期，在很多金融交易環節很難完全實現自動化，可以預見，在未來一段時間內，金融智慧仍會以「人工智慧＋專業經驗」的形式提供金融決策支援。

　　人工智慧在金融領域應用中的「黑箱」問題，即演算法的可解釋性問題，一直沒有得到很好的解決，因此金融智慧應用中存在的交易風險不容忽視。同時，人工智慧帶來的道德倫理問題和監管問題也需要引起關注。

　　人工智慧對金融領域的深遠影響還無法預測，找到真正的應用場景還需要認真思考。

---

① 社會網絡分析和社會網路分析的英文都是 Scoial Network Analysis，社會網路分析的研究對象是社會中的主體，覆蓋面廣；社會網絡分析的對象往往是個人，資料來源是各種社交媒體，本書採用社會網絡分析的概念。

人工智慧 | Artificial Intelligence, AI

Key word：量化投資、智慧型投顧、信用評核、監管科技、洗錢防制、生物辨識、身份驗證、詐騙檢測、大數據、雲端運算

人工智慧指一系列可以執行感知、學習、推理和決策任務的電腦技術，目的是讓機器能像人一樣解決問題。人工智慧系統透過正確解釋外部資料，從外部資料中學習，並獲取解決任務的能力，實現特定的目標。

人工智慧是一個綜合性、跨學科的技術概念，側重於感知、分析、預測和決策，涵蓋機器學習等學科。在過去十幾年中，得益於大數據技術、演算法和計算能力的提升，人工智慧在金融科技、網際網路、物聯網等行業取得長足發展。

阿爾法圍棋（AlphaGo）所代表的人工智慧在 2015 年大放異彩，所展示的機器深度學習能力讓大數據處理有了新的方向。科技界人士對於人工智慧在金融行業的應用充滿期待，希望機器人透過大量學習現有的金融資料、策略、研發報告等，成為一個腦容量巨大、計算力超群的投資大師。

目前，業界普遍應用的人工智慧方面的演算法和技術包括**自然語言處理**（**Natural Language Processing，NLP**）、**電腦視覺**（**Computer Vision**）和**機器人**（**Robotic**）等。

自然語言處理研究的是能實現人與電腦之間用自然語言進行有效通訊的各種理論和方法。自然語言處理廣義上被定義為透過軟體自動辨識和處理自然語言（語音和詞彙）。借助自然語言處理，透過詞彙分析，可以進行垃圾郵件檢測（Email Spam Detection）。在金融領域，自然語言處理可以用來建構金融知識圖譜和進行輿情分析。自然語言處理也是智慧客服應用的重要支撐。

電腦視覺是指使用電腦及相關設備對生物視覺功能進行類比，使機器具備視覺功能。機器視覺（Machine Vision）是指使用攝影機等影像攝取裝置將被攝目標轉換成影像訊號，然後傳送給專用的影像處理系統，影像處理系統將影像訊號轉換為數位訊號，進行數位訊號處理，捕獲並分析視覺資訊。電腦視覺和機器視覺都可用於金融身份辨識和詐騙檢測。

機器人通常被用於執行人類難以執行或難以持續執行的任務。機器人技術是一個專注於設計和製造的工程領域。例如，配置到汽車裝配線、醫院辦公室清潔、旅館提供食物和準備食物、農場巡邏甚至協助員警的功能。在**金融科技領域**，機器人可用於智慧客服應用和**機器人自動化流程**。

商業銀行應用人工智慧的歷史可以追溯到 1987 年。當時，美國平安太平洋國際銀行（Security Pacific National Bank，SPNB）成立一個防欺詐小組來打擊未經授權使用簽帳金融卡的行為。諸如 Kasisto 和 MoneyStream 之類的程式在金融服務中使用人工智慧。

現在，人工智慧在金融行業的應用主要涉及生物辨識的**身份驗證**（例如人臉辨識和語音辨識）、**自動量化投資**和聊天機器人等。

【案例】一家新興對沖基金 Aidyia 開發自動交易機器人，該智慧系統可以分析出大量資料中蘊含人們不能輕易發現的模式和規律。電腦輔助交易雖不是什麼新鮮事，但是該公司希望可以開發人工智慧軟體，在沒有人工指導或干預的情況下，這些人工智慧軟體可以自行適應快速變化的交易市場。除了價格資料和技術圖形分析，該智慧系統充分研究現有資料，集合不同語言的新聞報導、基本因素和經濟資料，以及其他多個市場的價格和成交量，綜合各種資料，經過複雜驗算，最終組合成模型，做出個股在未來一個星期或一個月將出現的價格走勢預測。[1]

【案例】Kensho 是美國一家大數據和人工智慧技術的金融科技公司，專注於各類事件對金融市場的影響進行智慧分析。該公司在 2014 年獲得高盛的投資。Kensho 研發一種針對專業投資者的大規模資料處理分析平台。該平台將取代現有各大投顧分析師們的工作，可以快速、大量地進行各種資料處理分析並能即時回答投資者所提出的複雜金融問題，如各種資料、股勢走向等，有望成為金融領域中虛擬市場的研究助手。如對於「當油價高於 100 美元一桶時，中東政局動盪會對能源公司的股價產生怎樣的影響」等問題，即使對沖基金的分析師能找到所有資料，也要花數天的時間才能得出答案。但 Kensho 的軟體可以透過分析藥物審批、經濟報告、貨幣政策變更、政治事件以及這些事件對全球幾乎所有金融資產的影響等 9 萬餘份資料，立刻為 6500 萬個問題找到答案。[2]

現在，腦科學的發展程度還遠遠不夠，甚至可以說人們對人類大腦的執行過程知之甚少。從這個角度看，說人工智慧可以理解大數據還為時尚早。人類對於大數據的應用仍處於資料收集和基本分析的發展階段。因此，智慧金融在一些重要的交易環節還不能完全實現自動化。可以預見，未來一段時間內，智慧金融仍會以「人工智慧 + 專業經驗」的形式提供金融決策支援。[3]

機器學習 | Machine Learning, ML

Key word：信用評核、詐騙檢測、量化投資、洗錢防制、監管科技

機器學習是專門研究電腦怎樣類比或實現人類的學習行為，以獲取新的知識或技能，重新組織已有的知識結構使之不斷改善自身性能的電腦應用領域。機器學習是人工智慧的核心部分集合。

機器學習是**人工智慧**的熱點研究方向。在**影像辨識**、**語音辨識**、**自然語言處理**、**天氣預測**、**基因表現**、**內容推薦**等方面都有重要應用。機器學習的核心思想是透過輸入大量訓練資料（也稱樣本資料）對模型進行訓練，使模型掌握資料所

蘊含的潛在規律，進一步對新輸入的資料進行準確的分類或預測。這與人的學習過程類似，人透過分析以往的經驗，獲得新的方法，對未來的新問題進行預測。

機器學習流程如圖 2.2 所示。

圖 2.2 機器學習流程

機器學習與計算統計學（Computational Statistics）緊密相關，訓練資料建立數學模型，以便進行預測或決策，而無須明確的程式設計來執行任務。

資料探勘（Data Mining，DM）是機器學習中的一個研究領域，專注於透過無監督學習進行探索性資料分析。在實際應用中，機器學習與資料探勘通常採用相同的方法，有很多重疊之處。兩者的區別在於，機器學習側重於預測，從訓練資料中獲知已知知識的屬性，而資料探勘則側重於從大規模資料中發現新知識。

機器學習在金融領域的應用是近年來的熱門領域，包括市場行銷獲客、**信用風險評估、反欺詐**、金融資料品質檢測、**量化投資**和**監管科技**應用等。

【案例】ZestFinance 信用評估模型美國金融科技公司 ZestFinance 採集與信貸相關的 70000 個訊號，如圖 2.3 所示，在 10 個分散的模型上執行，每一個模型都需要成百上千個變數，都有不同的預測功能。這 10 個模型以以下方式進行投票：讓你最聰明的 10 個朋友坐在一張桌子旁，然後詢問他們對某一件事情的意見。這種機制的決策性能遠遠好於業界的平均水準。[4]

此外，機器學習的第一線研究和應用還包括**整體學習（Ensemble Learning）**和**聯邦學習（Federated Learning）**。

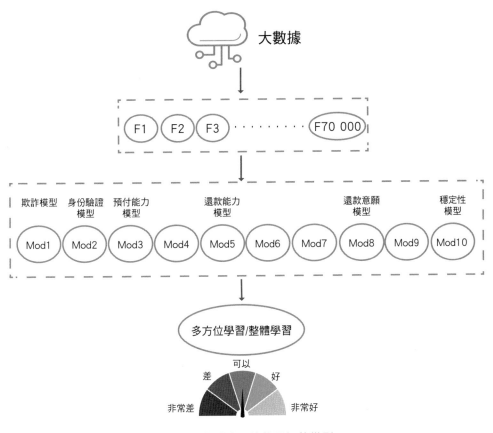

圖 2.3　整體學習的信用評估模型

　　整體學習是使用一系列演算法模型進行分析預測,並使用某種規則對各個模型的分析結果進行整合進而獲得比單個演算法模型更好的預測效果的機器學習方法。如果把單個模型比作一個決策者的話,那麼整體學習就相當於多個決策者共同進行一項決策。由於融合多種資訊和綜合多種決策機制,經過整體學習得到的分析預測要明顯優於單一模型。不同角度的資訊存在關聯,各自包含互補資訊,多方位學習過程相當於一個不斷收集證據的過程,加強資訊互補,進行資訊融合。

假設兩個獨立的評估模型關於利潤率提升的結果分別是提升至 16.9% 和 9.4%，傳統信用評估中，第二個模型可能被棄用，但如果發現這兩個模型包含互補資訊，那麼將這兩個模型的結果融合，可以將利潤率提高至 38%。

聯邦學習是機器學習的應用話題，這是由於金融行業的資料來源往往分散在不同的網際網路公司，這些資料是網際網路公司的核心資源，它們並不願意與其他商業實體進行交換。並且，大規模的資料交換也會產生**個人隱私問題**、**資料洩露和資訊安全問題**。金融科技行業為解決這一問題，提出聯邦學習的概念。

資料探勘 | Data Mining, DM

Key word：大數據、信用評核、替代資料、資料代理商、個人資料保護、詐騙檢測、實質受益人

資料探勘是指從大型資料集裡自動搜尋隱藏於其中的有著特殊關聯的資訊的過程。

資料探勘是跨電腦科學和統計學的一個子領域，其價值是使用智慧方法從資料集中選取資訊，並將資訊轉換為可理解的結構，以供進一步使用。資料探勘是**資料庫知識探索（Knowledge Discovery in Database，KDD）**的子過程。除了資料探勘，資料庫知識探索還涉及資料庫管理、資料預處理、頻繁模式挖掘、集群分析、分類、詞彙分析和視覺化等。

資料探勘對大量資料進行半自動或自動分析，以選取以前未知的有趣模式，包括**資料記錄組**（集群分析）、異常資訊記錄（異常檢測）和依存關係（關聯規則挖掘、順序模式挖掘）。資料探勘通常需要使用資料庫（DataBase，DB）和資料倉儲（Data Warehouse，DW）技術。

資料探勘與資料分析有所不同。資料分析用於測試資料集上的模型和假設，與資料量無關。資料探勘則借助機器學習和統計模型來發現大量資料中的隱含模式。

　　由於金融領域的資料密度高、品質好，資料探勘在該領域的應用最為廣泛，例如，信貸風險評估（信用評核），市場行銷中的顧客分類、分群和推薦，**洗錢防制和詐騙檢測**等。

　　信用評核是資料探勘在金融領域最成功的應用，可以說信用評核是資料探勘的「前輩」，因為其出現和應用的時間遠早於資料探勘（資料探勘的歷史還不到 30 年），信用評核是消費者行為資料方面最早的應用之一。說起信用評核模型，大家就會提起邏輯回歸模型，但是實際上信用評核模型的建構過程並不是簡單應用邏輯回歸之類的預測演算法，目前資料探勘中最常用的技術，包括聚類、分類特徵選擇、關聯性分析以及預測分析等，在信用評核中都得到成功的應用。圖 2.4 展示信用評核的基本流程。[5]

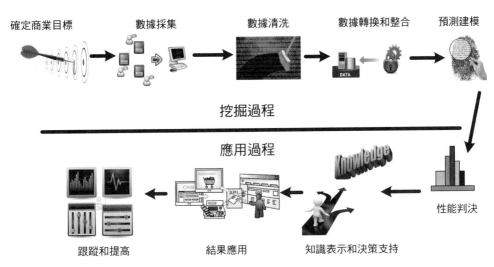

圖 2.4　資料探勘應用範例（以信用評核為例）

大數據 | Big Data

Key word：人工智慧、替代資料、個人資料保護、信用評估、複雜網路分析、壓力測試、物聯網

大數據是利用進階分析技術來處理大規模、結構複雜和高頻的資料集，以獲得高價值資訊的工程領域。大數據分析技術所處理的資料集包括結構化、半結構化和非結構化資料，資料規模從兆位元組（TeraByte，TB）到皆位元組（ZettaByte，ZB）不等。

隨著**人工智慧**、行動網路、**社群網路（Social Network）**和**物聯網**等新經濟領域的發展，來自各種感測器、事務性應用程式、社交媒體等新資料來源的資料規模越來越大，資料形式越來越複雜，並且大部分數據還是即時產生並需要立即計算的。

在這樣的形勢下，大數據應運而生。大數據是一個用於描述資料集的術語，其大小或類型超出傳統關聯式資料庫以低延遲捕獲、管理和處理資料的能力。

大數據的概念最早於 2001 年由資訊技術研究和分析公司顧能有限公司（Gartner）提出。儘管如此，直到 2009 年，大數據這個概念才逐漸在網際網路行業傳播開來。知名資料科學家麥爾荀伯格（Viktor Mayer-Schönberger）總結了大數據的「4V」特徵，即高容量（Volume）、高速度（Velocity）、高多樣性（Variety）、高價值（Value）。[6]

大數據分析技術使分析師、研究人員和商業使用者可以使用以前無法探訪或無法使用的資料做出更快、更好的決策。企業可以使用先進的分析技術，例如**詞彙分析**、**機器學習**、**預測分析**、**資料探勘**、**統計和自然語言處理**，單獨或與其他企業一起從以前未使用的資料來源中獲取新的資訊。

金融領域是大數據分析技術應用的理想場景，大數據分析技術不僅可以用於微觀信用風險分析，還可以輔助進行**系統性**金融風險分析和經濟決策。[7、8、9]

　　圖 2.5 展示大數據在金融領域的應用及其市場參考佔有率。其中，組合投資和資本市場分析、風險模型建構、信貸和信用卡辦理、即時安全監測是大數據在金融領域的重要應用。[10]

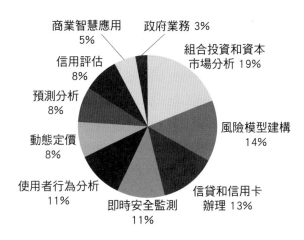

圖 2.5　大數據在金融領域的應用及其市場參考佔有率

【案例】知名網際網路金融公司 ZestFinance 由 Google 和第一資本金融公司（Capital One Financial）的前員工建立。ZestFinance 憑藉其大規模資料量及大數據分析技術，將貸款放給信貸記錄差或無信貸記錄的客群。大多數美國的銀行依賴 FICO 的信用評分，該信用評分 15～20 個變數。然而，ZestFinance 則能夠監測成千上萬個指標，並在 250 毫秒內得出分析結果。

ZestFinance 對消費者的信用評分與 FICO 一樣，也是兩個基本面的資訊：消費者的還款能力和消費者的還款意願。不同之處在於，傳統徵信依賴於銀行信貸資料，而 ZestFinance 大數據徵信的資料不僅包括信貸資料，還包括與消費者還款能力、還款意願相關的一些描述性風險特徵資料。對這些相關描述性風險特徵資料的抽取與篩選是 ZestFinance 的核心技術。不過，這些資料和消費者的信用狀況的相關性較弱，ZestFinance 憑藉強大的技術引擎收集更多的資料層面來加強對這些弱相關資料的描

述能力。這使大數據徵信不依賴於傳統信貸資料，對傳統徵信無法服務的信貸記錄差或無信貸記錄的人群進行徵信，進而實現對整個消費人群的覆蓋。[11] 大數據的信用評估思路如圖 2.6 所示。

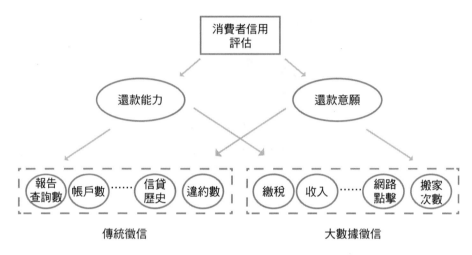

圖 2.6 大數據的信用評估思路

【案例】美國三大徵信機構之一益百利（Experian）開發出跨管道身份辨識（Cross-Channel Identity Resolution，CCIR）引擎，利用大數據技術挖掘消費者購物行為、線上瀏覽方式、電子郵件回應和社交媒體活動等資料所包含的有效資訊，可以滿足行銷人員應對社群網路、網頁瀏覽等消費者接觸點即時更新的需求。例如，跨管道身份辨識可以判斷商場中的某一特定消費者與關注該商場在臉書（Facebook）和推特（Twitter）上的行銷帳號的某一消費者是否為同一個人。

知識圖譜 | Knowledge Graph

Key word：機器學習、自然語言處理、複雜網路分析、視覺化

知識圖譜是資訊技術領域的一種圖的資料結構，用來描述客觀世界中的概念、實體（Entity）和關係（Relation）。知識圖譜的資料結構由節點（Point）和邊（Edge）組成，每個節點表示語意符號，即概念和實體，每條邊表示語意符號之間的語意關係。一般來說，知識圖譜就是把所有不同種類的資訊連接在一起而得到的一個關係網絡，提供從關係的角度去分析問題的能力。

知識圖譜可以被看作一種圖形結構的**資料庫**，所有需要用到資料庫的場景都可以做成圖譜。任何特定行業都可以建立自己的知識圖譜，方便知識管理和知識搜尋，只是工程量大、費時費力，需要長期維護。

知識圖譜是一種知識管理工具，和本體（Ontology）聯繫密切。在表現形式上，知識圖譜和語意網路（Semantic Network）相似。語意網路由相互連接的節點和邊組成，節點表示概念（Concept）或者物件（Object），邊表示它們之間的關係。不過，語意網路更側重於描述概念或物件之間的關係，而知識圖譜則更偏重於描述實體之間的關聯。

知識圖譜是由 Google 在 2010 年收購開放式資料庫公司 MetaWeb 後發展而來的。MetaWeb 當時專注於將不同文字表述與同一實體連接起來，並探索這些實體的屬性（如明星的年齡）以及彼此之間的聯繫，最終提供一種新的搜尋形式。有了知識圖譜，Google 可以更好理解使用者搜尋的資訊並總結出與搜尋相關的內容，幫使用者找出更準確的資訊。使用者利用知識圖譜往往會獲得意想不到的發現。例如，使用者可能會了解到某個新的事實或新的聯繫，進而促使其進行一系列全新的資訊檢索。

透過知識圖譜可以完成兩個重要的目標：

1. 透過知識分類提高搜尋準確度。

2. 透過知識分類最佳化搜尋結果的展示。

知識圖譜的關鍵技術有：

1. 實體的抽取，是指從無結構或半結構的 Web 檔案中選取結構化的資訊，並將其關聯到某個實體概念上。

2. 知識圖譜中實體和實體之間關係的建立。

【案例】Google 知識圖譜是 Google 的一個知識庫，其使用語意檢索從多種來源收集資訊，以提高 Google 搜尋的品質。Google 於 2012 年將知識圖譜加入其搜尋服務，首先在美國使用。據 Google 稱知識圖譜的資訊有許多來源，包括美國中央情報局（CIA）的《世界概況》、Freebase 和維基百科。其功能與 Ask.com 和 WolframAlpha 等問題問答系統相似。截至 2012 年，Google 知識圖譜的語意網路包含的物件超過 570 億個，介紹超過 18 億個，這些不同的物件之間有連結關係，用來理解搜尋關鍵字的含義。知識圖譜應用範例如圖 2.7 所示。

【案例】金融業務本體（the Financial Industry Business Ontology，FIBO）是一個商業概念模型庫，描述金融行業中的金融工具、商業實體和工作流程，將金融知識標準化和模型化，可用於資料協調、標準化資料集成和機器學習。

【案例】騰訊知識圖譜方案 Topbase 是騰訊技術工程平台部（TEG-AI）建構和維護的一個通用知識領域圖譜專案。Topbase 涉及 226 種概念和 1 億多個實體。在技術上，Topbase 支援知識圖譜的自動建構和資料的及時更新。目前，Topbase 主要應用於微信的「搜一搜」、資訊流推薦和智慧問答等產品中。[12]

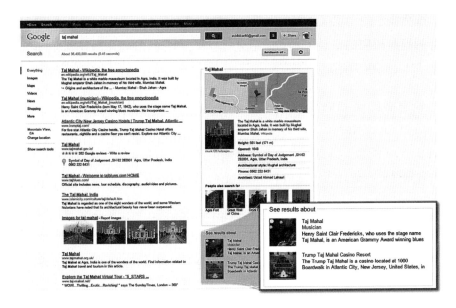

圖 2.7　知識圖譜應用範例

註：尋找 Taj Mahal（泰姬瑪哈陵），給出相對應的結果，包括音樂家和紀念陵墓兩類。

複雜網路分析 | Complex Network Analysis, CNA

Key word：金融網路分析、擔保圈、洗錢防制、監管科技、支付網路、詐騙檢測、壓力測試、金融風險管理

複雜網路是指具有自組織、自相似、吸引子、小世界、無標度中部分或全部性質的網路。一般來說，複雜網路就是一種呈現高度複雜性的網路。

　　複雜網路是由數量龐大的節點（研究物件）和節點之間錯綜複雜的關係（研究對象之間的關係）共同構成的網路結構。複雜網路分析技術針對越來越多、越來越複雜的事物之間的關聯關係進行非線性建模。對複雜網路的研究興起於 21 世

紀初，這個概念的出現很大程度上受到對電腦網路、技術網路、大腦網路和社群網路等的經驗研究的啟發。複雜網路分析、網路科學（Network Science）和網路理論（Network Theory）有密切聯繫。

比較有名的複雜網路有無尺度網路（Scale Free Network）和小世界網路（Small World Network），小世界網路也稱六度分隔理論（Six Degrees of Separation）。兩者都具有特定的結構特徵，其中，前者呈冪律（Power Law）分佈，後者則是非均質性質（Non-homogeneous Nature）。

複雜網路分析最初應用於計量學（Bibliometrics），之後用於網路搜尋。複雜網路分析最初的成功應用是 Google 在 1998 年利用 PageRank 演算法解決了大量網頁即時搜尋的問題。[13] **社群網路分析（Social Network Analysis，SNA）**緊隨其後。臉書、騰訊、推特和微博的崛起都與社群網路技術的應用有關。於某地區企業之間擔保貸款的複雜網路建模如圖 2.8 所示。

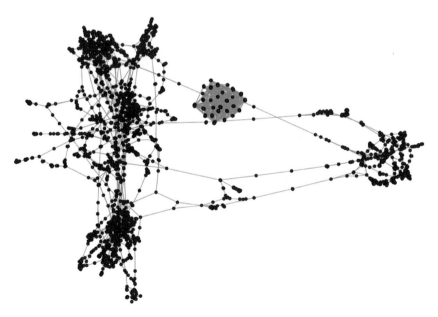

圖 2.8 某地區企業之間擔保貸款的複雜網路建模

註：其中企業為網路節點，連接線為企業之間的貸款擔保關係。

　　複雜網路也是研究傳染病的一種重要的數學模型，無論是曾經的 SARS（嚴重急性呼吸道症候群）病毒還是現在的新型冠狀病毒 2019-nCOV，其傳染病模型都有一個重要的概念，叫作基本再生數（Basic Reproduction Number）。其含義是一個典型的感染者會讓多少其他人被感染。若基本再生數大於 1，則疾病會蔓延；若小於 1，則疾病會消失。

　　金融網路中也有類似於傳染病的問題，例如金融危機。

　　就複雜網路分析在金融領域的應用而言，**供應鏈網路（Supply Chain Network，SCN）**是多年來的經典應用。2007—2008 年全球金融危機之後，金融網路蓬勃發展。複雜網路是金融系統的良好模型。網路理論是系統風險的分析基礎。國外金融機構、中央銀行和金融監管機構已經將複雜網路分析應用於銀行間拆借市場，監測欺詐行為，開展流動性、系統性等金融風險的管理。

　　此外，**詐騙檢測**和**洗錢防制**也是複雜網路分析的合適應用場景。

社會網絡分析 | Social Network Analysis, SNA

Key word：複雜網路分析、金融網路分析、視覺化

社群網路分析，也稱社交網路分析，是指透過網路和圖論研究社會結構的過程。它根據節點（網路中的各個參與者或事物）以及它們之間的連接（關係或交互作用）來表示網路結構。

　　通常透過社會網絡分析得出的視覺化社交結構包括社交媒體網路、迷因傳播網路、資訊流通網路、朋友和熟人網路、商業網絡、知識網路、社群網路、合作關係圖、親戚關係和疾病傳播。這些網路通常借助社群網路的視覺化，其中節點用點表示，關係用線表示。視覺化透過改變節點和線的視覺關係反映特定的屬性，提供一種定性評估網路的方法。

一個多世紀以來，人們就使用社群網路來描述複雜的社會系統下成員間的關係，包含所有層級，從人際關係到國際關係。1954 年，巴恩斯（J.A.Barnes）開始使用這個術語，系統化地呈現關係模式，統一大眾與社會科學家眼中的傳統概念：有限制的群體（如部落、家庭）和社會分類（如性別、種族）。

社會網絡分析已成為現代社會學中的一項關鍵技術。一些學術研究已經顯示，社會網絡分析在很多層面（從家庭到國家層面）運作，並達到關鍵作用，決定問題如何得到解決，組織如何執行。它還應用於人類學、生物學、人口統計學、傳播研究、經濟學、地理、歷史、資訊科學、組織研究、政治科學、公共衛生、社會心理學、發展研究、社會語言學和電腦科學，現在還可以作為一種消費者分析工具。

社會學理論認為，社會不是由個人而是由網路構成的，網路中包含節點及節點之間的關係，社會網絡分析透過對網路中關係的分析探討網路的結構及屬性特徵，包括網路中的個體屬性及網路整體屬性，網路個體屬性分析包括點度中心度、接近中心度等；網路的整體屬性分析包括小世界效應、小團體研究、凝聚子群等。社群網路示意圖如圖 2.9 所示。

對於**洗錢防制**這種需要挖掘客戶關係、分析大量交易的工作，社會網絡分析特別適用。在資金網路分析中，實質受益人的人際關係往往不能直接得到，即便可分析，所帶來的大量資訊也無法提供有用資訊。計算能力的限制、交易對象的複雜加大網路分析的規模，洗錢者與正常交易人員在交易方式上的細微差別可能在大規模的網路分析中消失。因此，要挖掘金融情報，從大規模的資金網路中找出高品質的資訊，需要靈活地運用社會網絡分析方法。

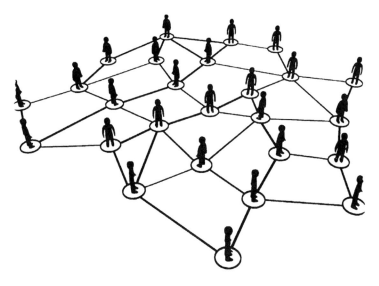

圖 2.9 社群網路示意圖

視覺化 | Visualization / Inforgraphic

Key word：資料探勘、洗錢防制、知識圖譜、情報視覺化

視覺化（Visualization）是利用電腦圖形學和影像處理技術，將資料轉換成圖形或影像在螢幕上顯示出來，並進行交互處理的理論、方法和技術。

　　在日常生活中，視覺化技術常常是被優先選擇的技術，用來解釋氣象、經濟和選舉等的結果。[14] **視覺化**可以使一些複雜問題簡化。儘管大多數技術學科（例如資料探勘）中通常強調演算法或數學方法，但視覺化也能在資料分析和結果理解方面起到關鍵作用，特別是將分析結果呈現給跨領域或高階的人士輔助決策分析。

通常將視覺化擴展為可視分析（Visual Analytics）。可視分析是資訊視覺化和科學視覺化領域的產物，其重點在於互動式可視介面所促進的分析推理。

對於視覺化，有「一圖勝千言」的說法。視覺化或視覺化分析對於金融領域的大數據分析變得越來越有用。視覺化可以分為資訊視覺化、知識視覺化、產品視覺化和網路視覺化。

資訊視覺化（也稱資料視覺化，Data Visualization）：專注於使用電腦支援的工具來探索大量抽象資料，透過圖形清晰有效地展示資料，已經得到廣泛應用，例如編寫報告、管理工商企業、跟蹤任務進展等。人們還可以利用視覺化技術發現原始資料中不易觀察到的資料聯繫，利用**資料視覺化**製作一些圖案，例如資料雲圖。[15]

知識視覺化：使用視覺技術表示知識傳遞，其目的是透過互補使用電腦和非電腦的視覺化方法來改善知識的傳遞。

產品視覺化：涉及視覺化軟體，用於查看和操作產品相關 3D 模型、技術製圖、建立和裝配流程，可以方便理解產品。

網路視覺化：節點為圓點或其他形狀，透過有向或無向的邊來連接，通常是理解網路結構的最佳方式。除了節點相互連接的基本結構以及可選的連接方向外，網路視覺化還可以顯示節點和連接屬性，例如，社團發現或連接權重。

最有用的網路視覺化是互動式的，尤其是在網路複雜的情況下。例如，互動式網路視覺化允許使用者放大和縮小，以及拖動節點以更改其位置或選擇節點以僅顯示其本身及其相鄰節點。附加的節點和連結資訊可能會在滑鼠懸停時顯示，並且進階視覺化功能允許使用者互動式地更改映射和填滿節點或連結。

視覺化往往和複雜網路分析聯繫密切，複雜網路分析的一個顯著特點就是可以對分析結果進行視覺化呈現，圖 2.10 是全球股票市場網路的視覺化。[16]

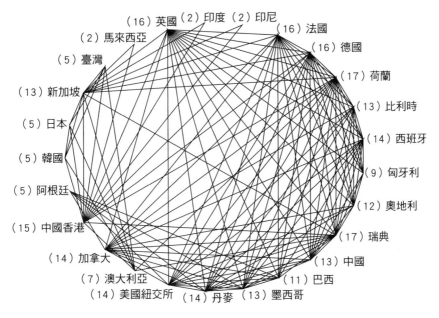

圖 2.10 全球股票市場網路的視覺化

深度學習 | Deep Learning, DL

Key word：量化投資、詐騙檢測、生物辨識、資料探勘

深度學習是人工智慧領域中機器學習的分支，是一種以人工神經網路（Artificial Neural Network，ANN）為基礎架構，對資料進行特徵學習的電腦演算法。

　　深度學習的概念源於人工神經網路的相關研究。與人工神經網路類似，深度學習也試圖模仿大腦神經元之間神經傳導物質的傳遞和資訊的處理。與人工神經網路的區別在於，深度學習是以專家系統（Expert System，ES）為代表，用大量「如果 - 就」（If-Then）規則定義的「自上而下」的演算法結構，而人工神經網路則是一種「自下而上」的結構。

深度學習被應用到機器學習領域。包含多個隱藏層的多層感知器就是一種深度學習結構。深度學習透過多層處理，逐漸將初始的「低層」特徵表示轉化為「高層」特徵表示，之後用簡單模型即可完成複雜的分類等學習任務。正因為有這麼多特性，深度學習也可以稱作特徵學習（Feature Learning）、表徵學習（Representation Learning）或階層學習（Hierarchical Learning）。

機器學習的演算法和資料訓練集中在特徵學習和表達部分。有趣的是，這部分工作一般是由人工而非機器完成的。人類專家透過建立模型描述樣本的特徵，但是人類專家設計出好的模型並非易事。如果用演算法自動學習取代人類專家建模，就需要用到深度學習。也就是說，深度學習使機器學習在全自動資料分析的方向上前進一步。

2006 年，加拿大多倫多大學教授、機器學習領域的翹楚辛頓（Geoffrey Hinton）和他的學生 Ruslan Salakhutdinov 在《科學》（Science）上發表一篇文章，開啟深度學習在學術界和工業界發展的浪潮。如今，已有數種深度學習架構，如深度神經網路、多層神經網路、遞迴神經網路和卷積神經網路等，廣泛應用於電腦視覺、語音辨識、自然語言處理、音訊辨識、社群網路資訊過濾、機器翻譯、生物資訊學、藥物設計、醫學影像分析、材料檢查和棋盤遊戲程式等領域，它們產生的結果可與人類專家媲美，甚至在某些情況下優於人類專家。

【案例】人類視覺系統資訊處理的深度學習

從初階的 V1 區選取邊緣特徵，再到辨識 V2 區的形狀或目標部分，再到更高層，即整個目標。也就是說，高層特徵是低層特徵的組合，從低層到高層特徵表示越來越抽象，越來越能表現語意或意圖。抽象層面越高，存在的可能猜測就越少，就越利於分類。[17] 人的大腦對視覺成像過程的分層處理如圖 2.11 所示。

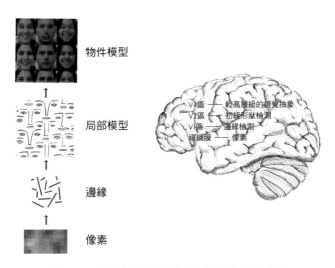

物件模型

局部模型

邊緣

像素

V4區 —— 較高層級的視覺抽象
V2區 —— 初級形狀檢測
V1區 —— 邊緣檢測
視網膜 —— 像素

圖 2.11 人的大腦對視覺成像過程的分層處理

【案例】反欺詐和洗錢防制中的深度學習

監測欺詐或洗錢的傳統方法可能依賴於交易金額，而深度學習非線性技術包括時間、地理位置、IP（網際網路協議）位址、零售商的類型以及任何可能表明欺詐活動的特徵。神經網路的第一層處理原始資料登錄（例如交易金額），並將其作為輸出傳遞到下一層；第二層透過輸入其他資訊（例如使用者的 IP 位址）來處理上一層的資訊，並傳遞其結果。下一層獲取第二層的資訊，並輸入諸如地理位置等的原始資料，使機器的模式更加完善。這一方式在神經網路的所有層次上持續進行。

聯邦學習 [18] | Federated Learning

Key word：機器學習、深度學習

聯邦學習又稱聯邦機器學習（Federated Machine Learning），是一個**機器學習**框架，能有效幫助多個機構在滿足使用者隱私保護、資料安全和政府法規的要求下，進行資料使用和機器學習建模。

聯邦學習分佈在多個設備上的資料集建構機器學習模型，同時防止資料洩露。聯邦學習可以避免未授權的資料擴散並解決資料孤島問題。

傳統的資料集中處理模式存在很多弊端，由於人們需要把資料集中起來進行處理，需要收集和傳輸資料，在這個過程中可能會侵犯隱私、洩露資料，可能會產生資料的集中和壟斷。

為了改變這種集中處理資料的模式，聯邦學習應運而生。和傳統的機器學習演算法要求集中處理資料不同，聯邦學習把演算法發到所有資料擁有者手中，在本地對資料進行學習，然後對所有學習的結果進行整合，得到最終結果。具體說法，如果傳統的機器學習是把資料「餵」給演算法，那麼聯邦學習就是讓演算法去主動覓食。

最早把聯邦學習技術投入應用的是 Google。2017 年，Google 推出一款安卓手機的聯邦學習程式。它透過將演算法程式發送到每個使用者的手機上，回收回饋資訊，獲得想要的分析結論。看到 Google 的實踐後，中國的大型網際網路企業很快認識到聯邦學習的價值，騰訊旗下的微眾銀行、阿里巴巴旗下的螞蟻金服①陸續推出類似的技術解決方案，並將它們應用到實踐領域。在這些大型網際網路企業的推動下，目前聯邦學習技術已經開始在金融、保險、電子商務等領域得到應用，而其潛在的應用相當可觀。在一些行業研究機構發佈的報告中，這一技術甚至已經被譽為「推動人工智慧下一波高潮的重要力量」，以及「數位時代的新基礎設施」。

聯邦學習雖然解決由資料集中所帶來的很多問題，但它本身又會引發很多新的問題：

- 企業要參與聯邦學習，就必須貢獻資料，並沒有完全解決資料孤島問題。
- 對於硬體可能會提出要求，實現存在難度。

---

① 螞蟻金服將自己的方案稱為「共用學習」，但從本質上看，它和聯邦學習的思路是一致的。

- 如何處理對參與者的激勵。

- 為造假和攻擊留下漏洞。

- 給市場競爭帶來負面影響，加強平台公司的作用。

- 帶來智慧財產權問題。

雲端運算 | Cloud Computing

Key word：大數據、人工智慧、資料探勘、網路安全

雲端運算是指透過網際網路交付的計算服務，包括伺服器、儲存、資料庫、網路、軟體、分析等，以提供更快的創新、靈活的資源並實現規模經濟。

在電腦網路的拓撲結構中，網際網路一般用「雲」的形狀表示，所以透過網際網路實現的計算服務具體地稱為雲端運算。雲端運算並非單一技術，而是分散式計算（Distributed Computing）、平行計算（Parallel Computing）、效用計算（Utility Computing）、網路儲存（Network Storage）、虛擬化（Virtualization）、負載均衡（Load Balance）等傳統電腦和網路技術發展融合的產物。因此，可以認為雲端運算是一種資訊技術產品或服務。

在雲端運算環境下，使用者能夠將檔案和應用程式儲存在遠端伺服器上，然後透過網際網路探訪所有資料，而不用將檔保留在專有的硬碟驅動器或本機存放區設備上。只要電子設備可以探訪網路，使用者就可以隨時探訪資料和執行應用程式。這意味著使用者可以不受探訪地點的限制來享受遠端計算服務。

2006 年 8 月 9 日，Google 首席執行官艾立克・史密特（Eric Schmidt）在搜尋引擎大會（SES San Jose 2006）首次提出「雲端運算」的概念。Google「雲端計算」源於谷歌工程師克里斯多福（Christopher Bichria）所做的「Google101」方案。

　　雲端運算是個人和企業的熱門選擇，可以節省成本，提高生產率、速度、效率、性能和安全性。雲端運算服務為使用者提供一系列功能，包括電子郵件、儲存、備份、資料檢索、建立和測試應用程式、資料分析、音訊和影音串流、按需支付軟體等。雲端運算示意圖如圖 2.12 所示。

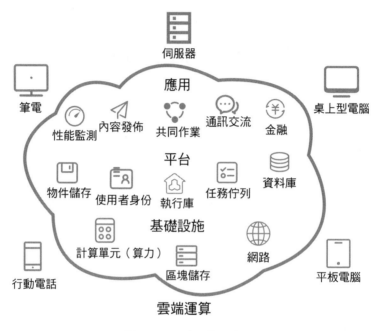

圖 2.12　雲端運算示意圖

　　雲端運算有多種部署模式，包括**公有雲（Public Cloud）**、**私有雲（Private Cloud）**、**混合雲（Hybrid Cloud）**等。

　　公有雲由協力廠商雲端服務提供者擁有和營運，透過網際網路交付其計算資源，例如伺服器和記憶體。在公有雲端部署模式下，所有硬體、軟體和其他基礎結構都由雲端服務提供者擁有和管理。透過公有雲，使用者可以使用瀏覽器探訪這些服務並管理帳戶。

　　私有雲指的是僅單一企業或組織使用的雲端運算資源。私有雲可以位於公司現場資料中心的位址上。一些公司還向協力廠商雲端服務提供者付費託管其私有雲。私有雲是在私有網路上維護服務和基礎架構的雲端。混合雲是將公有雲和私有雲結合在一起，並透過允許將資料和應用程式共用的技術，提供對外服務的雲端部署模式。混合雲允許資料和應用程式在私有雲和公有雲之間移動，為使用者提供更大的業務靈活性、更多的部署選項，並有助於最佳化現有的基礎架構及其安全性和遵循法令。

　　雲端運算的理念是「一切皆服務」。因此，雲端運算服務商參考網際網路的網路架構提供分層服務，即**基礎設施即服務（Infrastructure as a Service，IaaS）、平台即服務（Platform as a Service，PaaS）**和**軟體即服務（Software as a Service，SaaS）**。

　　基礎設施即服務是一種即時計算基礎架構，可透過網際網路進行配置和管理。

　　使用基礎設施即服務，使用者可以按需付費，從雲端運算服務商那裡租用 IT 基礎設施——伺服器和虛擬機器（Virtual Machine，VM）、記憶體、網路和作業系統。

　　平台即服務為開發、測試、交付和管理應用程式提供按需付費的雲端運算服務。平台即服務旨在使開發人員更容易快速創建 Web 或應用程式，而不必擔心設置或管理開發所需的伺服器、記憶體、網路和資料庫等基礎設施。

　　軟體即服務是一種按需且通常在訂閱的基礎上透過網際網路交付應用程式的方法。借助軟體即服務，雲端運算服務商可以託管和管理應用程式以及基礎架構，並負責維護工作，例如軟體升級和安全性下載更新。使用者通常用手機、平板電腦或個人電腦上的 Web 瀏覽器透過網際網路連接到應用程式。

非關聯式資料庫 | NoSQL Database

Key word：大數據、複雜網路分析、徵信系統

非關聯式資料庫是指不以關聯式資料庫表格關係的資料儲存和檢索機制。

非關聯式資料庫的英文縮寫 NoSQL 是「Not Only SQL」的簡寫。早在 20 世紀這樣的資料庫技術就已經出現。但是，直到 21 世紀初，非關聯式資料庫才隨著網際網路技術的發展，越來越多地用於**大數據**和即時 Web 應用程式並獲得「NoSQL」的美譽。

NoSQL 一詞最早出現於 1998 年，是卡洛·斯特羅齊（Carlo Strozzi）開發的一個輕量、開放程式碼、不提供 SQL 功能的非關聯式資料庫。直到 2009 年，約翰·奧斯卡森（Johan Oskarsson）發起一次關於分散式開來源資料庫的討論，來自 Rackspace（全球三大雲端運算中心之一）的艾瑞克·埃文斯（Eric Evans）再次提出 NoSQL 的概念，這時的 NoSQL 主要指不提供關聯式資料庫 ACID（Atomic，Consistency，Isolation，Durability，原子性、一致性、隔離性、持久性）設計模式的非關聯式資料庫、分散式資料庫。

按照內部的資料組織形式，可以將 NoSQL 劃分為**鍵值儲存（Key-Value Store）**、**寬欄位儲存（Wide Column Store）**、**檔案儲存（Document Store）**和**圖儲存（Graph Store）**。

鍵值儲存，也稱鍵值資料庫，是將唯一鍵與關聯值進行比對的簡單資料模型。鍵值儲存主要會用到一個雜湊表（Hash Table），這個表中有一個特定的鍵和一個指標指向特定的資料。鍵值儲存模型對於 IT 系統來說，其優勢在於簡單、易部署。但是當資料庫管理員（Database Administrator，DBA）只對部分值進行查詢或更新時，鍵值儲存就顯得效率低下了。[19]

　　鍵值儲存主要應用於內容緩存、日誌系統。常見的鍵值儲存包括 Tokyo Cabinet/Tyrant、Redis、Voldemort、Oracle BDB、MemchacheDB。

　　寬欄位儲存，也稱表樣式資料庫（Table-style Database）或欄族資料庫，是將資料表組織成列式而非行式。在 SQL 和 NoSQL 中都可以找到寬欄位儲存。寬欄位儲存可以比常規 SQL 更快地查詢大量資料。

　　寬欄位儲存可用於網路搜尋和大型 Web 應用程式。[20] 常見寬欄位儲存包括 Cassandra、HBase、Google BigTable、Accumulo、Hypertable、SimpleDB。

　　檔案儲存，也稱文件資料庫，以檔案格式儲存半結構化資料並對該資料進行描述。檔案儲存的靈感來自 Lotus Notes 辦公軟體。檔案儲存可以被看作鍵值儲存的升級版，比鍵值儲存的查詢效率更高。

　　檔案儲存主要應用於內容管理、Web 和行動應用監視等資料處理。常見的檔案儲存包括 MongoDB、CouchDB、DocumentDB、Couchbase Server、MarkLogic、SequoiaDB。

　　圖儲存，也稱**圖形資料庫**，將資料組織成節點（如 SQL 中的記錄）和邊（代表節點之間的連接）。由於圖儲存中儲存節點之間的關係，它可以支援更豐富的資料關係表示。與依賴嚴格模式的關係模型不同，圖儲存可以隨著時間和使用情況的發展而變化。

　　圖儲存應用於必須存在映射關係的系統，例如社交網、預訂系統、客戶關係管理、推薦引擎、地理空間應用程式、關係圖譜。常見的圖儲存 NoSQL 包括 Neo4j、InfoGrid、Infinite Graph、Allegro Graph、IBM Graph、Titan。不同種類 NoSQL 特點的對比見表 2.1。

表 2.1 不同種類 NoSQL 特點的對比

種類	舉例	應用	資料模型	優點	缺點
鍵值儲存	Tokyo Cabinet/Tyrant，Redis，Voldemort，Oracle BDB，MemchacheDB	內容緩存，日誌系統	鍵值儲存鍵值對，透過雜湊表實現	尋找速度快	資料未結構化，通常只被當作字串或二進位資料
寬欄位儲存	Cassandra，HBase，Google BigTable，Accumulo，Hypertable，SimpleDB	網路搜尋和大型 Web 應用程式	資料按列儲存	尋找迅速、可擴展性強、易於實現分散式	功能相對 SQL 有限
檔案儲存	MongoDB，CouchDB，DocumentDB，Couchbase Server，MarkLogic，SequoiaDB	內容管理、Web 和移動應用監視等資料處理	與鍵值儲存類似，但關聯值為半結構化資料	資料結構要求不嚴格，表結構可變，不需要像 SQL 那樣預先定義表結構	查詢性能不高，而且缺乏統一的查詢語法
圖儲存	Neo4j，InfoGrid，Infinite Graph，AllegroGraph，IBM Graph，Titan	社群網路、預訂系統、客戶關係管理、推薦引擎、地理空間應用程式、關係圖譜	圖形結構	利用圖形結構相關演算法，比如最短路徑定址、N 度關係尋找等	功能有限，且難以實現分散式

　　與傳統的 SQL 相比，NoSQL 的優勢包括易拓展、高輸送量、靈活的資料模型、高可用度。尤其是針對超大規模和高併發（High Concurrency）的社群網路和 Web2.0 純動態網站而言，傳統 SQL 難以應對大規模資料集合、多重資料種類帶來的挑戰和大數據應用難題，而 NoSQL 較好地解決這些問題。

　　儘管如此，NoSQL 的劣勢也很明顯。NoSQL 的資料模型和查詢語言沒有經過資料驗證，缺乏堅實的理論基礎。有些 NoSQL 過於簡單，只適用於特定場景。每種 NoSQL 都有自己的語言使用方式，沒有統一的資料查詢模型。

生物辨識 | Biometrics

Key word：身份驗證、詐騙檢測、生物支付

生物辨識是指透過電腦與光學、聲學、生物感測器和生物統計學等高科技手段密切結合，利用人體的生理特徵（如指紋、臉相、虹膜等）和行為特徵（如筆跡、聲音、步態等）進行個人身份的辨識和驗證。[21]

　　人類的生物特徵通常可以測量或自動辨識和驗證，具有遺傳性或終身不變的特點，因此生物辨識技術較傳統身份鑑定技術存在較大的優勢。

　　與傳統**身份鑑定**技術相比，生物辨識技術更具安全性、保密性和方便性。生物辨識技術具有不易遺忘、防偽性能好、不易偽造或被盜、隨身「攜帶」和隨時隨地可用等優點。

　　生物辨識系統對生物特徵進行選取，轉化成數位代碼，並進一步將這些代碼組成特徵範本。從最簡單的意義上進行定義，生物辨識指的是「人體的測量」，測量主要包括**生理測量**和**行為測量**。

　　生理測量可以是形態學或生物學的測量，主要包括用於形態分析的指紋辨識、掌紋辨識、手型辨識、靜脈圖案辨識、虹膜辨識、臉部辨識。對於生物測量，醫療團隊和員警取證可能會使用 DNA、血液、唾液或尿液。

　　最常見的行為測量是語音辨識、簽名動態（筆的移動速度、加速度、施加的壓力、傾斜度）辨識、按鍵動態辨識、物體的使用方式辨識、步態辨識、步態聲辨識、手勢辨識等。

生物辨識技術可廣泛用於政府、軍隊、銀行,以及社會福利保障、電子商務、安全防務。

【應用領域】簽證

生物辨識簽證是指將生物辨識技術引入簽證領域,利用人體臉部、指紋等生物特徵,在頒發簽證或出入境邊防檢查過程中採集和儲存生物特徵的資訊資料,透過有效比對,更加準確、快捷地鑑別出入境人員身份,具有安全、保密等特點。生物辨識簽證是當前世界簽證技術發展的新趨勢。特別是在「911」事件後,美、英、法等國家在為本國公民簽發具有生物特徵資訊的電子護照的同時,開始對外國公民實行生物辨識簽證。

【應用領域】打卡

生物辨識打卡是一種虹膜辨識技術。只要將雙眼對準螢幕,機器就會記下虹膜特徵,完成註冊;在此後的辨識環節,戴眼鏡的人無須再摘下眼鏡,只要對準螢幕,不到一秒,機器就可以完成比對辨識,身份資訊與打卡時間立即顯示在螢幕上。這一虹膜辨識技術,如今已經在中國煤礦工人考勤、監獄犯人管理、銀行金庫門禁、邊境安檢通關、軍隊安保系統、考生身份驗證等領域實現應用。

不同生物辨識技術的成本和辨識準確度差異很大,如圖 2.13 所示。圖 2.13 列舉 6 種不同的生物辨識技術,以及對應的辨識準確度,其中 DNA 辨識準確度最高,錯誤率為 $1/(8 \times 10^{14})$,但是成本高,處理複雜度高。聲波辨識成本較低,但是辨識準確度低,錯誤率為 1/500。

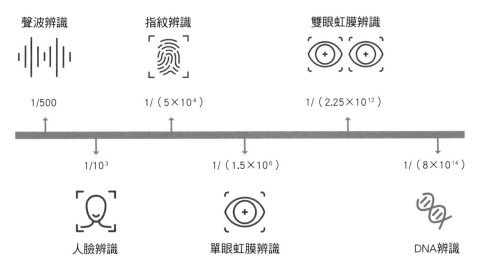

圖 2.13　不同生物辨識技術的比較

物聯網 | Internet of Things, IoT

Key word：互聯網保險、大數據、保險科技、物聯網保險、
身份驗證、詐騙檢測

國際電信聯盟（ITU）關於物聯網的定義是，透過二維碼掃描設備、無線射頻辨識（Radio Frequency Identification，RFID）裝置、紅外感應器、全球定位系統和雷射掃描器等資訊傳感設備，按約定的協定，把任何物品與網際網路相連接，進行資訊交換和通訊，以實現智慧化辨識、定位、跟蹤、監控和管理的一種網路。

　　物聯網從「機器對機器」（Machine to Machine，M2M）的通訊發展而來，即機器透過網路相互連接而無須人工干預。物聯網將 M2M 提升到一個新的高度，它是一個由數十億個智慧設備組成的感測器網路，透過智慧設備將人、系統和其他應用程式連接起來以收集和共用資料。作為其基礎，M2M 支持物聯網的連線性。

物聯網一詞是凱文‧阿什頓（Kevin Ashton）在 1999 年的《RFID 雜誌》
（RFID Journal）上的一篇文章中提出的，儘管他更喜歡「Internet for Things」
的用法。他認為無線射頻辨識可以使電腦管理各種物品（商品），是物聯網必
不可少的一部分。

在物聯網所建構的網路中，物品（商品）能夠彼此進行「交流」，而無須人的
干預。儘管物聯網可能還包括其他感測器技術、無線技術或二維碼辨識技術，但
是物聯網作為一種通訊方式始終離不開無線射頻辨識技術。

在關於物聯網的構想中，無線射頻辨識標籤中儲存著規範且具有互用性的資
訊，透過無線資料通訊網路自動把它們採集到中央資訊系統，實現物品（商品）
的辨識，透過開放的電腦網路實現資訊交換和共用，實現對物品的「透明」管理。

物聯網架構可分為三層，即感知層、網路層和應用層。物聯網感知層由各種
感測器構成，包括溫濕度感測器、二維碼標籤、無線射頻辨識標籤和讀寫器、攝
影鏡頭、紅外線、GPS 等感知終端設備。感知層是物聯網辨識物體、採集資訊的
來源。網路層由各種網路，如網際網路、廣電網、網路管理系統和雲端運算平台
等組成，是整個物聯網的中樞，負責傳遞和處理感知層獲取的資訊。應用層是物
聯網和使用者的介面，它與行業需求結合，實現物聯網的智慧應用。

物聯網把新一代 IT 技術充分運用在各行各業中，感應器嵌入或安裝到輸電
網路、鐵路、橋樑、隧道、公路、建築、供水系統、水壩、油氣管道等各種設施
中，然後將物聯網與現有的網際網路整合起來，實現人類社會與物理系統的整
合，在這個整合的網路中，存在超級強大的中心電腦群，能夠對整合網路內的人
員、機器、設備和基礎設施進行即時管理和控制。

【案例】消費類應用

越來越多的物聯網設備可供消費者使用，包括聯網的車輛、家庭自動化設備、可穿戴設備〔作為可穿戴物聯網（IoWT）的一部分〕，聯網的遠端監控健康狀況的設備。

【案例】智能家居

物聯網設備是範圍更大的家庭自動化概念的一部分，其中包括照明、供應暖氣、空調、媒體和安全系統。長期的好處可能包括透過自動確認是否關閉電燈和電子設備來節約能源。

5G 時代為物聯網的發展提供更快的傳輸和處理速度，以及更低的時延。在此基礎上，人類可以以更加精細和動態的方式管理生產和生活，達到「智慧」狀態，提高資源利用率和生產力水準，改善人與自然的關係。

3 信用科技

圖 3.1 消費金融與徵信模組知識圖譜

信用是市場經濟和現代金融領域中內涵豐富的一個廣義術語，既可指信用交易，也可指市場主體的信用程度（Creditworthiness）。從風險角度看，**信用風險管理是金融業永恆的主題，更是未來金融科技發展的主線**。雖然信用風險不僅限於金融領域，但信用風險是金融領域的核心問題，隨著行業的深入發展，信用風險在金融等經濟領域可以量化和標準化，往往用信用程度來表示。不同金融實體，如消費金融和公司金融的信用風險管理的差異較大。其中消費金融是最活躍的領域之一，隨著經濟場景和訊息技術的發展，信用風險管理也需要與時俱進。消費金融與徵信模組知識圖譜如圖 3.1 所示。

首先，消費金融近年來突飛猛進，尤其是消費信貸領域。由於場景和信用風險管理的不同，消費信貸可以分為兩種互相聯繫的新興業態，金融科技信貸〔利用 P2P 網路借貸平臺和大數據（替代資料）風險評估〕和大科技信貸（利用網際網路平臺和自身金融生態閉環風險控制系統），其中金融科技信貸先於大科技信貸出現，同時也包含大科技信貸。兩者都是全球消費金融的發展趨勢，不僅給傳統的信用風險管理和徵信帶來一些挑戰，還引出個人資料保護和資訊安全問題。

其次，信用風險管理從來都不是金融機構自身能夠單獨完成的工作。作為協力廠商的信用資訊服務機構，即信用報告機構很早就存在了。從以消費者和小微企業為信用主體的消費者信用徵信中心、以中小企業為信用主體的企業徵信公司，到以大公司為信用主體的信用評等公司。

徵信的成功應用需要作為金融基礎設施的徵信中心來做支撐，這樣（個人）信用評分、信用報告和信用評等才能真正發揮減少交易過程中資訊不對稱的作用。信用報告是最基礎的徵信產品，是信用報告機構（無論是個人信用報告機構還是企業信用報告機構）立足的基礎。（個人）信用評分是資料探勘技術在金融領域最成功的應用之一，人工智慧和機器學習的新成果（深度學習）也在不斷融入。信用評等是一個半自動化的分析過程，相較於信用報告和信用評分的自動化與批次處理，信用評等還需要信用分析專家的手動處理。鄧白氏環球編碼（D-U-N-S Number）是一個成功的企業徵信產品，用於解決企業的身份識別和驗證問題，如今已經得到全球商業機構的認可。值得一提的是，徵信服務只是信用風險管理的一種輔助手段，代替不了整個信用風險管理過程，即徵信服務是信用風險管理的一個重要環節。

再次，供應鏈是企業金融分析（包括企業的信用風險管理）的重要工具。利用複雜網路對供應鏈網路進行建模是一個經典的金融網路分析應用。供應鏈管理是企業徵信服務的重要內容，而供應鏈金融是目前解決中小企業融資的一個有效利器。在供應鏈管理中不斷嘗試區塊鏈技術的應用也帶來很多金融科技創新的想像空間。

此外，信用衍生性金融商品是用來分離和轉移信用風險的工具，但是隨著信用衍生性金融商品越來越複雜，準確和清晰地進行信用評等逐漸成為難題。由於篇幅有限，本文沒有具體介紹金融機構的內部信用風險等級（以滿足《巴塞爾協定》的法令遵循監管要求），但是這種內部等級仍然是金融機構信用風險管理的重要組成部分。

值得一提的是，央行徵信中心和中國出口信用保險公司是國家級信用（資訊）服務機構，其對信用風險管理和徵信技術的應用在事關國計民生的經濟發展中發揮重要作用。

信用 | Credit

Key word：信用卡、信用衍生性金融商品、個人信用資訊

信用指在經濟交易的一方承諾未來償還的前提下，另外一方向其提供資源的行為。[1] 提供的資源可能是金融資源（例如貸款），也可能是商品或服務（例如消費者電商購物小貸）。信用產品和服務包括任何形式的延期付款。信用產品和服務由債權人（也稱放款人）提供給債務人（也稱借款人），債務人除了償還債務外，一般還需要支付利息。

信用的概念幾乎貫穿整個經濟交易過程，圍繞債權與債務展開。「Credit」一詞最早起源於西方，1920 年代首次在英語中使用，最早來自義大利早期銀行，源於拉丁語 Creditum，表示「由於信任將資金或物件交付給他人」。隨著市場經濟的發展，衍生詞**信用社（Credit Union）**於 1881 年在美式英語中第一使用，**信用評等（Credit Rating）**在 1958 年出現。

信用是市場經濟和現代金融中的一個廣義術語，內涵豐富，既可以指**信用交易**，也可以指市場主體的**信用程度**。其在不同信用交易場景下有著不同的含義，如圖 3.2 所示。

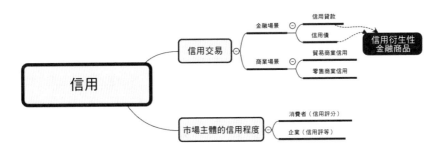

圖 3.2 關於信用的理解

　　首先，信用是金融業的核心內容，正如一位銀行家所言：「信用是銀行的生存之本」。甚至還有這種說法：先有信用，後有金融。金融是信用發展的結果。信用是金融發展的表現形式。按照金融市場的不同，金融場景可以分為**信用貸款**（**Credit Loan**）和**信用債**（**Credit Bond**），以及在此基礎上的**信用衍生性金融商品**（**Credit Derivative**）。[2]

　　信用貸款，簡稱信貸。在銀行領域，信用往往以信貸的形式出現。銀行發行的信貸占現有信用服務的比例最高。信貸種類很多，包括但不限於銀行信貸、商業信貸、消費者信貸、投資信貸、國際信貸、公共信貸和房地產信貸。全球信貸市場規模遠大於全球股票市場規模。

　　信用債是指除政府之外的主體發行的、約定本息平均攤還法現金流的債券。具體包括企業債、公司債、短期融資券、中期票據、分離交易可轉債、資產支持證券、次級債等品項。信用債是一種標準化的金融產品。

信用衍生性金融商品是以貸款或債券的信用作為基礎資產的金融衍生工具，其實質是一種雙邊金融合約安排。例如，信用違約交換（Credit Default Swap，CDS）、擔保債券憑證（Collateralized Debt Obligation，CDO）、總報酬交換（Total Return Swap，TRS）和信用價差選擇權（Credit Spread Option，CSO）。信用衍生性金融商品屬於場外產品，也是非標準化的金融產品。信用衍生性金融商品的發展與信用風險測量技術的發展是相輔相成的（詳見「信用衍生性金融商品」）。

其次，金融業不是唯一可以提供信用的信用交易場景，在商業經濟領域，也存在大量的信用交易場景，按照市場主體的不同，其提供的信用大致可以分為**貿易商業信用**和**零售商業信用**。

貿易商業信用，指在商品交易中由於延期付款或預收貨款所形成的企業間的借貸關係。具體形式包括**應付帳款**、**應付票據**、**應收帳款**、**預收帳款**等。其優點在於容易取得。貿易商業信用常常發生在商業機構之間。**供應鏈**中上游企業允許下游企業延期支付也可以被視為一種貿易商業信用。例如，當一家餐館從一家食品公司那裡收到一卡車食物，直到一個月後才付款，這家食品公司就向該餐館提供一種貿易商業信用。

零售商業信用，指傳統市場經濟中的零售賒銷，數位經濟中出現大量的**非信貸類信用交易**，即先用後買的場景，例如**信用租賃**、**服務免押金**和許多**共用經濟**場景[3]。這種零售商業信用常常出現在零售服務商和消費者之間。

除了上述交易場景，信用還指市場主體（例如個人或企業）的信用程度或**信用紀錄（Credit History）**。

在社會輿論導向下，由於社會文化的因素，在信用和道德層面，誠信、信任交織在一起，有時混為一談。這些與信用相關的概念雖然有著內在的聯繫，但是有明顯的區別，隨著市場經濟和金融服務的發展，本書中信用的概念和交易相關，是可以標準化和量化的，而道德層面的誠信往往無法標準化和量化。

一個信用交易流程（或者基本的信用體系）由授信方／貸方（金融機構或商業機構）、信用主體（消費者或企業）、信用仲介（或信用資訊服務商，一般指信用報告機構、信用評等公司、信用保險或應收帳款承購機構）等組成。

信用程度 | Creditworthiness
Key word：信用風險、消費者信用評分、信用評等

信用程度也稱信用水平、商業價值，是市場主體（消費者／企業）在信用交易中的信用水平或商業價值。[4] 借貸方透過信用程度可以確定市場主體不履行償債義務的可能性，或獲得新的信用額的水平。[5]

市場主體的信用水平或商業價值用信用程度來刻畫（量化和標準化）。信用程度是信用主體的信用水平的具體表現。信用程度可以比作醫療診斷過程中，醫生給病人測量的體溫。

信用既是市場主體的一種理性行為，即**還款意願（Willingness to Pay）**，也是一種能力表現，即**還款能力（Capability to Pay）**。對信用程度進行衡量的模型稱為 **CW（Capability-Willingness）模型**。在 CW 模型中，消費者的信用程度和其財富水平（還款能力）有關，但是信用程度不能僅透過消費者所擁有的財富來衡量，還款意願更為重要。[6]

1913 年 11 月下旬，一位衣著考究的老人〔他是當時的世界首富、石油大亨約翰·戴維森·洛克斐勒（John D. Rockefeller）〕走進克里夫蘭的一家百貨商店購物。看了一些商品之後，老人把自己的名字告知一名年輕女店員，並請她從他的帳戶中扣款買幾樣商品，讓商店直接送到他家裡。但是這名女店員不認識這位陌生的老人，堅持要打電話給信貸部門。信貸部門確認該客戶為世界首富的身份對他的信用程度進行評估後，批准他的（不用支付現金的）商品預購。洛克菲勒的故事說明，財富水平並不等同於信用程度。

消費者信用程度的考量因素被概括為 **5C1S 模型**：品格（Character）、資產（Capital）、能力（Capability）、擔保品（Collateral）和經濟狀況（Condition）以及穩定性（Stability），如表 3.1 所示。[7]

表 3.1 消費者信用程度的考量因素

信用程度的維度	內涵
品格	和還款意願密切相關，包括個人習慣和生活態度、商業和職業操守，可被還款歷史記錄揭示
資產	儲蓄餘額、特定技能與知識
能力	還款能力，包括收入、職業、消費和負債狀況等
擔保品	房產、汽車等固定資產的價值和所有權情況，同一件擔保品被使用的次數
經濟狀況	年齡、教育狀況、婚姻狀況、工作能力、住址等
穩定性	上述因素的穩定性，隨著經濟環境的變化情況

主要根據上述兩種模型應用，對市場主體的過往還款行為進行統計分析，得出信用程度。

消費者的信用程度可以透過（往往由信用報告機構提供的）信用評分和信用報告來評判。**信用程度就是一個消費者的商業價值**。消費者的信用程度告訴債權人其填寫的貸款或信用卡申請的適合程度。它將決定消費者是否能獲得房屋貸款、

汽車貸款或新信用卡。消費者的信用程度越高,從長遠來看越有利,因為這通常意味著更低的利率,更少的手續費以及更好的信用卡申請或貸款條款和條件,即消費者的口袋裡會有更多的錢。信用程度還會影響就業資格、保費、營運資金以及專業證書或執照的獲取等。

信用報告以文字的形式對消費者的信用程度進行描述,概述消費者承擔的債務、信用額度以及每個帳戶的目前餘額。它還會標記潛在貸方的所有重要資訊,包括是否逾期、是否違約、是否破產、是否有催收專案。

信用評分模型會根據消費者的信用報告以數位形式對信用程度進行度量。高的信用評分意味著消費者的信用程度高。相反,低的信用程度對應低的信用評分。信用評分是信用程度的量化,一般的信用評分是指信用報告機構提供的通用信用評分,規則透明而且有統一標準。關於信用程度的理解如圖 3.3 所示。

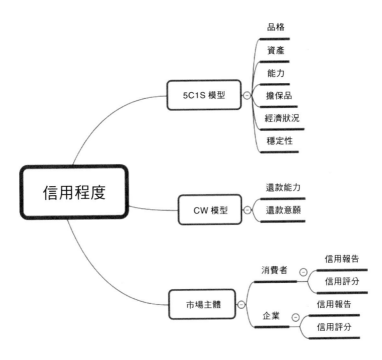

圖 3.3 關於信用程度的理解

不同信用程度給消費者帶來的影響：假設 3 名消費者都申請 30 年的 22 萬美元的房貸，但信用評分不等，消費者 A 的信用評分是 800 分，銀行覺得 A 的信用程度高，就提供較低利率的貸款，假設利率為 4.5%，該利率僅能覆蓋資金成本。消費者 B 的信用評分是 70 分，為平均水平，銀行對 B 的貸款利率是 6.5%。消費者 C 的信用評分為 550 分，信用程度比較低，風險較高，銀行對 C 的貸款利率為 11%。這樣計算下來，消費者 A 的信用成本為 0，消費者 B 要多付 90360 美元，消費者 C 要多付 320760 美元。可見信用程度可以轉換為消費者的商業價值，信用程度高的消費者可以省下幾十萬美元的信貸費用。具體見表 3.2。

表 3.2 不同信用程度的消費者的信用成本

消費者	FICO 信用評分	信用程度	利率（%）	每月還款額（美元）	信用成本（美元）
A	800	高	4.5	1013	0
B	700	中	6.5	1264	90360
C	550	低	11.0	1904	320760

資料來源：美國信用修復機構 Credit Restore USA。

企業的信用程度常用**企業信用報告**來描述，用**信用評等**來量化評估。企業信用程度評估涉及的衡量因素更多，須考慮宏觀經濟和行業的情況。

正如人們體溫經常變化一樣，市場主體的信用程度不是靜止不變的，在不同場景和不同時間，消費者（或企業）的信用程度會動態變化。

傳統上有與信用程度的量化描述直接相關的信貸還款行為，但是存在一些消費者信貸行為資料缺失的情況。在**大數據**時代，更多的具有信用含義和與信用相關的**替代資料**被用來刻畫信用主體（消費者或企業）的信用程度。

信用風險 | Credit Risk

Key word：金融風險管理、信用衍生性金融商品

信用風險又稱**違約風險**，是**信用交易**過程中借款人、證券發行人或交易對方因種種原因，不願或無力履行合約條件而構成違約，致使銀行、投資者或交易對方遭受損失的可能性。

　　信用風險是信用交易中出借人的風險，包括本金和利息損失，現金流中斷以及收款成本增加。在一個有效市場，較高的信用風險與較高的借貸成本相關。可以用市場參與者的評估，使用收益利差率等借貸成本度量指標來推斷信用風險水平。

　　銀行面臨的主要風險是信用風險，少數客戶違約可能會給銀行造成巨大損失。對於大眾來說，信用風險僅局限於銀行貸款中的信用風險。但對於金融專業人士來說，這種風險不僅出現在貸款中，也出現在擔保、承諾兌現和證券投資等表內、表外業務中。

　　下面列出一些信用風險情況（不僅局限於銀行等金融機構）：
- 消費者可能無法按時償還抵押貸款、信用卡或其他貸款。
- 公司無法償還資產擔保的固定或浮動債務。
- 企業或消費者在到期時不交付貿易發票。
- 企業或政府債券發行人未在到期時以票息或本金付款。
- 無力償債的保險公司不支付保單。
- 無力償債的銀行不將資金退還給存款人。
- 政府向破產的消費者或企業提供破產保護。

　　針對市場主體，信用風險和**信用程度**密切相關，市場主體信用程度高，信用風險就低。但是信用風險的概念更加廣泛，可以針對金融機構、產品和行業乃至國家與地區等。可以根據經驗對信用風險進行統計量化，很多金融科技公司和金融機構合作嘗試利用**大數據**和**人工智慧**演算法提供一些新的**風險量化**模型。

信用風險管理 | Credit Risk Management

Key word：金融風險管理、信用衍生性金融商品

信用風險管理（Credit Risk Management）是指金融機構等透過內部政策、規章制度、量化評估和外部服務，對客戶信用調查、付款方式選擇、信用限額確定、款項回收等環節實行的全面監督和控制，以保障應收款項的安全、及時回收，規避信用風險的發生或降低其損失。[8]

信用風險管理和風險控制（Risk Control）、信用控制（Credit Control）、信用風險控制（Credit Risk Control）等概念聯繫密切，意義等同。信用風險是金融業的核心問題，往往貫穿金融交易的全過程。防禦信用風險，就要進行信用風險管理。金融交易中，除了針對放款（授信）環節進行信用風險管理外，還需要針對投資的交易對手，或證券發行者進行信用風險管理。

隨著資訊時代的到來，信用風險管理對信用資訊的分析進行決策。特別是近年來隨著數位經濟的發展，信用資訊數位化特徵越來越明顯。資訊系統和資料量化分析技術使企業能夠快速分析和評估客戶信用風險狀況，為信用風險管理提供決策支援。

近年來，較新的信用風險管理方法是出售有信用風險的資產。銀行可以將貸款直接出售或將其證券化。銀行還可以把有信用風險的資產組成一個資產池，將其全部或部分出售給其他投資者。當然，使用各種方法的目的都是轉移信用風險，從而使自己承受的風險降低。

信用風險管理在信貸領域涉及 3 個環節：貸款、信貸和債務管理、催收。信用風險管理主要由金融機構的信貸管理部門和協力廠商信用資訊服務商（例如**信用報告機構**）共同負責。

由於金融交易過程中存在信用風險，需要進行信用風險管理，該服務可以由授信方或協力廠商信用風險服務商提供。協力廠商信用風險服務商形成一個信用

產業鏈。其中，信用風險管理服務包括信用調查[a]、**信用評等**、**（個人或企業）徵信**、商務帳款管理[b]、信用保險[c]、信用擔保[d]、應收帳款承購業務[e]、債權回收[f]和信用修復（Credit Repairing）[g] 等，如圖 3.4 所示。

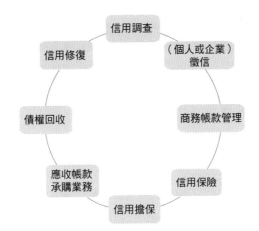

圖 3.4（協力廠商）信用風險管理示範

---

a　信用調查是指信用機構接受委託後，按照委託的事項與目的對相關組織和個人的信用資訊進行徵集、分類、分析的工作的總和。信用調查是信用評等的基礎，信用評等是信用調查的進一步延伸。

b　商務帳款管理也稱應收帳款管理（Accounts Receivable Management），是指在賒銷業務中，從授信方（銷售商）將貨物或服務提供給受信方（購買商），債權成立開始，到款項實際收回或作為呆帳處理結束，授信企業採用系統的方法和科學的手段，對應收帳款回收全過程所進行的管理。其目的是保證足額、及時收回應收帳款，降低和避免信用風險。

c　信用保險是指保險人對被保險人進行信用放款或信用售貨，債務人拒絕履行合約或不能清償債務時，所受到的經濟損失承擔賠償責任的保險方式，主要有出口信用保險、抵押信用保險等形式。

d　信用擔保是指企業在向銀行融資過程中，根據合約約定，由依法設立的擔保機構以保證的方式為債務人提供擔保，在債務人不能依約履行債務時，由擔保機構承擔合約約定的償還責任，保障銀行債權實現的一種金融支援方式。

e　應收帳款承購業務是指承做應收帳款承購的一方同意以賒銷方式出售商品或提供服務的一方達成一個帶有連續性的協定，由承做應收帳款承購的一方對因出售商品或提供服務而產生的應收帳款提供以下服務：以即付方式受讓所有的應收帳款；負責有關應收帳款的會計分錄及其他記帳工作；到期收回帳款；承擔債務人無力償債的風險（即信用風險）。

f　債權回收是清償個人或企業所欠債務的過程，也稱債務催收。專門從事收債的組織稱為收債公司。大多數收債公司都是債權人的代理人，收取一定費用或按所欠總額的百分比來收取費用。債務催收可以分為企業催收和個人催收。

g　信用修復是修復不良信用狀況的過程，信用程度可能因各種不同的原因而惡化。修復信用狀況可能與信用機構糾正錯誤資訊一樣簡單。盜竊身份及其造成的損壞可能需要大量的信用修復工作。參見：Inves to pedia, https://www.investopedia.com/terms/credit-repair.asp。

隨著市場經濟的發展，中國境內陸續出現不同的信用風險管理機構，具體如表 3.3 所示。

表 3.3　中國各類信用風險管理機構 [9]

類別	出現年份	代表機構
企業徵信	1987 年	北京中貿遠大商務諮詢有限公司新華信國際資訊諮詢（北京）有限公司
個人徵信	2000 年	上海資信有限公司鵬元徵信有限公司
信用評等	1988 年	上海遠東資信評估有限公司
信用保險	2001 年	中國出口信用保險公司
商務帳款管理約	1985 年	早期的討債公司壽命很短
市場調查	1984 年	北京環亞市場研究社

消費金融 | Consumer Finance

Key word：金融風險管理、普惠金融、身份驗證、詐騙檢測、信用卡

消費金融是指消費金融公司向消費者提供以消費貸款為核心的金融產品和服務的現代金融服務方式，具有單筆授信額度小、審核速度快、無須抵押擔保、服務方式靈活、貸款期限短等優勢。

消費金融和金融科技聯繫密切，是金融科技的最重要應用場景，市場對消費金融的需求推動金融科技的發展。隨著資訊技術的發展，越來越多的金融科技如**大數據風險控制**、**人臉識別**和**智慧型機器人**等被廣泛應用於消費金融領域。消費金融公司已在業務的各個階段（例如客戶獲取、貸後管理）提高效率。消費金融的一個典型例子是零售銀行業務，包括各種貸款，例如信用卡辦理、抵押貸款和汽車貸款等。

消費金融在一些新興市場國家，例如中國和印度，發展非常快，許多網際網路和高科技公司積極參與，帶來很多創新業務，例如中國的行動支付、網路借貸、**金融科技信貸和大科技信貸**等。但同時也帶來很多社會問題，例如監管套利、**網際網路資料洩露、個人資料保護**和**暴力催收**等。

消費金融領域的風險比傳統銀行業務高，且消費金融公司發行的貸款往往是無抵押的，同時，消費者的合法權益需要得到保證，例如消費者的個人隱私權益，以及交易過程中的公平與正義，因此需要政府監管以控制風險。全球很多國家對消費金融進行監管和消費者保護。美國消費者金融保護局（CFPB）是一個政府機構，確保銀行貸款和其他金融公司平等對待每一個消費者用戶。

由於擁有巨大的消費者流量和豐富的消費者資訊，全球很多網際網路公司開始涉足消費金融領域。例如，國外的亞馬遜、臉書，中國的百度、阿里巴巴、騰訊、京東等。

隨著網際網路、大數據技術的不斷出現，消費金融領域的創新不斷。2019 年年初美國金融科技公司 Intuit 以 71 億美元收購的 Credit Karma 就是一個新型的消費者金融平臺，透過提供免費的信用服務獲得消費者的資訊，來推銷信用卡和其他消費信貸產品並獲利。[10]

> 消費信貸是消費金融中的核心部分。消費信貸可以被定義為「在個人沒有立即付款的情況下提供給個人的金錢、商品或服務」。消費信貸的傳統形式包括信用卡和個人貸款（分期還款）等。消費信貸隨著金融科技的發展，開始在更多場景下給消費者提供服務，出現更多的服務形態，例如金融科技信貸和大科技信貸。

金融科技信貸 [11] | Fintech Credit

Key word：數位金融、網路金融、替代資料、資料代理商

金融科技信貸是指金融科技公司（非商業銀行）利用電子平臺、**大數據**技術等開展的信貸活動，通常包括將借款人與投資者直接比對的 P2P 借貸，以及利用平臺自己的資產負債表進行的借貸活動。

　　金融科技信貸平臺提供各種形式的信貸，包括消費和商業貸款、房地產貸款和非貸款債務融資（例如發票融資）。金融科技信貸平臺的債權人基礎也有所不同：一些資金主要來自個人投資者，而另一些資金則來自機構投資者、銀行和證券化市場。[12] 金融科技信貸公司通常不在審慎的監管（和報告）範圍內。金融科技信貸是有效的，被視為信貸市場的一部分。

　　相對於傳統銀行，金融科技信貸平臺借助網際網路和數位化，能夠避免傳統銀行物理網點的成本負擔，同時沒有傳統銀行在資本和流動性方面的監管要求，可以為更多傳統銀行覆蓋不到的使用者提供金融服務。

　　金融科技信貸平臺採用的信用評估手段和業務手段與傳統銀行也有很大的不同。不同於傳統銀行依賴於**徵信報告**，金融科技信貸平臺往往採用一些替代資料和創新的信用評估技術，與線上客戶充分互動並處理大量客戶資訊，比如利用社群網路資料、電商平臺的流水資料等。

　　近年來，金融科技信貸在某些經濟體尤其是中國、美國和英國，增長迅速。不同經濟體的金融科技信貸市場的規模與其收入水平呈正相關，而與銀行系統的競爭力和銀行監管的嚴格性呈負相關。但是，正如已經出現的一些平臺營運失敗的情況和產生的金融風險問題，在確保對消費者和投資者的充分保護方面，金融科技信貸給監管機構帶來挑戰。

　　金融科技信貸的一類重要形式是 P2P 借貸，也稱 P2P 網路借貸，主要是指借助網際網路平臺對借款人和出借人進行比對，從而避免類似銀行的金融仲介資金池的形成，降低中間環節的交易成本。P2P 借貸平臺只作為資訊仲介，借貸資金不經過平臺的資產負債表，不進行資金期限錯配。P2P 借貸依賴於網際網路流量來降低獲客成本，依賴於大數據技術進行風險控制。

　　最早的網路 P2P 借貸，要追溯到 2005 年成立的英國公司 Zopa，以及 2006 年、2007 年在美國先後成立的借貸平臺 Prosper、LengdingClub。由於各國對借貸業務的監管，以 LengdingClub 為代表的借貸平臺很快就轉型為證券化模式，而不是純粹的借款人、出借人之間點對點的信貸資訊平臺。

　　金融科技信貸的另一類形式是利用社群網路的信貸業務，比如校友圈的垂直借貸平臺 SoFi。由於美國學生貸款大多數由聯邦政府發放，利率較高，SoFi 透過「再貸款」的形式用利率比較低的借款來置換利率比較高的貸款。長期以來，美國聯邦政府對學生的貸款利率都是一樣的，而 SoFi 能夠做到差別化定價，即根據每個人的不同風險進行定價。SoFi 全稱「Social Finance」（社交金融），鼓勵在校生和已經畢業的學生積極溝通，這些溝通不但使出借人了解到借款人的情況，而且加強他們之間的交流，對於他們的職業發展也有很大的幫助。[13]

　　金融科技信貸還有一類形式是利用電商數據進行的貸款業務。比較典型的是 2008 年成立於美國亞特蘭大的 Kabbage。Kabbage 主要透過獲取廠商網路電商的資料，向這些網路電商放貸。一開始向 eBay，後來向雅虎、亞馬遜這些美國大的網上電商平臺。Kabbage 推出評分系統 Social Climbing，其資料來源：一是 eBay、亞馬遜這些電商本身的資料，包括銷售記錄、信用記錄、客戶評價、流量、社交資料（包括臉書和推特）；二是合作資料，包括優比速全球運輸服務（United Parcel Service，UPS）的資料；三是借款人授權由協力廠商財務公司提供的社會安全號碼、信用卡號、住址等其他資料。Kabbage 評分中心使得「一切資料皆有價值」。[14]

金融科技信貸的形態和應用場景在不斷發展，金融科技信貸在新冠肺炎疫情期間發揮特殊的作用。2020 年 4 月，美國多家金融科技公司獲得美國小企業管理局（U.S.Small Business Administration）批准，透過「**薪資保護計畫**」提供貸款，這是美國政府在新冠肺炎疫情期間 2 萬億美元刺激計畫的一部分。

科技巨擘 | Big Tech

Key word：行動支付、個人資料保護、個人資訊、個人金融資訊、個人信用資訊、大數據、信用評分、詐騙檢測

科技巨擘，即大型科技企業，泛指那些擁有龐大用戶、具有廣泛業務的科技企業，比如以美國的谷哥、微軟、蘋果、亞馬遜和臉書，以及中國的阿里巴巴、騰訊、百度等為代表的科技巨頭。

最初部分媒體將谷哥、亞馬遜、臉書和蘋果合稱為 Big Four Tech（四大科技企業），後來一些報導在加入微軟後又將這些巨頭稱為 Big Five Tech（五大科技企業），再後來乾脆把 Big 和 Tech 之間的量詞去掉，用 Big Tech 來泛指**全球大型科技企業**。

科技巨擘直接向 C 端使用者提供搜尋引擎、社群網路、電子商務或資料存儲和處理系統等 IT 平臺，同時還涉足支付、信貸、保險和資管等金融業務領域。科技巨擘從事的信貸業務稱為**大科技信貸（Big Tech Credit）**，是科技巨擘變現盈利的重要手段，也是目前消費信貸具有代表性的形式之一。大科技信貸屬於**金融科技信貸**的新興業態。[15]

大科技信貸區別於傳統信貸和金融科技信貸的特點是：[16]科技巨擘擁有龐大的用戶基數，可以方便地觸及消費者，提高金融服務的效率，增強金融包容性；自身形成金融生態閉環，對消費者產生金融約束；為使用者提供服務的過程中獲得的龐大資料可用於對消費者進行評估，降低信貸成本。

螞蟻花唄、螞蟻借唄和微粒貸是大科技信貸的典型案例。螞蟻花唄是阿里巴巴旗下金融平臺螞蟻金服的重要產品，靠阿里巴巴電商平臺開展消費金融業務，是目前網際網路領域規模最大、最具影響力的消費金融平臺之一。根據公開資料，僅在 2014—2017 年，螞蟻花唄總資產擴張 130 倍，主營業務收入增長 698 倍。

金融科技信貸平臺和大科技信貸平臺的**信用評分模型**有別於傳統信貸，在實現金融普惠的同時，也面臨著巨大的監管、**網路資訊安全**和**個人資訊安全**的挑戰。

徵信報告 | Credit Reporting

Key word：金融風險管理

徵信報告，字面理解為徵集信用資訊，主要指專業化的（徵信）機構依法採集和加工消費者（或企業及其他組織）的信用資訊，並向在經濟活動中有合法需求的信用資訊使用者（賒貸銷機構）提供信用資訊服務，包括信用報告、信用評估、信用資訊諮詢等，說明信用資訊使用者判斷、控制風險，進行信用風險管理的活動。

徵信報告是信用風險管理服務的基礎，往往以信用報告的形式表現，所以徵信報告在國際專業領域被稱為「Credit Reporting」，不斷數位化的徵信產品也都是在信用報告的基礎上研發而成的。

傳統的徵信報告主要服務於信貸領域，防範和化解信用風險。同時也被廣泛應用於經濟領域，可以促進商品流通、降低交易成本、提高商業運轉效率、擴展市場交易範圍、優化商業環境等，對社會和經濟管理有著深遠的影響。所以，徵信中心的發展定位於立足金融、面向經濟、覆蓋全社會。

徵信和資訊技術密切交織在一起，屬於資訊技術和金融的交叉領域，資訊技術的進步推動著徵信領域的變革和發展。資料批次處理技術的應用，促進電子化記錄代替早期的手工記錄、人工作業；**資料庫**技術出現後，大量資料儲存技術

日益成熟，推動全國性信用報告機構的出現；隨著**資料探勘**技術的發展，**信用評分**和自動風險決策開始出現；當下**大數據技術**與**人工智慧**相結合，實現對更多人群、業務的覆蓋，研發出更多信用創新產品。

從事徵信活動的機構，就是**信用報告機構**，又稱徵信所／局。徵信最為重要的作用顯然是防範在非即付經濟活動中受到損失（也不排除徵信被用於其他目的，如被用於人員雇用等），也就是說，徵信報告最重要的目的會落在經濟層面上。信用報告機構發揮作用需要有一套**徵信中心**來配合。

徵信中心 | Credit Reporting System
Key word：金融重要基礎設施、金融信用風險管理

徵信中心是指由與徵信活動有關的法律規章、組織機構、市場管理、宣傳教育、技術標準等共同構成的一個體系，其核心是借款人資訊資料庫以及支援徵信中心有效運轉的相關制度、技術和法律框架。徵信中心往往從國家層面（或重要的行業和領域）來討論。徵信中心一般指個人徵信系統。

雖然第一家**個人信用報告機構**成立於 19 世紀早期的倫敦，但現代個人信用報告機構是在 1950 年代科技發展和信貸規模擴大的推動下才迅速發展起來的。建立一個完善的徵信中心是一個漫長的過程，需要所有利益相關方的長期努力。建立徵信中心，從開始討論到公眾教育、法律和監管框架的制定、徵信中心的實際執行、資料載入到第一份**信用報告**的形成，需要時間和專業的積累。

信用資訊的收集、儲存、資料處理、發佈，以及將信用資訊用於授信決策和金融監管的整個環節涉及大量參與方：**徵信主體（個人或中小企業）**、信用報告機構、資料提供商、徵信用戶、監管機構。每個利益相關方的積極參與是確保徵信中心有效執行的關鍵。政府對徵信中心的支持進一步增強利益相關方參與的積極性。因為**徵信業**的核心業務是資訊在各利益相關方之間的互聯流通，這涉及消費者個人隱私和資料的安全與保護等敏感問題，所以監管機構在負責對**徵信市場**執

行進行監督管理的同時，也要建立一個公平競爭的市場環境，以確保**個人隱私權**得到尊重和保護。中國個人徵信中心示範如圖 3.5 所示。

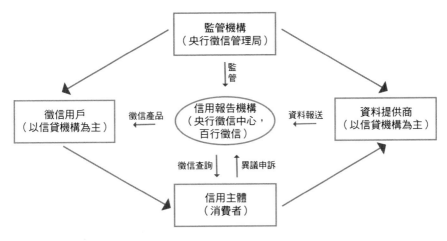

圖 3.5　中國個人徵信中心示範

信用報告機構和資料提供商的區別：在徵信中心中，容易混淆的是資料提供商和信用報告機構，其中最重要的區別在於，信用報告機構透過採集和整合多個（可達數萬個）資料提供商的相關信用資訊，可以對信用主體的信用程度進行判斷和衡量。傳統上是以信用報告的形式評估信用主體的還款能力或還款意願，在數位經濟時代越來越多地採用信用評分的形式。因此，一個信用報告機構的最基本的標誌是，是否有衡量信用程度的信用報告產品。而資料提供商往往只能提供一個維度或多個維度的信用相關資訊，但是不能形成對信用主體信用程度的評估。

信用報告機構和信用評分公司的區別：與信用報告機構聯繫密切的是進行信用評分建模的信用評分公司（例如 FICOFICO），圖 3.5 中的徵信中心中沒有列出信用評分公司，因為其提供建模分析服務，尚未成為徵信中心的利益相關方。

信用報告機構 [17、18] | Credit Bureau / Credit Reporting Company

Key word：資料代理商、大數據、替代資料

信用報告機構是負責管理信用資訊共用的機構。信用資訊共用是一種機制，包括信用資訊的採集、加工處理及進一步向資料使用者提供徵信資料（信用報告）和以資料的增值產品（信用評分）。

　　全球信用報告機構一般可以分為兩類：**個人信用報告機構（Consumer Credit Bureau，即消費者信用徵信中心）**和**企業信用報告機構（Commercial Credit Reporting Company，即商業徵信公司）**。個人信用報告機構關注的市場主體是消費者和小微企業。企業信用報告機構關注的市場主體是中小企業。信用報告機構和標準普爾、穆迪、惠譽等**信用評等公司**不同，信用評等公司收集大型企業的財務資訊，對大型企業的經營、財務和公司治理情況進行詳細分析，然後公佈其信用評等結果。信用報告機構著眼於規模較小的債務人，關注的是還款記錄，並依賴對大量借款人樣本的統計分析，而不是對某家企業的深入分析。

　　信用報告機構可以被視為一個特殊（個人徵信受到嚴格監管）的**資料代理商**，也是一類最早的**金融科技**公司。信用報告機構首先出現在已開發國家，如表 3.4 所示。

表 3.4 信用報告機構在世界主要已開發國家出現的時間 [19]

國別	英國	美國	法國	德國	荷蘭	日本
起始年份（年）	1830	1841	1857	1860	1888	1892

消費者信用徵信中心 | Consumer Credit Bureau

Key word：金融風險管理、供應鏈、小微企業金融、雲端運算、替代資料、大數據、信用卡、個人資料保護、個人信用資訊、跨境資料流動、身份驗證、詐騙檢測

消費者信用徵信中心，也稱個人信用報告機構，是指提供個人消費者信用產品和服務的專業機構，一般是私營的商業機構。

個人信用報告機構向信貸機構提供個人（以及小微企業）的**信用資訊**。它們從銀行、信用卡公司和其他非銀行金融機構等各類信貸機構採集標準化資訊。同時，它們還採集各類公共資訊，如法院判決、破產資訊、通訊錄資訊，以及擔保物權登記系統等協力廠商資料庫的資訊。此外，它們還從**資料提供商**處採集一些非傳統資料，如零售商對消費者的賒銷資訊，以及瓦斯、水、電、有線電視、電話、網路等其他先使用後付費的帳單繳費資料。這些資料使個人信用報告機構能夠提供更好、更完善的**信用報告**。

從全球來看，個人徵信需要加強監管，因為這涉及消費者**個人隱私**和公平正義。不同國家對於個人徵信都有配套的法律法規，例如美國有《公平合理信用報告法》（Fair Credit Reporting Act，FCRA），中國有《徵信業管理條例》。

全球知名個人信用報告機構有美國的益博睿、艾奎法克斯（Equifax）、環聯（TransUnion），歐洲的科孚（CRIF），中國的央行徵信中心和百行徵信。

個人信用報告機構最重要的基礎產品是個人信用報告，**信用評分**是其最重要的增值產品。

全球個人信用報告機構的發展趨勢是從個人信用資訊服務到**消費者資料**服務，即信用報告機構開始收集更多的消費者資料為信貸機構的信用風險評估服務，並拓展其他信用資訊服務業務。

消費者信用報告 | Consumer Credit Report

Key word：信用卡、個人資料保護、個人信用資訊、跨境資料流動、金融風險管理

消費者信用報告，也稱個人信用報告，是消費者信用徵信中心完成資料獲取後，根據收集到的資料和分析結果，進行綜合整理，最終形成的最基礎的產品。其他所有徵信產品（例如信用評分、信用監測等）都是在信用報告的基礎上開發的。

個人信用報告是**信用報告機構**前期工作的智慧結晶，表現信用報告機構的業務水平，同時也是客戶（銀行等商業機構）了解消費者（或小微企業）信用狀況、制定商業決策的重要參考。個人信用報告是信用報告機構提供關於個人（或小微企業）信用記錄的檔案。信用報告是徵信基礎產品，系統記錄信用主體的信用活動，全面反映信用主體的信用狀況。

個人信用報告最初的形態是紙本，以手寫的方式記錄，目前以電子形式提供給信貸機構，大型信貸機構一般會將信用報告直接嵌入其貸款審核系統中。信貸機構以會員費的形式向信用報告機構支付費用，或者按查詢次數付費並按查詢量多少享受一定的折扣，或者即時支付這兩種形式的費用。

個人信用報告以客觀陳述的方式，記載消費者（或小微企業）的信貸和支票償還的歷史資訊、信用帳戶的狀態。這些資訊包括及時還貸的頻率、信貸額度、已用信貸金額、追債情況等。個人信用報告也可以包含房租資訊和其他公共資訊，例如抵押、法院判決、破產等相關資訊，這些可以反映消費者（或小微企業）的

金融和債務狀況。信用報告機構對這些信用報告進行編輯和出售。個人信用報告是信用報告機構最基本的終端產品，隨著徵信技術的不斷發展，信用報告機構在個人信用報告的基礎上衍生出越來越多的**徵信增值產品**，如**信用評分**等。正因為個人信用報告具有全面、客觀和真實的特點，其他徵信產品才能以它為基礎進行深度分析和挖掘，因而個人信用報告也是徵信業發展的基石。

目前個人信用報告的基本內容包括：消費者還貸歷史資訊（信用卡貸款、家庭和汽車貸款以及其他授信資訊）；消費者擁有信貸的信用額度；消費者已用的信貸金額；從債務買方和收債人處獲得的資訊，包括醫療債務等；公共資訊，如破產、抵押和法院判決等相關資訊。

個人信用報告的使用：由於個人金融資訊的敏感性，美國的《公平合理信用報告法》規定信用報告機構資料的用途：

1. 用於法院判決。
2. 滿足消費者本人書面要求。
3. 用於信用交易、保險、以財務責任或狀況的政府福利資格評定，潛在投資人用於判斷信用風險。
4. 合理的商業需求（由消費者本人發起的，審查消費者帳戶，確保其能按時還款，符合條款要求）。
5. 用於兒童援助計畫。
6. 用於聯邦存款保險公司（FDIC）及其他機構執行清算行動。

消費者（或小微企業）查看個人信用報告的必要性：特別是當消費者想去購買房子和汽車、申請工作、租房、購買保險，或者想申請信用卡時，提前檢查一下專業的個人信用報告確保沒有問題是非常有必要的，這樣可以在一定程度上減少對未來金融服務的不良影響。如果消費者已經成為**身份盜竊**的受害者，那麼也非常有必要檢查一下自己的個人信用報告來確認。信用報告機構一般每年向消費者提供一次免費的個人信用報告。

企業信用報告機構的基礎產品是**商業信用報告（Business Credit Report，也稱企業信用報告）**，但是報告內容和個人信用報告完全不同。

消費者信用評分 | Consumer Credit Scoring

Key word：金融風險管理、普惠金融小微企業金融、替代資料、大數據、資料探勘、機器學習、人工智慧、信用卡、個人資料保護、個人信用資訊

消費者信用評分，也稱個人信用評分，是以個人信用報告（信用檔案），利用數學模型將信用資訊轉化成某個數值，對消費者（或小微企業）未來信用風險的一個綜合評估，代表個人（或小微企業）的信用程度，用來指導信貸決策。

個人信用評分是**統計學**和**機器學習**在金融和銀行業中最成功的應用之一。個人信用評分提高資訊傳遞效率，量化結果可以取代**個人信用報告**中描述性和高度主觀的語言，使信貸審核人員能夠更容易比較潛在借款人。個人信用評分在消費信貸過去 60 年的顯著增長中發揮關鍵作用。如果沒有準確和自動化的風險分析工具，放貸機構不可能以目前的方式（大規模自動化）發放消費信貸。最初，個人信用評分只跟貸前申請有關，進入 21 世紀後，個人信用評分更多用統計模型來管理信用，包括對風險、業務回應、收入和客戶保留 4 個方面的衡量，應用場景有**市場行銷**、**申請審核**、**帳戶管理**和**催收回收**等（整個信用風險管理週期）。

信用評分模型的分類有很多種，按照開發信用評分的機構的不同，主要分為兩種：

通用信用評分，是指由個人信用報告機構開發的信用評分，基礎通用，國外常用的是 FICO 信用評分模型，中國第一個個人徵信試點機構上海資信有限公司（央行徵信中心控股）在 2002 年推出第一個通用信用評分模型。

> **專用信用評分**，是指由信貸機構開發的信用評分，特定的機構信貸，這個模型可以由信貸機構自己開發，也可以由資料分析公司開發。例如，中國工商銀行開發的 CIIS（特別關注客戶資訊系統）個人信用評分（2004 年 9 月上線）。

其中，通用信用評分是基礎、通用的，性能穩定，可以被認為是信貸市場風險量化的基礎設施。信用報告機構的通用信用評分不僅可以單獨使用（例如沒有能力開發信用評分的信貸機構可以直接將其用於信貸審核），而且還可以是信貸機構開發信用評分的一個重要組成部分（或輸入變數）。通用信用評分往往以個人信用報告，具體見圖 3.6。

專用信用評分主要用於銀行等信貸機構。其他機構，如電信公司、保險公司、租屋公司和政府部門等，也使用相同的技術。

信用評分是一個比較寬泛的概念，會隨著資料來源和用途的不同而不同。不同的金融機構或信用報告機構也會開發自己的信用評分，很難有一個信用評分可以涵蓋整個信貸風險決策領域。僅以 FICO 開發的信用評分模型，每個消費者就有超過 48 個不同的信用評分，可以用於不同的消費場景。

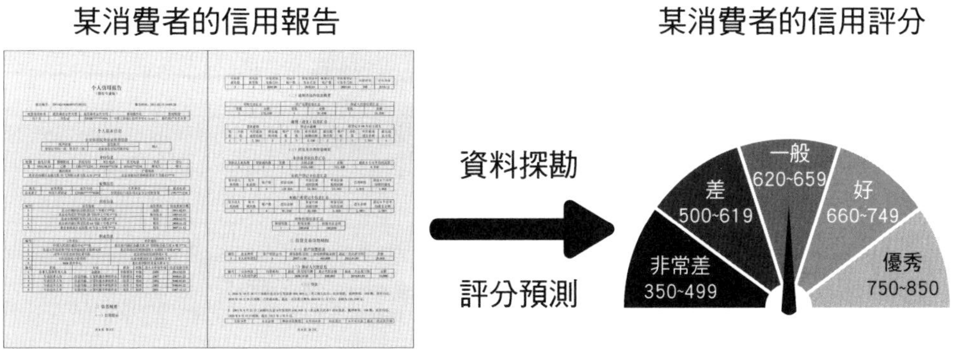

某消費者的信用報告　　　　　某消費者的信用評分

圖 3.6　信用評分是信用報告的資料摘要

FICO 信用評分模型是貸款機構廣泛採用的信用評分模型。FICO 是信用評分領域的領軍企業。FICO 在 1950 年代開發出第一個放貸者使用的信用評分模型，距今已經有 160 多年了。從那時候，特別是 1980 年代起，不同版本的 FICO 評分和其他評分模型開始被信用卡發行商以及車貸、房貸和其他類型貸款的放貸者使用。2014 年，全球企業購買 100 多億份的 FICO 信用評分報告，它已成為美國 90% 的消費信貸決策的重要依據。但是信用評分模型並不是 FICO 獨有的，三大個人信用報告機構自己也開發信用評分模型，還有一些資料探勘公司，如 SAS 軟體也幫金融機構開發一些信用評分模型。

FICO 信用評分模型考慮的主要因素如下（見圖 3.7）。

• 付款歷史：償還歷史，包括晚償還和收債資料項目。

• 未償債務：信貸餘額，可用的信貸額度，正在用的信貸比例。

• 信貸組合：信貸產品的組合。

• 信貸時長：信用的長度。

• 爭取新信貸：承擔新債務的證據，例如新的帳戶。

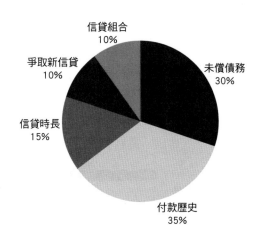

圖 3.7 FICO 信用評分模型考慮的主要因素

信用評分目前是金融科技領域的一個熱點。在很多新興國家，由於金融服務開展得比較晚，很多消費者和小微企業主都存在信用記錄缺失或信用記錄比

較「薄」的問題，無法應用傳統的 FICO 信用評分模型。據世界銀行統計，全球有 30 億名消費者無法進行傳統信用評分。根據央行徵信中心的官方報導，截至 2019 年 4 月底，徵信系統收錄自然人 9.93 億、有信用報告的為 5.4 億，估計能夠進行個人信用評分的有 4 億（需要有兩年信貸記錄）。根據中國統計局的資料，截至 2017 年，中國的人口是 13.9 億，這就意味著將近 9 億名消費者信用記錄不足或缺失，沒有信用評分。因此，可以看出，中國的信用評分應用在市場需求和傳統模型之間還存在巨大的鴻溝。[20] 全球數百家金融科技公司和**大數據**公司都在利用**替代資料**或大數據，以及人工智慧技術來致力於解決全球性的信用評分問題。[21、22]

個人信用評分的趨勢：近年來隨著數位經濟的發展趨勢越來越明顯，對個人信用評分的需求比對個人信用報告的多是全球性的趨勢，圖 3.8 利用谷哥趨勢（Google Trends）的全球網路計量顯示自 2015 年起網路使用者對個人信用評分的需求比對個人信用報告的多。這說明在數位經濟時代，個人信用評分已經變得越來越重要了。

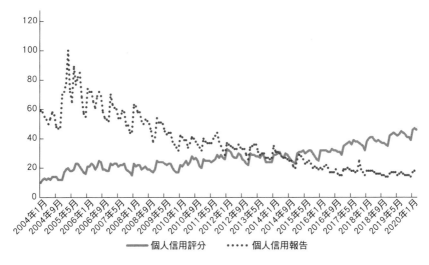

圖 3.8 全球個人信用評分和個人信用報告的需求比較

資料來源：Google Trends。
注：實線是個人信用評分的網路搜尋，虛線是個人信用報告的網路搜尋。

企業徵信 | Commercial（Business）Credit Reporting

Key word：金融風險管理、供應鏈、小微企業金融、雲端運算、替代資料、大數據

企業徵信也稱商業徵信，是指由信用報告機構採集匯總分散在社會各層面的企業信用資訊，形成企業徵信資料庫，透過信用評估模型對所採集的資訊進行轉換、評價、深入分析挖掘，產生相應的資料產品，向社會提供各種企業信用資訊服務的活動或業務過程。從事企業徵信業務的機構就是企業信用報告機構。

美國是企業徵信業發展歷史最長的國家，其**信用管理**行業的歷史長達 170 多年之久。中國自 2013 年《徵信業管理條例》法案出來之後，**信用報告機構**如雨後春筍，不斷湧出。截至 2019 年末，中國人民銀行各分支機構已完成企業徵信備案的有 134 家。最早出現的信用報告機構的主要目的是管理商業信用風險，這種形式的信用就是賒銷，例如，批發商將商品賒給零售商。企業信用報告機構提供關於企業的資訊，這些企業包含個人獨資企業、合夥企業和公司制企業，並透過公共管道、直接調查、供應商和貿易債權人提供的付款歷史來獲取資訊。

企業信用報告機構所覆蓋的企業在規模和經營收入上都小於**信用評等**公司所覆蓋的企業，其採集的資訊一般用於信用風險評估或**信用評分**，或用於**貿易信用**展期等其他用途。

企業信用報告機構與**個人信用報告機構**的差異表現在幾個方面：企業信用報告機構採集的資訊不包括個人敏感資訊，所覆蓋的交易的規模也大得多。與個人信用報告機構相比，企業信用報告機構往往需要採集更多的有關企業借款人的支付資訊和財務資訊。為了保護個人資料主體的權利，個人信用報告機構會披露資料提供商的身份，但企業信用報告機構不會讓企業資料主體知道其資料來源或使用者的身份。

　　企業信用報告機構也可能會採集小企業的資訊，但由於其報告的資料項目並不適合小企業，採集的資訊往往有限。正如前面提到的，由於小企業往往不會公開自身的財務資訊，儘管企業主的信用記錄對評估小企業的信用狀況非常有用，但企業信用報告機構並不採集個人資料。此外，考慮到貸款規模，微型或小型企業的信用資訊採集成本往往較高。因此，與企業信用報告機構相比，個人信用報告機構往往能更好地滿足對微型和小型企業的徵信需求。

　　企業信用報告機構最重要的產品是企業徵信報告。企業徵信報告是企業信用報告機構對採集的企業的商業資訊進行歸納、整理分析得到的基礎產品。基本資訊主要有概況資訊、出資人資訊、財務報表資訊、商業帳款資訊、關注資訊、訴訟資訊等；信貸資訊包括未結清信貸資訊、未結清不良負債等銀行信貸資訊；非銀行資訊包括法院、公積金①、電信、社會保險等資訊。除了金融信貸資訊，企業徵信報告還包括企業貿易管理中的信貸風險資訊。關於企業徵信報告，一般沒有免費查詢服務。

　　企業信用報告機構也提供以企業徵信報告的各種企業業務的**信用評等**（和信用評等公司的信用評等業務有著顯著的區別，企業信用報告機構的信用評等可以批次、自動化實現，而信用評等公司的信用評等需要人工作業和專家經驗）。

　　企業徵信的**信用程度分析**更為複雜，難度大。企業信用程度分析不僅是對企業信用程度簡單地區分「好」和「壞」，而是整套複雜的體系，可以支援各類金融業務。圖 3.9 從資料數量、獲取難度和分析需求 3 個不同的角度對不同市場主體（大中小微企業和個人）的信用程度分析進行比較。以個人徵信為例，其主要目的是對個人信用程度進行分類或評分，分析任務相對簡單。但是企業信用程度分析往往複雜得多。企業信用程度分析需要從個體風險動態拓展到整體投資組合回報，包括違約率、違約損失率、違約風險暴露、違約相關性、未來期望損失等諸多方面。這就需要相關領域知識和技術分析相結合，其難度往往讓許多公司望而卻步。

---

① 公積金，為依照中國法律、公司章程或股東大會決議，從公司的營業利潤或其他收入中提取的一種儲備金。

企業信用程度分析是一個高精度、高細微性地分析未來信用風險的動態過程。它要回答的並不僅僅局限於一年期違約率等簡單的資料，還包括未來的風險暴露預測、未來最危險的時刻預測、風險的主要來源等動態問題。總體而言，企業信用程度分析的技術難點主要表現在時序資料、更高層次這兩個方向。[23]

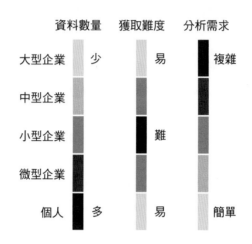

圖 3.9 不同市場主體的信用程度的分析比較

資料來源：繆維民，深度信用分析的應用實踐，第一屆全球信用峰會，2018-05-17，杭州，中國。

企業信用報告機構示範：國際領先的企業信用報告機構是鄧白氏公司（Duns & Bradstreet，D&B），其前身是 1841 年在紐約成立的商品交易所。最初，該公司向用戶提供紙本企業資料信用參考資訊，如今則採用電子方式在全球提供超過 2 億家企業的信用資訊。世界三大信用保險集團之一的科法斯（Coface）也憑藉信用風險業務建立覆蓋數千萬家中型企業的支付行為資訊資料庫。

D&B 公司向商業機構提供公司信用紀錄記錄、B2B 銷售和市場資料、交易對手風險資訊、供應鏈、案源計分（lead scoring）和機構身份比對資訊等。截至 2019 年 7 月，D&B 公司收錄的全球商業資訊已覆蓋超 3.4 億家企業。該公司有全球 200 多個國家的超過 2.35 億家公司的資料，代表著覆蓋占全球 GDP（國內生產總值）絕大部分的公司，即與客戶最有可能開展業務的公司。D&B 公司已識別出超過 1.2 億個與其他公司具有層級關係的公司。D&B 公司獲取資

料的管道，包括公共資訊、交易記錄、電話供應商、電話採訪、印刷品、商業公開資料等。D&B 公司近年來提供以資料和分析的雲端運算服務，以及結合區塊鏈技術的業務身份識別服務。[24]

鄧白氏環球編碼 | D-U-N-S number / DUNS

Key word：區塊鏈、供應鏈

鄧白氏環球編碼，也稱鄧氏編碼，是一個 9 位數字，由鄧白氏公司推出，是分配給鄧白氏資料庫中每個公司的代碼，用於唯一、獨立、具有區分度的操作和識別。鄧白氏環球編碼是隨機的，數位沒有明顯的意義。

於 1963 年推出的鄧白氏環球編碼，是鄧白氏公司獨創的 9 位數字**全球編碼系統**，被廣泛應用於企業商業資訊的組織及整理。鄧白氏環球編碼作為唯一識別標示在全球範圍內跟蹤一家企業，記錄其每一步發展和進行的商務活動；將全球 1 億家公司的母公司和子公司、總部和分公司連接組成樹狀圖。在全球最有影響力的標準制定機構中，國際標準化組織（International Organization for Standardization，ISO）、240 多家全球行業和貿易機構、澳大利亞政府、歐盟等都採用鄧白氏環球編碼。其用途如下：

1. 國際認可的標準企業標識。

2. 全球大型企業的管理規範。

3. 識別家族關係企業的關鍵。

4. 加速海關通關的有力工具。

5. 招標申請（Tender Application），某些公司規定必須使用鄧白氏環球編碼來招標。

6. 用於開設外國銀行帳戶，鄧白氏環球編碼是在國外開設銀行帳戶的基礎。

7. 是一家公司存在和營運的驗證，對於一家公司的供應商、客戶、承包商和可能與該公司開展業務的其他任何機構，該公司的鄧白氏環球編碼表示該公司存在並且正常營運。當一家公司停止營運時，其鄧白氏環球編碼入口即被關閉。

8. 提供人口統計學資訊（Demographic Information），公司的鄧白氏環球編碼是一個官方非常詳細的目錄清單，可讓其他人查找並了解公司。

供應鏈 | Supply Chain

Key word：企業徵信、複雜網路分析、金融網路分析

在商業和金融領域，供應鏈是指產品生產、流通和銷售過程中所涉及的原材料供應商、生產商、倉儲商、物流商、經銷商、零售商以及最終消費者等成員，透過各種商業關係連接在一起構成的網路結構。供應鏈有時也被稱為**供應鏈網路**。

供應鏈與生態學中的生物鏈十分類似，身處供應鏈中的大多數節點都同時受到來自供應方向的上層節點和來自需求方向的下層節點的影響，而自己也會同時反過來影響兩個方向上的節點，並且這種影響會沿著整個供應鏈傳播。

舉一個簡單的例子，在「A → B → C」這樣一個簡單的供應鏈局部關係中，A 是 B 的供應商，B 是 C 的供應商；當 A 的生產能力下降時，B 從 A 處獲得的原材料數量會減少，影響自身的生產能力，導致產能下降，最終使 C 的需求得不到滿足；當 C 的生產需求下降時，B 從 C 處獲得的銷售訂單數量會減少，為了降低庫存成本，B 會降低自己對應產品的生產量，削減從 A 處購買物料的訂單。從整個供應鏈的角度來看，B 的上層供應商不僅有 A 一家，而 A 也不僅有 B 這一個客戶，B 的下層客戶不僅有 C 一家，而 C 也不僅從 B 提貨，同時從 A 向上還有多層供應商，從 C 往下也還有多層客戶。鏈上的所有企業之間都會互相影響，而這種影響的強度與它們在供應鏈上的距離有關。

　　理想狀態下，整個供應鏈中的所有企業，其供應和需求都在一定範圍內波動，供應鏈複雜的連接關係使整個網路具有一定的動態平衡能力，使其上的商業交互能夠流暢地進行。當供應鏈中的某個企業受外部因素影響，供需能力發生大幅度的改變（比如自然災害導致破產，或融資後的業務拓展或轉型等）時，供應鏈會受到衝擊，並轉移到新的平衡狀態。在這一過程中，供應鏈上的很多企業都會受到影響，有些企業甚至會破產，就類似於生態失衡導致某些物種滅絕，生物鏈重新歸於平衡的過程。

　　針對供應鏈的這些特性，一些商業機構推出**供應鏈管理**服務，説明企業優化自身的供應、倉儲、物流等環節，使企業更好地利用供應鏈進行生產和銷售，並減少沿供應鏈傳播的負面影響。銀行和金融機構則設計出了一些**供應鏈金融**產品，説明供應鏈上的企業進行融資，提高供應鏈的運作效能。

　　供應鏈也得到**資料經銷商**的關注。傳統意義上，針對供應鏈的服務和產品都是針對某一企業以及與之直接關聯的供應和銷售企業進行分析，即針對供應鏈中一個範圍較小的局部進行分析。而資料經銷商通常會使用來自銀行、商業貿易平臺或票據平臺的大批次交易流水資料，構建出較為完整的供應鏈網路，並對其進行分析。這一過程會使用**圖資料庫**、**複雜網路分析**、**模式識別**、**深度學習**等技術，最終以抽象化資料或報告的形式銷售，稱為**供應鏈資料**。有的資料經銷商或圖資料庫平臺還提供在供應鏈上進行**壓力測試**的工具。

圖 3.10 是以 A 公司為主體，向上游和下游方向拓展多層得到的供應鏈結構展示。資料分析人員使用複雜網路分析和模式識別演算法得出這樣一些結論：左側深色節點所代表的公司是 A 公司的主要競爭對手；右側大的空心節點指向 4 個大型採購專員或商業仲介機構；1 號矩形內的企業完全依賴於 A 公司供貨，2 號矩形內的企業則只向 A 公司一家企業供貨，它們和 A 公司之間很可能簽訂排他性的商業協定；3 號和 4 號矩形內的企業僅透過 A 司和少量採購專員供貨，它們可能與 A 公司有特殊的合作關係。

這些分析結果以分析師資料或替代資料的形式進行銷售。

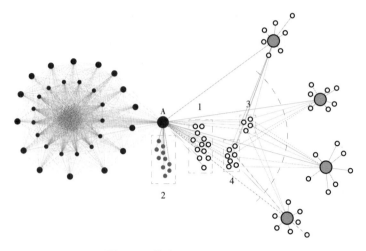

圖 3.10 供應鏈資料應用示範

供應鏈金融 | Supply Chain Finance, SCF
Key word：企業徵信

供應鏈金融是銀行或金融機構將核心企業及其上下游企業聯繫在一起提供金融產品和服務的一類商業和金融產品。這類產品通常會提供短期貸款，增加商業行為中買賣雙方的流動資產數目，即提供資金作為供應鏈的「溶劑」，增加其流動性。

供應鏈金融是一種**產業金融**產品，包括**物流金融**這一子集。

供應鏈金融的基本實現機制是，銀行在供應鏈中尋找處於網路關鍵位置的大型核心企業，透過與其合作，為其周圍的供應鏈節點提供金融支援。一方面，由核心企業向銀行提供其上下游的交易流水資料，使銀行能夠更直接地監控中小企業的營運，提升它們的信用額度。另一方面，核心企業透過將銀行信用融合到與上下游企業之間的商業銷售及購買行為中，使自身的商業競爭力得到提升。同時，由於供應鏈上的各方都獲得額外的流動資金援助，整個供應鏈的商業效率和穩定性也能得到提升。

　　單個企業的流動資金被佔用的形式主要有應收帳款、庫存、預付帳款3種。按照擔保措施的不同，從風險控制和解決方案的導向出發，可以將供應鏈金融的基礎性產品分為應收帳款融資、未來貨權融資和融通倉融資三大類。**應收帳款融資**是指在供應鏈核心企業承諾支付的前提下，供應鏈上下游的中小型企業可用未到期的應收帳款向金融機構進行貸款。**未來貨權融資**（又稱**保兌倉融資**）是指下游購貨商向金融機構申請貸款，用於支付上游核心供應商在未來一段時期內交付貨物的款項，同時供應商承諾對未被提取的貨物進行回購，並將提貨權交由金融機構控制。很多情況下，只有一家需要融資的企業，而這家企業除了貨物之外，並沒有相應的應收帳款和供應鏈中其他企業的信用擔保。此時，企業以存貨作為質押，經過專業協力廠商物流企業的評估和證明後，金融機構可以向其進行授信，這是一種存貨類融資，在中國稱為**融通倉融資**。

　　在國際上，供應鏈金融的發展大致可以分為3個階段。

19世紀上半葉是供應鏈金融發展的初期，當時的業務主要針對存貨質押貸款。早在1905年的俄國，農民在豐收季節，當穀物的市場價格較低時，將大部分穀物抵押給銀行，用銀行貸款資金投入後續的生產和生活；待穀物的市場價格回升後，再賣出穀物歸還銀行本金利息。由此，農民可以獲得比收割時節直接賣出穀物更高的利潤。

19世紀中葉至1970年代，供應鏈金融的業務逐漸豐富起來，承購應收帳款等應收帳款承購業務開始出現。但起初，這種應收帳款承購業務常常是趁火打劫式的金融掠奪，一些銀行等金融機構和資產評估機構合謀，刻意壓低流動性出現問題的企業出讓應收帳款和存貨，然後高價賣給其他協力廠商仲介機構。部分金融機構惡意且無序的經營造成市場嚴重的混亂，並引發企業和其他銀行的不滿和抗議。為規範市場行為，1954年美國頒布《統一商法典》（Uniform Commercial Code），明確金融機構開展存貨質押應遵循的規範。由此，供應鏈金融開始步入健康發展的時期，但這一階段的供應鏈金融業務仍以「存貨質押為主，應收帳款為輔」。

從 1980 年代開始，供應鏈金融的業務開始繁榮，並出現預付款融資、結算和保險等融資產品。這要歸功於物流業高度集中和供應鏈理論的發展。在這一階段的初期，國際上的主要物流管道開始逐漸集中到少數企業，聯邦快遞（FedEx）、美國聯合包裹運送服務公司和德國鐵路物流等一些大型的專業物流「巨無霸」企業形成。隨著全球化供應鏈的發展，這些物流企業更為將私有財產作為公有產於多跨國企業的供應鏈體系中，與銀行相比，這些物流企業更了解供應鏈運作。透過與銀行合作，深度參與供應鏈融資，物流企業在提供產品倉儲、運輸等基礎性物流服務之外，還為銀行和中小型企業提供質物評估、監管、處置以及信用擔保等附加服務，為其自身創造巨大的新業績增長空間，同時銀行等金融機構也獲得更多的客戶和更多的收益。在此階段，國外供應鏈金融發展開始形成「物流為主、金融為輔」的運作理念，供應鏈金融因物流企業的深入參與獲得快速的發展。

與國外發展軌跡類似，中國供應鏈金融的發展也得益於物流業的快速發展。2000 年以來中國物流行業經過大整合之後，網路效應和規模效應開始在一些大型物流企業中表現出來，而這些企業也在更多方面深入強化供應鏈的整體物流服務。綜合來看，現階段中國供應鏈金融發展呈現出這樣一些特點：

供應鏈金融發展區域不平衡——在外向型經濟比較明顯的中國東南沿海區域，供應鏈金融發展相對領先，而內陸供應鏈金融仍處在初級階段。此外，中國關於供應鏈金融的業務名稱也沒有一個確定的叫法，有物流金融、物資銀行、倉單質押、庫存商品融資、融通倉、貨權融資及貨權質押授信等。

供應鏈金融在中國還面臨著法律風險，庫存商品等流動資產質押尚缺乏監管。中國銀行分業經營的現狀，使供應鏈金融業務中形成多種委託代理關係，加上社會信用體系建設方面的落後，進一步造成供應鏈金融業務的運作風險。

中國電子商務的高速發展超過其他國家和地區，而銀行的業務發展相對比較緩慢。這使一些同時擁有商務平臺資源和金融資源的大型網際網路公司能夠在供應鏈金融領域發展出眾多業務，並獲得重要的金融市場地位。這種應用和大科技信貸聯繫密切。

供應鏈管理 | Supply Chain Management, SCM

Key word：企業徵信

供應鏈管理是指在將原材料轉化為產品並銷售的過程中，將供應商、製造商、倉庫、配送中心和通路商等相關企業有效地組織在一起，進行產品製造、轉運、分銷及銷售的管理方法，通常以軟體資訊系統的方式提供服務。供應鏈管理透過合理選擇上下游供銷商，並調整訂單的數量等，使企業能更好地在**供應鏈**中營運和生產。

　　供應鏈管理的發展與製造業自動化的發展、企業經營管理的演進以及企業資訊系統的演化密不可分。1970 年代，製造商強調大規模生產以降低單位生產成本，即大規模生產的營運戰略。

　　當時的企業生產較少考慮市場因素，生產、製造缺乏彈性，新產品的開發緩慢，幾乎完全依靠企業內部技術和能力。因此，企業的營運瓶頸要透過加大庫存量來解決，很少考慮企業間的合作和發展。

　　在當時採購僅僅被認為是生產的支持活動，管理人員很少關心採購活動。到了 1970 年代，**製造資源計畫**被引入，管理人員意識到存貨數量給製造成本、新產品開發和生產提前期帶來重要影響，所以開始透過轉向新型物料管理來提高企業績效。1980 年代，全球競爭加劇，一些大型跨國企業面對市場競爭，只有透過提供低成本、高品質、可靠的產品和更具彈性的生產計畫來保持領先地位。日本豐田公司透過實施**即時生產（Just In Tim, JIT，又稱準時生產）**來提高製造效率、

縮短生產週期和降低庫存,這一措施在整個製造業被效仿。即時生產透過與上下游企業的合作,實現快節奏製造、低庫存,並以此緩解生產和排程問題。製造商重新意識到與戰略合作夥伴關係的重要性,並與供應商開始發展戰略供應關係,供應鏈管理的概念隨即出現了。

1990 年代,供應鏈管理持續發展,供應鏈擴展為由供應商、製造商、經銷商和客戶組成的整體鏈條。採購和供應開始更多地考慮成本與品質間的協調。製造商透過預先選定供應商消除非增值活動,相關的服務產品包括原材料品質檢查、入庫檢查等。很多製造商和經銷商透過緊密合作來提高跨企業的價值鏈的效率,例如在進行新產品開發時,製造商將供應商和客戶整合在一起,利用合作夥伴的研發能力和科技,縮短研發週期。而經銷商和零售商則將自己的分銷與運輸提供商進行無縫對接,以達到直接交貨、消除物品檢查等增值活動。

現在的供應鏈管理系統一般包括以下幾個部分:

企業資源規劃(ERP),是指對企業資源配置、利用、開發活動進行組織、計畫、協調、監督和控制,由訂單管理、生產派工、庫存管理、採購管理等多個環節構成。

資料同步採集與即時分析,包括企業對企業的交易與經營關係(B2B)、企業應用整合(EAI)、企業資訊入口(EIP)等,即時監控整個供應鏈管理系統的執行狀況,並為其他系統提供資料。

訂單管理系統(OMS),透過對訂單的管理和分配,使倉儲管理和運輸管理有機結合,穩定有效地使物流管理中各個環節充分發揮作用,使倉儲、運輸、訂單成為一種狀態。

供應商關係管理(SRM),透過與供應商建立長期、緊密的業務關係,並透過對雙方資源和競爭優勢的整合來共同開拓市場,擴大市場需求和占有額,降低產品前期的高額成本。

客戶關係管理（CRM），自動化並改善與銷售、市場行銷、客戶服務和支援等領域的客戶關係有關的商業流程。

供應商管理庫存（VMI），是指以實際或預測的消費需求和庫存量，作為市場需求預測和庫存補貨的解決方法，即以由銷售資料得出的消費需求資訊，供應商可以更有效地做計畫，更快速地對市場變化和消費需求做出反應。

信用評等 [25] | Credit Rating
Key word：金融風險管理、信用衍生性金融商品

信用評等，簡稱信評，是對潛在債務人（以企業或政府為主）的信用風險的評估，預測其償還債務的能力，並隱含預測債務人的違約機率。

信用評等也稱**資信等級**，由獨立的**信用評等公司**對影響等級物件的諸多**信用風險因素**進行分析研究，就其償還債務的意願和償債能力進行綜合性預測和評價，並用簡單明瞭的符號加以表述。具體而言，信用評等是由專門的獨立機構或部門，根據獨立、客觀、公正的原則，透過收集影響債務或債務工具信用的資訊，採用一整套分析框架和分析方法，對發債主體或債務工具在特定時期內償還債務的意願和能力進行評價，並用簡單符號將這些意見向市場公開。

信用評等最重要的功能是風險揭示與預警，當然可能存在落後延遲問題。信用評等也存在一定的風險定價功能，投資人可以參考信用評等結果進行風險溢價補償。

信用評等表示**信用評等公司**對準債務人的定性和定量資訊的評估，包括由潛在債務人提供的資訊以及由信用評等公司的分析人員獲得的其他非公開訊息。信用評等的稱謂在 1958 年第一次被使用。信用評等作為重要的金融服務業務，無論在中國還是國外，都受到嚴格的監管。

信用評等結果表明等級對象在給定時間範圍內違約的可能性。通常，一年及以下被認為是短期的，而超過一年被認為是長期的。過去，機構投資者傾向於考慮長期等級。如今，它們通常使用短期等級。

信用評等可以用來評估企業的金融工具，例如債務的安全性，但同時也可以用來衡量企業本身。

信用評等具有真實、一致、獨立、客觀和審慎 5 個基本原則，[26] 以及公正原則。

信用評等按照等級物件、期限、主被動性、幣種、行為主體和面向的市場可以分為以下幾種（見表 3.5）。

表 3.5 信用評等的分類

等級對象	期限	主被動性	幣種	行為主體	面向的市場
主體等級	短期等級	主動等級	本幣等級	內部等級	信貸市場等級
債項等級	長期等級	委託等級	外幣等級	外部等級	資本市場等級

主權信用評等是針對主權實體，如一個國家的政府的信用評等。主權信用等級表示一國投資環境的風險水平，供投資者在特定司法管轄區進行投資時使用，並考慮政治風險。2017 年四季度多個國家的主權信用評等見表 3.6。

表 3.6 2017 年四季度多個國家的主權信用評等

風險排名（分數越高，風險越低）	排名變化	國家	總體分數
1	—	新加坡	88.6
2	—	挪威	87.66
3	—	瑞士	87.64
4	—	丹麥	85.67
5	▲ 2	瑞典	85.59
6	▼ 1	盧森堡	83.85
7	▼ 1	荷蘭	83.76
8	▲ 4	芬蘭	83.10
9	—	加拿大	82.98
10	▲ 1	澳大利亞	82.18

資料來源：Euromoney Country Risk。

　　信用評等在風險因素之外，還會受到監管和政治的影響，往往是多方利益平衡的結果。信用評等公司和**信用報告機構**的區別參見「信用報告機構」。

　　自金融危機以來，對信用評等公司的討論較多，監管機構、市場參與者以及社會各界對其廣泛關注。信用評等是金融市場的重要組成部分。中國央行前行長周小川指出，這個行業本身不大，但關係到廣大的金融市場，廣泛涉及金融市場板塊及其產品，這些板塊和產品對全球經濟的作用是相當大的。

信用評等公司 | Credit Rating Agency, CRA

Key word：信用衍生性金融商品

信用評等公司是指提供信貸等級服務的國際性獨立機構，透過評估公司及時償還本金和利息以及債務違約的可能性來評估債務人的償還能力。

信用評等公司可以對債務發行人、債務工具以及某些情況下基礎債務的服務人的**信用程度**進行評估，但不適用於個人消費者。國家信用評等公司的影響力對其在國際資本市場的話語權而言十分重要。

信用評等公司是依法設立、從事信用評等業務的社會仲介機構，具有獨立性和專業性。信用評等物件即被評物件。信用評等公司進行信用評等業務的操作對象可分為債項（債券和衍生品）和主體。

信用評等的結果是信用評等公司透過對經濟主體、債務工具進行信用風險分析，形成的具有信用等級符號標識的信用評等報告。信用評等模式分為發行人付費模式／投資者訂購模式和雙等級模式（具有非主權特徵的等級體系與主權國家等級體系共存的制度模式）。

信用評等公司評估的債務工具包括政府債券、公司債券、定期存款單、市政債券、優先股和抵押證券（如房地產按揭抵押證券）等。債務人或證券發行人可以是公司、特定目的實體、州或地方政府、非營利組織或主權國家。信用評等促進二級市場的證券交易，因為信用評等會影響證券支付的利率，較高的信用評等意味著只需付出較低的利率。個人消費者不是透過信用評等公司而是透過個人信用報告機構或信貸部門來評估其信用程度。

　　證券信用評等的價值曾受到廣泛質疑。在 2007—2008 年的金融危機中,被給予最高等級的數千億證券被降級為垃圾級別。2010—2012 年歐洲主權債務危機期間,等級下調被歐盟官員指責加速金融危機。

　　信用評等是一個寡頭壟斷行業,三大信用評等公司控制著全球市場約 95% 的等級業務。其中,穆迪和標準普爾的市場佔有率合計高達 80%,而惠譽約占 15%。

　　中國最早出現的信用評等公司是 1988 年成立的上海遠東資信評估有限公司。表 3.7 顯示部分中國境內外主要信用評等公司。

表 3.7　部分中國境內外主要信用評等公司

國際主要信用評等公司	
穆迪投資者服務公司 標準普爾公司 惠譽國際信用評等有限公司	
中國主要信用評等公司	
銀行間市場	交易所市場
聯合資信評估有限公司	聯合信用評等有限公司
大公國際資信評估有限公司	大公國際資信評估有限公司
中誠信國際信用評等有限公司	中誠信證券評估有限公司
上海新世紀投資服務有限公司	上海新世紀投資服務有限公司
東方金誠國際信用評估有限公司	東方金誠國際信用評估有限公司
中證鵬元資信評估股份有限公司	中證鵬元資信評估股份有限公司
中債資信評估有限責任公司	

資料來源:中證監測。

信用衍生性金融商品 | Credit Derivative

Key word：信用、信用評分、信用評等、信用評等公司、資產基礎證券

信用衍生性金融商品是用來分離和轉移信用風險的各種工具和技術的統稱，通常在借貸過程中將信用風險拆分，並以合約的方式轉移給借方和貸方以外的其他經濟實體來實現。

早在 1988 年，《巴塞爾協定》就促使商業銀行考慮它們對客戶的風險暴露問題。由此引發銀行面臨的一個難題——如何降低風險暴露但又不損害與客戶的長期合作關係。信用衍生性金融商品最早出現於 1992 年的美國紐約互換市場，1993 年 3 月，《環球金融》（Global Finance）的一篇文章提到華爾街 3 家公司——摩根大通、美林銀行和信孚銀行（Banker Trust）已經開始經營某種形式的信用衍生性金融商品。隨著信用風險測量技術的發展，各種信用衍生性金融商品逐漸發展起來。目前國際上比較有代表性的信用衍生性金融商品主要有以下 4 種。

信用違約交換是將參照資產的信用風險從信用保障買方轉移給信用保障賣方的交易。信用保障買方向願意承擔風險的信用保障賣方在合約期限內支付一筆固定的費用。信用保障賣方在接受費用的同時，承諾在合約期限內，當信用違約事件發生時，向信用保障買方賠付違約損失。

總報酬交換（Total Return Swap）是指信用保障賣方在協議期間將參照資產的總收益轉移給信用保障買方，總收益可以包括本金、利息、預付費用以及因資產價格的有利變化帶來的資本利得，作為交換，信用保障買方則承諾向信用保障賣方交付協議資產增值的特定比例，通常是**倫敦銀行同業拆放利率（LIBOR，是目前國際上最重要和最常用的市場利率基準）**加一個差額，以及因資產價格不利變化帶來的資本虧損。總報酬交換在不使協定資產變現的情況下，實現信用風險和市場風險的共同轉移。

信用連結債券（Credit-Linked Note）是普通的固定收益證券與信用違約交換相結合的信用衍生性金融商品。在信用連結債券的標準合約下，信用保障買方或由信用保障買方設立的特殊目的機構，根據參照資產發行票據。信用保障賣方先以現金支付取得票據，交換來自有關票據固定利率或浮動利率的利息收入流程。當信用違約事件發生時，可根據雙方協定的信用事故賠償額贖回票據；如未發生信用違約事件，票據在合約期滿後才可贖回。

信用價差選擇權（Credit Spread Option），假定市場利率變動時，信用敏感性債券與無信用風險債券（國庫券等）的收益率是同向變動的，信用敏感性債券與無信用風險債券之間的任何利差變動必定是對信用敏感性債券信用風險預期變化的結果。信用保障買方，即信用價差選擇權購買者，透過購買利差期權來防範信用敏感性債券由於信用等級下降而造成的損失。

需要注意的一點是，無論在信用違約交換，還是在總報酬交換中，風險的承擔者都無須增加自己的資產負債表規模，而是將其作為表外業務加以處理。透過這種方式，銀行或金融機構既可以維持與客戶長期的良好關係，又可以避免在其他轉移信用風險（如貸款出售和資產基礎證券）的方式中產生的法律費用等，從而簡化流程，節約成本。

另外，商業銀行可以透過購買信用衍生性金融商品進行信用保護，轉移貸款項目中的一部分信用風險，從而降低風險加權資產的總量，緩解一部分資本充足率壓力。透過信用衍生性金融商品，銀行還可以開關新的客戶資源，尤其在開拓新的行業或地區時。透過信用違約交換，銀行可以將信用風險轉移至對客戶信用狀況比較了解的信用保障賣方，同時還可以放寬一些優質客戶的信用額度。

由於信用衍生性金融商品的合約性質與**保險**極為相似，保險機構已經成為信用違約交換市場中違約保險的重要買方，而且不同類型的保險機構活躍於不同市場。比如，壽險機構活躍於債務抵押債券市場，單一險種保險機構通常活躍於信用違約交換市場。與此同時，一些**量化投資**團隊也開始將信用衍生性金融商品作為一種金融產品看待，並在信用市場獲利。在這個過程中，信用衍生性金融商品

將信用、保險和投資這 3 個重要金融領域貫穿起來，使風險得到分散，同時提高了各市場的資本運作效率。

資產基礎證券（Asset-Backed Securitization，ABS）是指以基礎資產未來所產生的現金流為償付支援，透過結構化設計進行信用增級，在此基礎上發行資產支持證券（ABS）的過程。資產基礎證券是以特定資產組合或特定現金流為支援，發行可交易證券的一種融資形式。資產基礎證券僅指狹義的資產基礎證券。自 1970 年美國政府債吉利美（GNMA）首次發行以抵押貸款組合為基礎資產的抵押支持證券——房貸轉付證券，並完成首筆資產基礎證券交易以來，資產基礎證券逐漸成為一種被廣泛採用的金融創新工具並得到迅猛發展，在此基礎上，又衍生出風險證券化產品。

狹義的資產基礎證券是指信貸資產基礎證券。按照被證券化資產種類的不同，信貸資產基礎證券可分為不動產抵押證券（Mortgage-Backed Securitization，MBS）和資產基礎證券。

4

數位貨幣與
區塊鏈

圖 4.1　數位貨幣與區塊鏈模組知識圖譜

　　數位貨幣與區塊鏈是金融科技領域最熱門的板塊之一，主要得益於比特幣、以太坊等區塊鏈項目的崛起。區塊鏈一改傳統金融保守的思維方式和森嚴的等級制度，紮根於互聯網自由、平等、分享的基因核心，承載價值網際網路與傳遞的功能，喚起人們對金融民主、普惠的憧憬。數位貨幣與區塊鏈模組知識圖譜如圖 4.1 所示。

　　隨著中央銀行發行數位貨幣（DC/EP），以及社交巨頭臉書發行數位貨幣（Libra），數位貨幣的概念以及區塊鏈技術再次觸動科技界、投資界的神經。非對稱加密、智慧合約等一些冷門的概念再度引起媒體關注。去中心化自治組織、去中心化金融等一些前部的邊沿理念，引導數位貨幣與區塊鏈的創新之路。

　　不僅如此，以挖礦、交易、數位資產管理為核心的區塊鏈商業也異常繁榮。每年礦機商、交易所創造的利潤令許多傳統金融機構瞠目結舌，金融機構被這種

稱為「區塊鏈」的分散式帳本技術所吸引，政府部門、商業銀行、投資銀行、徵信機構都在研究區塊鏈技術。

各國監管政策雖有不同，但新興技術向前發展的潮流是不可阻擋的。美國證交會雖然拒絕多次比特幣 ETF 的申請，但比特幣期貨、信託已經在美國合法化，得到美國證交會的批准，將比特幣作為一種商品進行交易和投資的自由得到法律的保護。

數位貨幣與區塊鏈的新理念、新技術與密碼學、網路技術是分不開的，同時也與經濟學、心理學息息相關。技術能夠降低交易成本，但歸根究柢是為商業需求、市場需求服務的，沒有需求就沒有產品，這也是很多區塊鏈技術研究者容易產生誤區的地方。找到適合區塊鏈技術的商業需求才是淵源有自。

跟隨前部的邊沿創新並不是一件容易的事情，我們僅為讀者提供一條了解數位貨幣、區塊鏈技術的學習路徑。本書精選的詞彙雖不能覆蓋所有相關數位貨幣與區塊鏈的概念，但精選一些詞彙，希望能引起讀者的興趣，幫助讀者踏入知識之門，尋找數位貨幣與區塊鏈領域的靈感與商機。

比特幣 | Bitcoin

Key word：加密貨幣、數位貨幣、虛擬貨幣、區塊鏈、暗網

比特幣是一種加密貨幣，也是一種點對點的電子現金系統。比特幣系統使用 P2P 技術，在沒有中央機構或銀行的條件下，管理比特幣轉帳以及由網路節點集體完成的比特幣發行。

比特幣是由一位自稱**中本聰（Satoshi Nakamoto）**的匿名人士或匿名組織發明的。2008 年 11 月 1 日，中本聰在 P2P Foundation 網站發佈白皮書《比特幣：一種點對點的電子現金系統》（Bitcoin: A Peer-to-Peer Electronic Cash System），並於 2009 年 1 月 4 日發佈第一版比特幣開放原始碼軟體。

關於白皮書發佈時間與中本聰生日

每年 10 月 31 日午夜至 11 月 1 日，是美國等西方國家的重要節日——萬聖節。2008—2009 年正是美國次級房貸危機演變為金融危機並波及全球之時。中本聰選擇在此時發佈比特幣白皮書，或許別有用意。

在 P2P Foundation 的註冊資訊裡，中本聰填寫的自己的生日為 1975 年 4 月 5 日。這個時間和歷史上兩個事件巧妙地聯繫起來。一個事件是，1933 年 4 月 5 日，美國羅斯福總統簽署 6102 條國家緊急安全法，宣佈美國人持有黃金屬於非法行為。用美元強行兌換美國人的黃金，之後卻讓美元貶值 40%，相當於洗劫美國人 40% 的財富。另一個事件是，1974 年 12 月 31 日，美國黃金合法化法案正式生效，1975 年美國人又可以持有黃金了。[1,2,3]

比特幣程式碼是開放性原始碼，遵循公開的分散式帳本設計思路，沒有人能佔有或控制比特幣，任何人都可以自由進入或退出比特幣網路，而不必經過核准。比特幣轉帳需要經過網路節點的密碼學確認，然後被記錄在一個公開的分散式帳本裡，這個公開的**分散式帳本**被稱為**區塊鏈**。比特幣是透過一個「**挖礦**」的過程作為獎勵而被創造出來的。比特幣可以用來購買其他的貨幣、商品或者服務。[4]

比特幣帳戶是透過**公開金鑰（Public Key）**和**私密金鑰（Private Key）**建立的，它們是一對使用數學的**非對稱加密**演算法產生包含數字和字母的長字串。公開金鑰產生帳戶位址，類似於電子信箱，比特幣帳戶地址是公開的，可用於接收和發送比特幣。私密金鑰則需要妥善保管，只有私密金鑰能夠授權比特幣轉帳。私密金鑰不同於普通密碼，私密金鑰不可更改。

比特幣挖礦是「鑄幣」過程，透過挖礦，新發行的比特幣將進入市場流通。具體而言，在「鑄幣」過程中，需要先解出一道有關計算的數學難題，然後才能發現一個新區塊，並將新區塊「連結」到已有的區塊鏈上，從而獲得系統發行的一定量的比特幣。從 2009 年比特幣運轉開始，新區塊獎勵 50 枚比特幣，大約每 4 年新區塊獎勵的比特幣減少一半。比特幣以一個固定且週期性遞減的速率進行發行的，它的總供給量趨近於 2100 萬枚。

比特幣的發行規則，實際上遵循數學收斂的無窮級數演算法。例如等比數列：$\frac{1}{2}+\frac{1}{4}+\frac{1}{8}+\frac{1}{16}+\cdots=1$。中本聰給比特幣定義的規則是：每挖出 210000 個區塊，比特幣新區塊的獎勵減少一半，而每個區塊的平均發現時間是 10 分鐘，這是由比特幣的**挖礦難度**動態調節的。因此，210000 個區塊大約經歷 4 年（$210000 \times 10 \div 60 \div 24 \div 365 \approx 4$）。每 4 年為一個發行週期，第一個 4 年的總產量是 $210000 \times 50 = 10500000$ 枚比特幣，第二個 4 年的總產量減少一半，依此類推，按照等比數列之和的計算，極限值是 2100 萬枚比特幣。這就是比特幣總量不超過 2100 萬枚的由來。

那些掌握著計算能力（簡稱「**算力**」）並加入比特幣網路的獨立個人或公司被稱為「**礦工**」，他／它們被新區塊獎勵和轉帳費用激勵而進行挖礦。這些礦工可以被認為是保障比特幣網路可信度的去中心化「權威機構」。

在比特幣的**創世區塊**程式碼中，中本聰隱藏了一句暗語「The Times 03/Jan/2009 Chancellor on brink of second bailout for banks」，譯為中文是：《泰晤士報》2009 年 1 月 3 日財政大臣將再次對銀行施以援手。這正是 2008—2009 年美國次級房貸危機和歐洲債務危機的真實寫照。

為了向比特幣創立者中本聰致敬，比特幣最小細分單位億分之一比特幣，即 0.00000001BTC 命名為 1 聰（Satoshi，SAT）比特幣；將 10 萬聰比特幣或 1/1000 比特幣，即 0.001BTC 命名為 1 毫（Millibitcoin，mBTC）比特幣。

區塊鏈 | Blockchain

Key word：中央銀行數位貨幣、鄧白氏環球編碼、供應鏈金融、群眾募資、供應鏈、物聯網、洗錢防制、KYC、共用經濟

區塊鏈，也稱區塊鏈技術（Blockchain Technology），是比特幣的底層技術架構。狹義上講，區塊鏈是一種按照時間順序將資料區塊以順序相連的方式組成的鏈式資料結構，以及以密碼學方式保證的不可篡改和不可偽造的分散式帳本。廣義上講，區塊鏈是利用塊鏈式資料結構來驗證與儲存資料，利用分散式節點共識演算法來產生和更新資料，利用密碼學方式保證資料傳輸和登入安全，利用自動化指令集程式碼組成的智慧合約，為使用程式設計和操作數據的一種全新的分散式基礎架構與分散式運算範例。[5]

簡單來講，區塊鏈就是一串用**時間戳記**相連的不可更改的資料記錄，它們被電腦集體共同管理而不被任何單一實體所控制。每一個資料區塊都透過密碼學原理來保障安全並相互綁定，形成一條鏈式結構。

就區塊鏈而言，**非對稱密碼學**提供一種強有力的所有權工具，來滿足認證方式的要求。擁有私密金鑰即獲得所有權。這也避免當一個人需要進行交易時，不得不分享過多的個人資訊而將資訊暴露給駭客的情況。

僅僅是認證還不夠，認證是指確認帳戶上有足夠多用於支付的錢、確認轉帳類型正確等，此外，它還需要一個 **P2P 網路**作為起點。一個分散式網路能夠降低中心化腐敗或失敗的風險。

P2P 網路，也稱對等網路，或 P2P 技術等，是一種分散式資訊傳輸協定。P2P 技術為網際網路開闢一片嶄新的天地，為人熟知的 BT 下載（BitTorrent）、電驢（eMule）、迅雷都使用 P2P 技術，P2P 技術的鼻祖是 1999 年在美國成立的 Napster，創始人是尚恩·范寧（Shawn Fanning）與西恩·帕克（Sean Parker），後者也是臉書的聯合創始人。

　　這個分散式網路還被用於轉帳的記錄保存和安全保證。授權轉帳是整個網路遵守共識機制的結果。

　　這種分散式帳本，區塊鏈通常由 P2P 網路管理，節點之間通信和驗證新區塊要共同遵守一種協議或**共識機制**。一旦記錄下來，任何區塊裡的資料事後都不可更改，除非修改後續一系列的區塊，而這需要全網大多數達成共識。儘管區塊鏈並非不可更改，但區塊鏈在設計上被認為是安全的，並用事實說明它是一個具有高**拜占庭容錯**能力的分散式運算系統。因此，在區塊鏈上形成一種去中心化共識。

　　這種將 P2P 網路和支付系統相結合的簡單想法，透過加密貨幣的誕生，徹底改變金融行業。

　　區塊鏈的發明使比特幣成為第一個不需要可信機構或中央伺服器而解決「**雙重支付**」難題的數位貨幣。比特幣的發明啟發其他應用程式，使得區塊鏈廣泛用於加密貨幣，區塊鏈被認為是一種支付軌道。

> 區塊鏈未來更多的探索方向：
>
> 智慧合約──分散式帳本可以使簡單合約透過電腦程式碼實現自動化，當一定條件被滿足時，智慧合約就能自動執行，而無須人的干預。
>
> 共用經濟──透過點對點支付，區塊鏈打開使用者端之間直接交易的大門。
>
> 群眾募資──區塊鏈技術使群眾募資上升到新水平，激發更多群眾外包風險投資基金。
>
> 治理──透過將競選過程向大眾開放，分散式資料庫技術能夠使競選更加透明。
>
> 供應鏈審計──區塊鏈能夠為產品溯源提供技術支援，時間戳記日期和地點需要與產品編號保持一致。
>
> 檔案儲存──去中心化的檔案儲存能夠有效阻擋駭客攻擊和檔案遺失。

市場預測：區塊鏈是一種代表「集體智慧」的技術，它能夠透過分析群體「下注」而預測事件。

智慧財產權：智慧合約能夠保護智慧財產權，自動完成線上創造性產品的銷售，降低檔案複製和再分配的風險。

物聯網：智慧合約能夠透過軟體、感測器、網路設備自動執行遠端系統程式。

智慧型輸電網路：區塊鏈能夠為鄰里之間局部的可再生能源創造交易市場。

身份管理：分散式帳本提供方法來證明你是誰，擁有安全數位身份對網路服務來說非常重要。

洗錢防制和 KYC（Know Your Customer 了解你的客戶）：使用區塊鏈，能夠提升洗錢防制和 KYC 的水準，使跨機構客戶身份識別和強化分析成為可能。

個人資料管理：使用者可以管理和出售自己在網路上活動的小片、零散資料，如果他們自己認為合適的話。

產權登記：公開可觸及的帳本可以更加開放、高效，產權上鏈可以更加有效地反欺詐和對抗貪污。

股票交易：當點對點交易可以即時完成時，審計機構、託管機構可能就會退出市場。[6]

按照存取權限的不同，區塊鏈可以分為 3 類：**公有鏈、私有鏈、聯盟鏈**。

公有鏈或公有區塊鏈（Public Blockchain）沒有任何登入限制。任何人都可以連接互聯網發起轉帳，也可以成為驗證者，參與共識協議的執行。通常，區塊鏈會為那些提供算力支援和保護網路安全的節點提供經濟激勵，比如，可以使用工作量證明（Proof of Work，PoW）或權益證明（Proof of Stake，PoS）演算法。知名公有鏈有比特幣和以太坊等。

私有鏈或私有區塊鏈（Private Blockchain）需准許進入才能使用。除非受到網路系統管理員的邀請，否則無法加入，參與者和驗證者都受到限制。這種區塊鏈可以作為一些公司的備選方案。對於那些對區塊鏈技術感興趣，但還未打算

開放網路的公司來說，它們尋求在不犧牲自主權和避免將敏感性資料暴露於公開網路的情況下，將區塊鏈用於會計、審計和記錄保存。

聯盟鏈或聯盟區塊鏈（Consortium Blockchain）通常被認為是半去中心化的。與私有鏈的單個組織控制區塊鏈不同，聯盟鏈允許一些公司單獨執行自己的節點。聯盟鏈的管理員在認為合適的情況下會限制使用者的閱讀許可權，僅受信任或被授權的節點才能執行共識協議。比較知名的聯盟鏈包括 Hyperledger Fabric、R3 Corda、企業以太坊聯盟（EEA）等。

挖礦 | Mining
Key word：加密貨幣、區塊鏈

挖礦，也稱加密貨幣挖礦（Cryptocurrency Mining），是創造或發現加密貨幣的過程。挖礦也是一種透使用電腦處理能力來完成轉帳記錄保存的服務。

礦工不停地將新廣播的轉帳記錄打包進一個新區塊，然後將打包好的新區塊向網路廣播，並被其他接收資料的節點驗證，從而保證區塊鏈的連續性、完整性和不可篡改性。

挖礦活動在完成了區塊鏈記帳工作的前提下，獲得系統發行的加密貨幣獎勵，實現加密貨幣的發行過程。

關於比特幣的一個基本問題是：比特幣從何而來？

傳統貨幣是由中央銀行創造的，而比特幣是由比特幣礦工透過挖礦獲得的。具體而言，礦工按時間順序將轉帳記錄打包進找到的比特幣區塊中，這樣可以防止用戶支付相同的比特幣兩次，解決「雙重支付」難題。

比特幣不受中央權威機構管制，相反，比特幣得到全球數百萬台電腦——「礦工」的背書。該電腦網路發揮與聯邦準備系統（Federal Reserve）、Visa 和 MasterCard 相同的功能。

要想被其他的網路節點所接受，新區塊必須包含工作量證明。使用的這套系統以亞當·貝克（Adam Back）1997 年提出的反垃圾郵件方案——雜湊現金（HashCash）。工作量證明要求礦工找到一個稱作亂數（Nonce）的數字，使得當區塊內容與該亂數一起進行雜湊運算時，其結果在數值上小於網路目前的難度目標值（Difficulty Target）。工作量證明對於網路中的任何節點來說都易於驗證，但是產生該證明非常耗時，為得到一個安全的密碼學雜湊值，礦工必須嘗試許多不同的亂數（通常測試值按自然數昇冪排列：0，1，2，3，...），直到小於難度目標值為止。

工作量證明系統與區塊鏈結構一起，使得修改區塊鏈十分困難。為了使一個區塊修改的內容被接受，攻擊者必須修改後續所有的區塊。隨著每時每刻都有新區塊被挖出，修改區塊的難度會隨著時間流逝以及隨後的區塊（也稱對給定區塊的確認）數量的增加而增加。

比特幣挖礦的結果是雙重的。一方面，當礦工在比特幣網路上解決複雜的數學問題時，他們「生產」出新比特幣，這與黃金的開採過程沒什麼不同。另一方面，透過解決數學難題，比特幣礦工使比特幣網路值得信任；透過驗證轉帳資訊，保障轉帳網路的安全。

作為對礦工努力的補償，每當礦工向區塊鏈成功增加一個包含轉帳記錄的新區塊時，其將獲得比特幣獎勵。每個被開採的區塊釋放的新比特幣數量被稱為「區塊獎勵」。每挖出 210000 個區塊，區塊獎勵減少一半，用大約 4 年時間。2009 年比特幣創世時，區塊獎勵為 50 枚比特幣；2012 年第一次減半，區塊獎勵為 25 枚比特幣；2016 年第二次減半，區塊獎勵為 12.5 枚比特幣；2020 年第三次減半，區塊獎勵為 6.25 枚比特幣，依此類推。

第一次減半：2012 年 11 月 28 日 23：24：38，新區塊由 Slushpool 礦池挖出，區塊獎勵由 50 枚比特幣減少為 25 枚，比特幣區塊鏈高度為 210000。

第二次減半：2016 年月 10 日 00：46：13，新區塊由 F2Pool 礦池挖出，區塊獎勵由 25 枚比特幣減少為 12.5 枚，比特幣區塊鏈高度為 420000。

第三次減半：2020 年 5 月 12 日 03：23：43，新區塊由 AntPool 礦池挖出，區塊獎勵由 12.5 枚比特幣減少為 6.25 枚，比特幣區塊鏈高度為 630000。[7]

每挖出 2016 個區塊（按照挖出每個區塊平均用 10 分鐘計算，約 14 天），難度目標值將根據網路最新算力表現進行調整，以使每個新區塊被挖出的平均時間保持在 10 分鐘。透過這種方式，系統可以自動地適應網路上挖礦算力的總量。

隨著越來越多的比特幣被挖出，挖礦難度（即涉及的算力）不斷增長。挖礦難度始於 2009 年比特幣首次亮相時的 1.0。2009 年年底，挖礦難度只有 1.18。到 2020 年 5 月 12 日比特幣第三次減半後，挖礦難度已超過 16.1T（萬億）。

實際上，新幣的發行速度會以指數級進行 32 次「等分」，直到第 6720000 塊（大約在 2137 年被挖出），達到比特幣的最小貨幣單位 1 聰。最終，在挖出 693 萬個區塊之後，所有的共 2099999997690000 聰比特幣將全部被挖出。也就是說，到 2140 年左右，會存在將近 2100 萬枚比特幣。在那之後，新的區塊不再包含比特幣獎勵，礦工的收益全部來自交易費。[8]

挖礦機（Mining Machine）是進行加密貨幣挖礦的硬體設備。最早，中本聰使用個人電腦的中央處理器（CPU）進行挖礦；隨後早期的礦工發現圖形處理器（GPU）能夠更好地適應工作量證明演算法，於是就用圖形處理器替代中央處理器挖礦；隨著比特幣難度目標值的增加、全網算力的暴漲，後來的挖礦愛好者研發出現場可程式設計閘陣列（FPGA）（一種更高階的處理器）進行挖礦。目前，比特幣挖礦公司營運著大型礦場，使用效率更高的晶片專用積體電路（ASIC）挖礦機進行挖礦。

礦池（Mining Pool）是指礦工進行聯合挖礦的平台，礦工們將自己的挖礦機接入礦池，貢獻自己的算力共同挖礦，然後按照貢獻比例分配挖礦收益。礦池平台負責礦池的營運，收取一定比例的管理費。隨著全網算力的指數級增長，個人挖礦獲得區塊獎勵的機率變得極低，近乎為零，礦工們開始聯合起來與其他礦工競爭，然後平分挖礦收益，逐步形成礦池。目前礦池的主要模式包括 PPS（Pay Per Share）、PPLNS（Pay Per Last N Shares）等。PPS 是指按用戶有效算力在全網的占比，來分配礦池理論出塊的塊獎勵模式；PPLNS 是指按用戶有效算力在全網的占比，來分配礦池實際出塊的塊獎勵模式。

加密貨幣 | Cryptocurrency

Key word：中央銀行數位貨幣、區塊鏈、數位貨幣、虛擬貨幣

加密貨幣是指構建於區塊鏈技術之上的可交易**數位資產**或數位形式的貨幣，是一種使用密碼學強度保證金融交易安全、控制新增單位發行以及驗證資產轉移的交易媒介。

加密貨幣最大的創新之處是在沒有中央權威機構的情況下達成「共識」。

加密貨幣與傳統金融模型之間的主要區別在於加密貨幣的**去中心化**。這意味著當你支付一種加密貨幣時，交易批准並非來自一個中央權威機構，例如銀行或支付公司，而是來自點對點的電腦網路，節點之間達成共識並確保交易合法。

每一種加密貨幣的去中心化控制都是透過**分散式帳本技術**（通常是**區塊鏈**）實現的，區塊鏈充當公開金融交易的資料庫。

比特幣通常被認為是第一種去中心化的加密貨幣，開放原始碼軟體於 2009 年首次發佈。自比特幣發佈以來，已經出現超過 4000 種競爭幣、山寨幣，包括比特幣的替代變體和其他加密貨幣。

讓我們看一下加密貨幣資料庫的執行機制。比特幣網路由節點組成，每個節點都有所有轉帳的完整歷史記錄，能夠記錄每個帳戶的餘額。資金本質上是一種經過驗證的帳目，以某種資料庫形式存在，其中包含帳戶、餘額和轉帳記錄。

一次轉帳就會形成一個上面寫著「Bob 發送 n 枚比特幣給 Alice」的文件，然後由 Bob 用私密金鑰產生數位簽章。這是基本的公開金鑰密碼學。產生數位簽章之後，這筆轉帳將在全網廣播，從一個節點發送到其他每一個節點。這是基本的 P2P 技術。加密貨幣的工作機制如圖 4.2 所示。

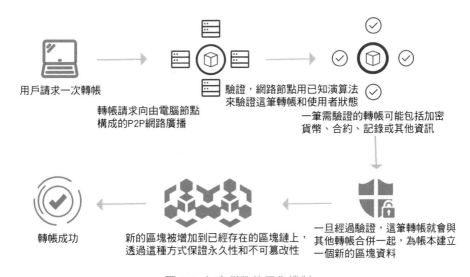

用戶請求一次轉帳

轉帳請求向由電腦節點構成的P2P網路廣播

驗證，網路節點用已知演算法來驗證這筆轉帳和使用者狀態

一筆需驗證的轉帳可能包括加密貨幣、合約、記錄或其他資訊

一旦經過驗證，這筆轉帳就會與其他轉帳合併一起，為帳本建立一個新的區塊資料

新的區塊被增加到已經存在的區塊鏈上，透過這種方式保證永久性和不可篡改性

轉帳成功

圖 4.2　加密貨幣的工作機制

資料來源：BlockGreeks。

這筆轉帳幾乎瞬間會被全網知道，但是，在經過一定時間後才能被確認。**確認（Confirmation）**是加密貨幣領域中一個至關重要的概念，也可以說，加密貨幣所有的一切都與確認有關。

只要一筆轉帳還未被確認，它就在待定（Pending）狀態中，就可能會被偽造（Forged）。當一筆轉帳被確認後，它就像被刻在石頭上，幾乎不可被偽造，也不可逆轉，就成了不可更改的歷史轉帳記錄（即所謂的區塊鏈）的一部分。

只有礦工才能確認交易，這是礦工在加密貨幣網路中的工作。礦工接受轉帳記錄，驗證其合法性，並在網路中傳播。當一筆轉帳被礦工確認後每個節點不得不將其增加到資料庫中，它就成為區塊鏈的一部分。

做好這項工作後，礦工可以獲得一些加密貨幣獎勵，例如比特幣，因此，礦工的工作是加密貨幣網路中最重要的部分。

基本上，加密貨幣就是關於去中心化共識資料庫中代幣的帳目。之所以稱為「加密」貨幣，是因為保持共識的過程是由密碼學強度保證的，不是人與人之間的信任，而是由數學保證的。

數位貨幣（Digital Currency），即電子貨幣（Electronic Currency），是一種數位形式的貨幣，與實物形態的紙幣、硬幣相對應。數位貨幣具有類似於實物貨幣的特性，但可以實現即時交易和無物理邊界限制的所有權轉讓。數位貨幣包括加密（數位）貨幣和央行數位貨幣，以及中央銀行發行的法定貨幣的數位形態。與傳統貨幣一樣，這些貨幣可用於購買有形商品和服務，但也可能僅限於某些社區，例如用於線上遊戲或社群網路中。[9]

虛擬貨幣（Virtual Currency），2012 年，歐洲中央銀行將虛擬貨幣定義為「一種不受管制的數位貨幣，通常由其開發者發行並控制，被特定虛擬社群的成員接受和使用」。[10] 2013 年，美國金融犯罪執法網（FinCEN）將虛擬貨幣定義為「在某些環境中像貨幣一樣運作的交換媒介，但不具有真實貨幣的所有屬性」。特別是，虛擬貨幣在任何司法管轄區均不具有法定貨幣地位。[11] 2014年，歐洲銀行業管理局將虛擬貨幣定義為「既不是由中央銀行或公共機構發行的數位化價值表示形式，也不一定是法定貨幣附帶的，而是被自然人或法人所接受用於付款並可以透過電子方式進行轉移、儲存或交易的數位表示形式」。[12] 例如，Q 幣等遊戲積分、點卡，都屬於虛擬貨幣的範圍。

加密貨幣交易所（Cryptocurrency Exchange），也稱數位貨幣交易所（Digital Currency Exchange，DCE），是指允許客戶將加密貨幣或數位貨幣與其他資產，例如法定貨幣或其他數位貨幣進行交易的平台或場所。加密貨幣交易所可以是市場創造者，通常將買賣價差作為服務的交易傭金；也可以是為買賣雙方撮合比對的平台，簡單地收取一定比例的交易費用。

NFT（Non-Fungible Token）非同質化代幣，指具「稀有性」的數位資產，世界上獨一無二、無法用其他東西取代。如畫作、藝術品、聲音、影片、遊戲中的專案或其他形式的創意作品。

GameFi（Game Finance）遊戲化金融，主要以邊玩邊賺模式（P2E）的遊戲模組，其最大差異在玩家於開始遊戲前先投資（角色、道具、完成遊戲任務等），玩家於遊戲中賺取加密貨幣、NFT 資產。其起源為 Axie Infinity 區塊鏈遊戲，Axie Infinity 是由越南工作室 Sky Mavis 開發的遊戲，以使用以太坊的加密貨幣的遊戲聞名。

　　不同於傳統金融市場的一級市場與二級市場的劃分，加密貨幣領域並沒有明確劃分一、二級市場。傳統金融市場的一級市場一般指私募股權市場，股東人數受到一定限制；二級市場指公開上市企業的股票市場，交易轉讓可以在股票交易所進行。加密貨幣並沒有股權和股票之分，但從交易形態來看，可以分為場外交易（Over-The-Counter，OTC）和交易所競價交易。另外，值得關注的是，崛起的去中心化交易所（Decentralized Exchange，DEX），正在將場外交易與交易所競價交易的功能合二為一，成為加密貨幣、區塊鏈以及科技金融領域重要的創新之一。

分散式帳本 | Distributed Ledger

Key word：區塊鏈

分散式帳本，也稱**共用帳本（Shared Ledger）**，是一種包含多個資料儲存單位的資料庫，每個儲存單位具有完全相同的資料記錄，並由分散式運算機伺服器網路共同維護和控制。

具體來講，分散式帳本是一個可以在多個網站、不同地理位置或多個機構組成的網路裡進行分享的資產資料庫。在網路的每一個節點保存唯一、真實、相同的帳本副本，帳本裡的任何改動都會在所有節點表現出來。

帳本裡儲存的資產可以是金融的、法律意義上的、實體的或電子的。

帳本裡儲存的資產的安全性和準確性是透過密碼學原理實現的。透過公私密金鑰及數位簽章控制帳本的登入權。根據網路節點之間的共識演算法，一旦達成共識，所有節點將使用新的正確的帳本副本進行更新。

分散式帳本最大的優勢是沒有中央記帳機構，分散式的特點能有效對抗網路攻擊和惡意篡改。由於每一個節點都保存帳本副本，駭客必須同時攻擊所有的節點才能夠攻擊成功。[13]

分散式帳本與區塊鏈有所交叉，也有所不同。從技術上來看，區塊鏈是一種特定類型的分散式帳本。例如，比特幣在分散式帳本上使用工作量證明，解決電子貨幣支付中的「雙重支付」問題。但是，分散式帳本本身可以不需要工作量證明，也可以不需要以區塊為單位的鏈式資料結構。從功能上來看，區塊鏈不僅限於記帳功能，還可以應用在**智慧合約**、**去中心化自治組織（DAO）**、**分散式運算**等多領域，而分散式帳本更多應用於金融審計領域。

【範例】愛沙尼亞共和國使用由 Guardtime 公司開發的被稱為「登入無秘鑰簽名基礎架構」（Keyless Signature Infrastructure，KSI）的分散式帳本技術去做相關的試驗已經有幾年的時間了。登入無秘鑰簽名基礎架構讓公民可以驗證他們存放在政府資料庫的相關記錄的正確性。此舉杜絕了一些有特權的內部人員在政府網路內部採取不法行為的可能性。有了這個保證後，愛沙尼亞共和國相繼啟動電子式商業登記（e-Business Register）以及電子稅務（e-Tax）等數位技術的服務。降低國家和公民的行政負擔和成本。[14]

以太坊 | Ethereum

Key word：區塊鏈、加密貨幣、比特幣、NFT

以太坊是一個開源的有智慧合約功能的公共區塊鏈平台，透過其專用加密貨幣以太幣（Ether，ETH）提供去中心化的虛擬機器即以太虛擬機器（Ethereum Virtual Machine，EVM）來處理點對點的智慧合約。[15]

以太坊是由一位年輕的加密貨幣研究者和程式師**維塔利克·布特林（Vitalik Buterin）**在 2013 年年底提出的。為了解決開發資金問題，2014 年 7 月 23 日至 2014 年 9 月 2 日，以太坊專案進行為期 4 天的以太幣預售。一共募集 31591 枚比特幣，按當時比特幣的價格計算，價值約 18439086 美元，預售出 60102216 枚以太幣，每枚以太幣平均價格約為 0.31 美元。以太坊專案正式上線時間為 2015 年 7 月 30 日。[16]

以太幣是以太坊原生的一種**加密貨幣**。除了被預售的以太幣，剩餘的以太幣的發行方式類似於比特幣，透過**工作量證明**和**挖礦**發行新以太幣，獎勵那些提供算力參與挖礦的節點，使以太幣保持去中心化的特性。不同於比特幣的是，以太幣並未設置總量上限。

為了安全考慮，比特幣的程式碼有意地限制指令集的可擴展性，使得開發者難以在區塊鏈上建立更多的應用。以太坊的創新之處在於開發一套**「圖靈完備」**（**Turing Completeness**）的**虛擬機器——以太虛擬機器**，可以使區塊鏈超越貨幣範疇，將區塊鏈延伸到更多領域。

與比特幣帳戶**未使用過的交易的輸出**（Unspent Transaction Outputs，UTXO）模型不同，以太坊採用一種**「狀態轉移」**（**State Transition**）的方式來記錄帳戶和餘額。以太坊區塊鏈不僅執行著原生以太幣，還執行著各種各樣的**智慧合約**，以及以太坊的各種**代幣**（**Token**）。

如果一名初級程式師想建立一種加密貨幣但又缺乏開發經驗，那麼使用以太坊 **ERC20** 智慧合約標準介面就可以輕鬆完成代幣的建立。

為了防止對以太虛擬機器網路資源的濫用，以太坊內建一種內部轉帳的定價機制——「燃料（Gas）」機制，來增加垃圾交易的作惡成本。每次執行智慧合約都需要付出相對應的交易成本。

以太坊在虛擬機器、智慧合約、ERC20 標準等方面的創新，使其被業界稱為區塊鏈 2.0 的代表。以太幣則成為僅次於比特幣的全球市值第二大加密貨幣。

> 智慧合約是指買賣雙方之間的協定條款直接被寫入程式碼中自動執行的合約。智慧合約允許在不同的匿名方之間達成可信的交易和協定，而無須中央權威機構、法律系統或外部執行機制參與。智慧合約使交易可追溯、透明和不可逆。
>
> 智慧合約最早是由美國電腦科學家尼克·薩博（Nick Szabo）於 1994 年提出的，他在 1998 年發明一種叫作「比特金（Bit Gold）」的虛擬貨幣，較比特幣早了整整 10 年。實際上，經常有傳言稱薩博就是中本聰，但他否認了。薩博在論文中的許多預測都在區塊鏈技術出現之前的環境中實現了。[17]

去中心化金融 | Decentralized Finance, DeFi

Key word：跨境電子支付

去中心化金融（DeFi）描述一種全新的去中心化金融系統，該系統構建在比特幣和以太坊等公共區塊鏈上。比特幣和以太坊不僅僅是數位貨幣，它們還是基礎的開源網路，可用於改變全球經濟的運作方式。

去中心化金融是一種開源技術，旨在透過引入去中心化層來取代尋租中間人，從而改善目前金融系統的各個方面。

DeFi 是一類被稱為**去中心化應用（DApp）**的新型應用程式的子集。就像 DApp 存在許多不同的範例一樣，DeFi 也存在許多不同的範例。

跨境電子支付方面：用戶可以使用加密貨幣在全球範圍內進行支付，只要終端商戶接受加密貨幣，用戶就可以不受任何金融機構的約束和限制。但是，在一個國家或地區，加密貨幣的交易成本可能會高於法定貨幣，根據**「劣幣驅逐良幣」**原理①，加密貨幣作為「良幣」在支付上並沒有優勢；相反，在某些特定的跨境電子支付方面，加密貨幣的交易成本具有相對優勢。典型代表為比特幣、**萊特幣（Litecoin）**、**泰達幣（USDT）**等。

借貸應用：用戶不透過銀行或借貸機構就能完成加密資產質押貸款，甚至可以透過智慧合約來完成用戶之間的 P2P 借貸，不存在中間方「跑路」風險。DeFi 借貸是近兩年備受資本關注的領域。典型代表為 MakerDAO、dYdX 等。

穩定幣（StableCoin）：穩定幣是一種具有價格穩定特徵的資產，其適合某些場景或功能，例如，作為交換媒介、會計單位或進行價值儲存。穩定幣為比特幣、以太幣和其他易波動的數位資產提供穩定價格的功能，使人們對數位資產領域的興趣日益增長。泰達幣是有史以來第一個發佈的穩定幣，每發行 1 美元的泰達幣都有 1 美元的價格。但是，有關穩定幣的爭議已圍繞其償付能力，其他穩定幣如 MakerDAO（DAI）、GUSD（Gemini Dollar）和 USDC（Circle）也已推出。

資料記號化（Tokenization）：Token 被翻譯成權杖、代幣或通證。Token 可以是一種純粹的技術通證，也可以表示一種數位形式的資產。資料記號化是指將商品、服務或證券升級為區塊鏈數位資產的過程，增加其流動性，降低交易成本。典型案例是證券代幣發行（Security Token Offering，STO），美國開始嘗試對股票、債券等金融資產所有權進行區塊鏈上的資料記號化，客戶可以透過購買通證或代幣而持有專案股份。

---

① 劣幣驅逐良幣是指，當一個國家或地區同時流通兩種實際價值不同而法定比價相同的貨幣時，實際價值高的貨幣（良幣）必然要被熔化、收藏或輸出而退出流通市場，而實際價值低的貨幣（劣幣）反而充斥市場。

去中心化交易所：與中心化交易所不同，去中心化交易所透過智慧合約技術實現點對點交易，使用者可以自己掌握加密資產私密金鑰，不必把資產託管到中心化交易所而擔心其「跑路」。去中心化交易所的創新之處在於結合場外交易與交易所競價交易兩者的優勢。典型代表為 Uniswap、Kyber Network 等。

DeFi 可能對世界產生的影響包括以下幾個方面：

1. 更廣泛的全球金融服務管道。借助 DeFi，任何可以連接互聯網且擁有智慧手機的人都可以登入金融服務，規避目前金融系統中存在的各種限制，比如，若無公民身份、憑證等，則不能享受金融服務；一些金融服務需要入門級資金；與金融服務提供者之間的物理距離較遠。在 DeFi 服務中，一家金融公司的高階交易員與印度偏遠地區的農民具有相同的存取權限。

2. 負擔得起的跨境電子支付。DeFi 去除高成本的金融仲介，使全球用戶負擔得起跨境匯款服務。

3. 改進隱私性和安全性。在 DeFi 系統中，使用者擁有自己的財產保管權，無須中央權威機構的驗證即可安全交易。而傳統金融資訊保管機構可能會洩露使用者資訊，令使用者資訊和資產處於風險之中。

4. 防審查交易。在 DeFi 系統中，交易是公開且不可更改的，區塊鏈不能被政府、中央銀行或大公司等中央權威機構強行關閉。例如，委內瑞拉已經採用比特幣來保護其財富，使其免受政府操縱和免受惡性通貨膨脹影響。

5. 使用簡單。**隨插即用（Plug-and-Play）**應用程式使人們可以直觀地使用 DeFi 服務，無須了解集中式系統的複雜性。使用 DeFi 服務，菲律賓的婦女可以透過可交交互操作的應用程式，從美國獲得貸款，在哥倫比亞進行投資，然後還清債務並購買房產。

首次代幣發行 | Initial Coin Offering, ICO

Key word：群眾募資

ICO 是一種籌款機制，新項目出售其基礎加密代幣以換取流動性更高的比特幣或以太幣。ICO 另外的名字是代幣銷售（Token Sale），或首次加密貨幣發行（Initial Cryptocurrency Offering）、首次加密代幣發行（Initial Crypto-token Offering），採用公募或私募的形式。

ICO 借鑒股票市場**首次公開發行（Initial Public Offering，IPO）**的概念，但 ICO 與 IPO 有著本質的不同。ICO 實質上是一種代幣兌換、代幣預售行為。股票是一種權益或證券，代幣的性質更為廣泛，可以代表某種權益，也可以代表某種商品或者積分，或者純粹為一種技術權杖，其性質需依區塊鏈應用場景而定。

ICO 也是一種群眾募資行為，但不同於傳統群眾募資，ICO 使用區塊鏈技術。2017 年，以太坊 ERC20 代幣合約標準的成功制定，使發行代幣更為便捷，ERC20 標準大大簡化群眾募資流程，降低技術開發成本。參與 ICO 的用戶在新方案上線之前就可以透過代幣進行交易，增加流動性。

目前的 ICO 至少有 3 種形式：

一、去中心化群眾募資。專案方提前將群眾募資規則寫入智慧合約，使用者將比特幣或以太幣發送到智慧合約位址，該智慧合約位址儲存資金並在以後的某個時間點向用戶地址（帳戶）分配等值的新代幣。

二、透過 ICO 平台群眾募資。用戶可以到協力廠商互聯網平台或群眾募資網站註冊並參加方案預售，使用比特幣、以太幣或其他加密貨幣進行兌換。

三、場外交易。不透過智慧合約或協力廠商平台，在場外可以進行溝通、議價，以及區塊鏈方案代幣的預售、兌換等活動。

一般來講，當區塊鏈專案開發完成並在主網上線後，專案方會使用區塊鏈原生加密貨幣兌換此前預售的代幣。

ICO 代幣大概分為兩種類型：**功能型代幣（Utility Token）**和**證券型代幣（Security Token）**。在某些情況下，代幣僅僅是應用程式的技術權杖，這意味著它使所有者可以登入特定的協定或網路。因此，它可能不屬於金融證券。另外，如果代幣具有權益屬性，這意味著它的唯一目的就是升值，那麼它看起來更像是一種證券。在美國，評價代幣是否屬於證券的標準是**豪威測試（Howey Test）**，如果透過測試，ICO 代幣就必須遵守美國聯邦證券法。

【案例】美國證交會曾對 2016 年在以太坊區塊鏈上進行 ICO 的項目 The DAO 做出如下裁決：

「2017 年 7 月 25 日，美國證交會根據《1934 年證券交易法》第 21（a）條發佈一份調查報告，其中描述美國證交會對虛擬組織 The DAO 的調查，以及 The DAO 使用分散式帳本或區塊鏈技術，提供和出售 DAO 代幣以籌集資金的過程。委員會將現有的美國聯邦證券法應用於這一新範式，確定 DAO 代幣為證券。美國證交會強調，在美國買賣證券的人必須遵守聯邦證券法，無論這些證券是以虛擬貨幣購買的，還是以區塊鏈技術分配的。」[18]

The DAO 是一個去中心化的風險投資基金。2016 年 5 月底，The DAO 完成在當時來看史上金額最大的一次 ICO，募集了約 1150 萬枚以太幣，根據當時以太幣的價格計算，約合 1.68 億美元。

然而，遺憾的是，2016 年 6 月 17 日，The DAO 程式碼出現漏洞，被駭客盜取 360 萬枚以太幣，占募集資金的 1/3。[19] 之後便引發當時具有巨大爭議的以太坊原鏈的硬分叉。

ICO 可以為初創區塊鏈專案或公司籌集資金，減少投資銀行、風險投資以及證券交易所對中間環節的控制，降低用戶參與早期專案的門檻，但同時也應注意，早期專案具有較高的風險。根據 ICO 代幣的不同性質，各國對 ICO 的監管政策也不盡相同，開展或參與 ICO 應遵守當地法律。

非對稱加密 | Asymmetric Cryptography

Key word：資訊安全

非對稱加密，也稱公開金鑰密碼學（Public-key Cryptography），是密碼學的一種演算法。它需要兩個金鑰，一個是公開金鑰，另一個是私密金鑰。由於加密和解密需要兩個不同的金鑰，故稱為非對稱加密。[20]

　　在非對稱加密系統中，任何人都可以使用接收者的公開金鑰對訊息進行加密，但是只能使用接收者的私密金鑰對加密的訊息進行解密。

　　這種金鑰的產生為數學中單向函數的密碼演算法。常用的密碼演算法有 RSA、ElGamal、背包演算法、Rabin（RSA 的特例）、D-H（迪菲 - 赫爾曼金鑰切換式通訊協定）、ECC（橢圓曲線加密演算法）。使用最廣泛的是 RSA。ElGamal 是另一種常用的非對稱加密演算法。

　　非對稱加密的兩個最著名的用途是：

1. **公開金鑰加密**，其中訊息是使用收件人的公開金鑰加密的。沒有比對私密金鑰的任何人都不能解密該訊息，只有私密金鑰持有者能夠對訊息進行解密，這就保證了訊息的機密性。

2. **數位簽章**，其中訊息是使用寄件者的私密金鑰簽名的，並且可以由有權登入寄件者公開金鑰的任何人驗證。這就驗證了該訊息有沒有被篡改，因為數位簽章在數學上綁定它最初建立的訊息，因此無論篡改訊息與原始訊息有多麼相似，驗證幾乎都會失敗。[21]

　　與非對稱加密相對應的是**對稱加密（Symmetric Cryptography）**，指的是加密與解密使用同一個金鑰。

非對稱加密與對稱加密相比,安全性更高。對稱加密的通訊雙方使用相同的金鑰,如果一方的金鑰遭洩露,那麼整個通信就會被破解。非對稱加密使用一對金鑰,一個用來加密,一個用來解密,而且公開金鑰是公開的,秘鑰是自己保存的,不需要像對稱加密那樣在通信之前先同步金鑰。

非對稱加密的缺點是加密和解密花費時間長、速度慢,只適合對少量資料進行加密。[22]

【案例】非對稱加密的使用

1. A 要向 B 發送訊息,A 和 B 都要產生一對金鑰用於加密。

2. A 的私密金鑰保密,A 把 A 的公開金鑰告訴 B;B 的私密金鑰保密,B 把 B 的公開金鑰告訴 A。

3. A 要給 B 發送訊息時,A 用 B 的公開金鑰加密訊息,因為 A 知道 B 的公開金鑰。

4. A 將這個訊息發給 B(已經用 B 的公開金鑰加密)。

5. B 收到這個訊息後,用自己的私密金鑰解密 A 的訊息。其他所有收到這個訊息的人都無法解密,因為只有 B 才有 B 的私密金鑰。[23]

B 給 A 發訊息,則是相反的過程。

5 支付科技

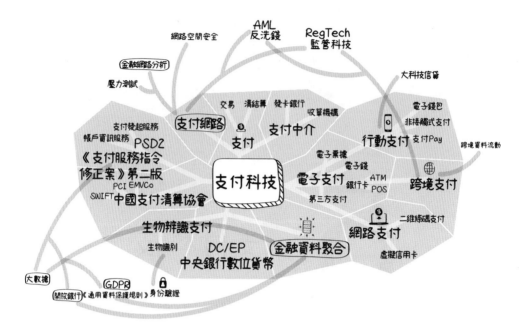

圖 5.1　支付科技模組知識圖譜

　　支付科技模組知識圖譜如圖 5.1 所示。支付產業是現代金融服務業的重要組成部分，經歷黃金、白銀的貴金屬貨幣時代，如今正處於信用貨幣時代。信用貨幣的主要載體是電子化的貨幣和票據，前者一般由各國的貨幣發行局發行，後者則與各國的商業信用體系相關，商業本票發行和交易規模龐大。與此同時，用於支付的銀行帳戶也實現電子化，並隨著商業繁榮和技術進步出現銀行卡業務。銀行卡種類繁多，簽帳金融卡、信用卡、預付卡等幫助消費者實現各種消費場景中的支付便利化，也極大地推動世界商業銀行體系的完善，並促進電子支付網路、商業化支付中介機構（如銀行卡清算組織／銀行債務協商代辦／資產管理公司）和行業自律組織（如支付清算協會／銀行局）的出現。

　　支付科技是支付交易的「潤滑劑」。[1] 支付中介機構積極參與市場競爭，不斷引進新技術，為消費者提供更優質、安全可靠、綜合性的服務，歷經電子支付、網路支付和行動支付等階段，未來將向生物辨識支付、金融資料聚合服務等創新領域發展。隨著行業的發展，支付中介機構也出現了細化分工，衍生出銀行卡收

單機構（如 Visa）和第三方支付平台（如 PayPal），前者和商業銀行建立深厚的合作關係，贊助行業自律組織或接受各國貨幣的監管，後者則以創新者的身份出現，在支付信用增進和跨境支付等新領域嶄露頭角。

由於支付行業對金融市場流動性產生決定性影響，各國貨幣發行局也積極推動相關監管政策和法律法規的建設工作，比較典型的是歐盟的 PSD2，以及與支付行業密切相關的 GDPR。GDPR 強調在數據流通前要做好保護工作，其配套的 PSD2 則打破銀行「壟斷其使用者資料」的格局，允許新興的高技術企業在持卡人允許的情況下從銀行檢索其帳戶資料，和未來開放銀行有相似之處。金融資料聚合遵循 PSD2 的帳戶資訊服務要求，處理來自使用者各類帳戶的資料和資訊，可以更準確、全面地獲取用戶消費習慣、儲蓄習慣以及更廣泛的財務狀況等高價值資訊。這些新概念和新業態已經引起支付行業和金融科技領域的廣泛興趣。

支付是本次金融科技浪潮中的引擎，未來隨著國際網際網路的完善，電子支付必將邁入數位化新時代，中央銀行數位貨幣將成為貨幣的新形式，並賦予其更深刻的金融內涵。

支付 | Payment

Key word：電子支付、票據、第三方支付

支付是指發生在**付款人**和**收款人**之間的金融交換，是由社會經濟活動引起的債權債務清償及貨幣轉移行為。[2]

所謂**付款人（Payer）**指的是支付資金或授權他人支付資金的一方，即購買者。與之對應，**收款人（Payee）**就是接收資金或授權他人接收資金的一方，即銷售者。

最基本的支付僅出現在付款人和收款人之間，並沒有出現支付交易的仲介（或代理）。隨著社會經濟的發展，付款人和收款人的支付業務愈發複雜，於是出

現專業化的**支付中介**（**Payment Intermediation**）。支付中介有兩個重要的作用，即撮合和信用保證，前者提高付款人和收款人的交易比對程度，後者則減少了交易摩擦。於是，支付中介分化為信用中介和資訊中介。

信用中介在支付業務中比較常見，由於其提供專業的支付服務，我們將之定義為**支付服務提供者**，例如，在電子支付生態，國際發卡組織這樣的**收單**（**Acquire**）機構就是典型的信用中介，其主要的業務是信用卡收單。常見的信用中介則是各種金融機構，例如**商業銀行**（**Commercial Bank**）。在支付業務中，我們將之定義為**發卡銀行**（**Issuing Bank**）。

資訊中介和信用中介並不是嚴格區分的，其業務是互相滲透的。資訊中介掌握付款人的實際交易資訊，利用豐富的市場管道和高品質的專業服務擴大客戶群體，很顯然對信用中介擁有較強的定價權。例如，在網路支付生態下，一些**第三方支付平台**就既做資訊中介，也做信用中介。反過來，信用中介是依靠經營信用風險獲利的，自然希望獲得客戶群體真實的支付資訊。因此，信用中介積極開拓或對接資訊中介服務能力。支付行業就是在這樣的競爭與合作機制中不斷發展的。[3]

支付業務包括**交易**、**結算**和**清算** 3 個活動。清算和結算均是清償收付雙方債權債務關係的過程及手段。在支付過程中，同一個銀行內的帳戶資金往來直接進行結算，而涉及不同銀行之間帳戶資金往來的，則需先完成清算，再進行結算。概括來説，清算是發出淨額結算指令和建立最終結算頭襯的過程。結算過程則表示支付活動中債權債務清償的最終結果。結算的完成意味著支付交易的完成，此時，收款人將商品轉移給付款人，而付款人將資金（或**票據**）轉移給收款人。結算和清算都完成，意味著付款人和收款人之間的交易行為得到各自代理銀行（也稱結算銀行）的最終確認。

把支付業務對應支付參與者，可以發現，支付服務提供者完成支付業務的結算及資訊中介服務（收單），發卡銀行完成結算及清算。需要留意的是，清算受

各國對支付業務的監管思路的影響較大，有的是監管主導，有的是透過市場組織（例如國際發卡組織），有的是混業經營。

票據 | Bill
Key word：銀行卡

票據是由出票人簽發的，約定自己或者委託付款人在見票時或在指定日期向收款人或持票人無條件支付一定金額的有價票　。

廣義的票據包括各種有價票　和憑證，如股票、企業債券、發票、提單等；狹義的票據，即中國《票據法》中規定的票據，包括匯票、本票和支票。

在消費場景的支付業務中，常見的用於支付的票據包括**支票（Check / Cheque）**和**商業本票（Commercial Paper）**。

支票，是出票人簽發的，委託辦理支票存款業務的銀行或者其他金融機構在見票時無條件支付確定的金額給收款人或者持票人的票據。

中國對支票使用的要求較為嚴格，支票的功能較多地被銀行卡所取代。

商業本票是一種期限為 1 天到 1 年不等的融資票據，是一種重要的短期融資形式。商業本票的可靠程度依賴於發行企業的信用度，可以由發行企業為票據背書或進行轉讓，但一般不能用來貼現。[4]

在美國市場發行的商業本票稱為**美國商業本票（US Commercial Paper，USCP）**，在歐洲市場發行的商業本票稱為歐洲商業本票（Euro-Commercial Paper，ECP）。兩者的主要不同在於其利率報價形式不同。其中，美國商業本票的報價形式為折現率（Discount Rate），而多數歐洲商業本票的報價形式則為附加費用率（Additional Rate）。

中國商業本票的期限一般不足 9 個月。由於其風險較大，利率高於同期銀行存款利率，對出票企業的信用審查十分嚴格。商業本票既可以由企業直接發售，也可以由經銷商代為發售。如由經銷商代為發售，則它實際在幕後為售給投資者的商業本票提供了擔保。

> 2016 年，為了規範中國票據市場，中國人民銀行率先成立上海票據交易所（Shanghai Commercial Paper Exchange Corporation Ltd）。上海票據交易所具備票據報價交易、登記託管、清算結算、資訊服務等功能，承擔中央銀行貨幣政策再貼現操作平台等政策職能，是中國票據領域的登記託管中心、交易中心、創新發展中心、風險防控中心、資料資訊研究中心。[5]

電子票據（Electronic Bill），也可以稱為無紙化票據，即實物票據的電子化形態。電子票據可以同實物票據一樣進行轉讓、貼現、質押、託收等。傳統票據業務中的各項流程均沒有改變，只是每一個環節都載入電子化處理流程。在零售行業，電子票據業務並不是頻繁的業務，其功能通常被**電子支票（Electronic Check）**取代。

所謂電子支票，是指客戶向收款人簽發的無條件的數位化支付指令。電子支票可以透過網際網路或者無線接入設備來完成傳統支票的全部功能，通常由商業銀行營運。[6]

銀行卡 | Bank Card
Key word：銀行卡清算組織、支付網路

銀行卡是商業銀行向社會發行的具有消費信用、轉帳結算、存取現金等部分或全部功能的支付工具。

常見的銀行卡有**信用卡（Credit Card）**、**簽帳金融卡（Debit Card）**和**預付卡（Prepaid Card）**。

信用卡也稱貸記卡，是由商業銀行或信用卡公司對信用合格的消費者發行的一種銀行支付卡，**持卡人（Cardholder）**根據預先與發卡銀行簽訂的合約，可以延期償付債務或者借債並延期還債。[7]

信用卡按照發行的不同，又分為**商業信用卡**和**銀行信用卡**。

> 金融歷史上率先出現的是商業信用卡，然後才是銀行信用卡。
> 商業信用卡是百貨公司、商超、餐飲公司針對信用良好、有實力的顧客發行的，為消費提供支付便利的卡片，表現基本的商業信用。由於這樣的商業信用卡很受消費者歡迎，20 世紀 1950 年美國富蘭克林國民銀行（Franklin National Bank）率先發行銀行信用卡，由銀行選擇有實力的潛在客戶，並與銀行合作商家簽訂協定，使其接受銀行信用卡。[8]

與商業信用卡相比，銀行信用卡對持卡人來說是一種消費信貸，其僅限於買賣雙方的商業性質的卡發展成涉及持卡人、特約商店和商業銀行三方關係的銀行性質的信用卡。

持卡人可以使用信用卡向特約商店支付商品及服務的貨款和其他費用。發卡銀行，如商業銀行和**銀行卡清算組織**，建立一個循環帳戶，並向持卡人提供信用額度，持卡人可以從該額度中借錢以支付給特約商店或作為現金進行透支。

國際發卡組織向其金融機構客戶提供豐富的信用卡產品平台，營運遍佈全球的**支付網路（Payment Network）**，可以滿足不同地區不同年齡層消費者和大型商業機構的需求。國際發卡組織的信用卡平台還提供個性化積分回報系統、緊急替代卡、旅行協助和租車保險等增值服務，可以說明發卡銀行提高顧客忠誠度及使用率。

需要指出的是，信用卡與簽帳金融卡、預付卡等支付產品有所不同，持有信用卡的付款人可以在規定額度內透支，而簽帳金融卡和預付卡則不能透支。

簽帳金融卡是指發卡銀行向持卡人簽發的，沒有信用額度，由持卡人先存款、後使用的銀行卡。簽帳金融卡按功能不同分為轉帳卡、專用卡和儲值卡。例如，中國銀聯的對公業務卡就是一種簽帳金融卡。簽帳金融卡的主要特點是支付便利，具有專用性和安全性。在支付便利方面，轉帳卡具有轉帳、存取現金和消費等功能。持卡人購物的時候不需要找零錢，而是在交易時取現、轉帳或直接從卡內扣款。在專用性上，簽帳金融卡可以在特定區域、專用領域使用。

預付卡是用於存取預付帳戶資金的銀行卡。早期的預付卡由大型商業企業、商業機構發行，故稱為**商業預付卡**。

早期的「發現卡」（Discover Card）是由當時美國最大的商業零售企業西爾斯百貨（Sears）透過收購金融機構，嘗試在其零售業的服務中加入一些新鮮的商業銀行服務而發明的。最初的發現卡都被打上西爾斯百貨的標誌。後來，隨著經營環境的變化，發現卡被西爾斯百貨出售，幾經易手，並最終成為探索銀行（Discover Bank）的信用卡。

如今，商業預付卡已經由商業銀行和銀行卡清算組織發行的**銀行預付卡**所取代，並成為全球普惠金融的重要支付工具。銀行預付卡種類繁多，使金融機構可以於一個資金帳戶為消費者提供多種產品。

中國銀聯的銀行預付卡包括可儲值使用的預付卡、預付禮品卡、員工薪資卡、公務支出卡、員工福利及醫療卡、差旅卡及其他產品。

可見，預付卡可以說明那些享受傳統金融服務的消費者轉變以支票或現金交易為主的高成本、低效率的支付方式，以電子支付的方式支配自有帳戶的資金，選擇一種更方便和安全的支付方式來進行日常消費。

第三方支付 | Third-Party Payment

Key word：銀行卡、支付清單行業協會、支付網路

第三方支付也可以稱線上支付服務，這意味著收款人或付款人使用電腦、移動終端或其他電子設備於公共電信網路和資訊系統遠端發起付款指令。

這裡談到的第三方支付並不是從其經濟學意義上命名，而是相對於商業銀行和銀行卡清算組織提供的電子支付管道而言的，是支付服務提供者細分的結果。

第三方服務提供商（Third-Party Service Provider，TPSP）也稱第三方支付平台，是新型態的銀行卡收單機構，其提供的主要服務是銀行卡收單業務的支付資訊交換，一般不涉及資金結算、清算等金融活動。TPSP 利用先進的電子支付工具和網際網路技術，建立新型態的支付網路，為付款人和收款人提供支付技術支援。

事實上，TPSP 也是支付服務提供者，仍舊具備信用中介和資訊中介的支付代理特徵。TPSP 與傳統支付服務提供者的區別在於，**持卡人**持有的支付卡通常不是由第三方支付平台發行的。

香港地鐵「八達通卡」的營運方八達通卡有限公司就是一個典型的 TPSP。八達通卡有限公司與香港地鐵合作，香港市民可以透過八達通卡無記名購買香港地鐵車票，不僅可以乘坐交通工具，還能在與八達通卡有限公司簽約的便利店、超市及餐廳購物。

貝寶成立於 1998 年 12 月。在 2002 年被早期電子商務巨頭易貝收購後，成為其主要支付管道。合併收益超出預期後，貝寶於 2015 年 6 月 27 日正式從易貝分離並在那斯達克（NASDQ）成功上市。[9]

支付寶成立於 2004 年 12 月，最初旨在解決淘寶交易的安全性問題。與貝寶相似，支付寶是目前中國市場佔有率較高的 TPSP。

財付通最早成立於 2005 年，是首批獲得中國人民銀行《支付業務許可證》的第三方支付公司。財付通長期致力於為網際網路用戶和各類企業提供安全、便捷、專業的支付服務，其業務規模在中國第三方支付市場居於前列。

中國銀聯商務成立於 2002 年 12 月，是中國銀聯控股的專門從事線下、網際網路以及行動支付的綜合支付與資訊服務機構。銀聯商務建設中國多個普惠金融服務平台，形成遍佈中國的 POS 機、ATM、自助終端以及 App（應用程式）等電子支付終端和管道。

國際主要經濟體的監管一般不認為 TPSP 是金融機構，因此，TPSP 通常作為獨立的支付服務提供者營運。為了提高其支付業務的法令遵循，**國際支付行業組織——支付卡產業安全標準協會（Payment Card Industry Security Standard Council，PCI）**正在積極推動 TPSP 的法令遵循監管，特別是關於**持卡人資料環境（Cardholder Data Environment，CDE）**的盡職調查。

持卡人資料環境指的是 TPSP 代替金融機構存儲、處理和管理的銀行卡持卡人個人資訊和資料環境，一般由專有網路、防火牆、資料庫、伺服器和機房等物理設施組成。

PCI 的法令遵循標準主要包括支付卡產業資料安全標準（Payment Card Industry Data Security Standard，PCI-DSS）、支付應用程式資料安全標準（Payment Application Data Security Standard，PA-DSS）和 PIN 輸入裝置安全要求（PIN Entry Device Security Requirements，PED-SR）。並且，PCI 進一步指出金融機構在引入 TPSP 開展支付業務合作的時候，應開展 4 個方面的法

令遵循建設，包括對 TPSP 的盡職調查、採購 TPSP 的服務、簽訂書面協定，以及對 TPSP 進行持續監督。TPSP 為了提高國際競爭力，也應主動接受或參照 PCI 的法令遵循標準提高自身業務的法令遵循，透過法令遵循認證。

電子支付 | Electronic Payment / E-Payment

Key word：銀行卡清算組織、網路支付、行動支付、金融風險管理

電子支付是指商業組織、持卡人等付款人直接或授權支付服務提供者透過電子終端向收款人發出支付指令，實現貨幣支付與資金轉移的行為。

電子支付生態是目前支付行業的主體。全球主要經濟體和國家的金融機構利用資訊技術，依託遍佈全球的電腦和通訊網路構建支付網路，稱為支付行業的支撐平台，出現所謂銀行卡產業，並形成 Visa、萬事達、發現金融服務公司（DFS）、中國銀聯這樣的**銀行卡清算組織**。銀行卡清算組織說明各國商業銀行開展銀行卡發行、收單和其他金融業務，說明其連接全球電子支付網路。

按照支付終端和管道的不同可以將電子支付業務劃分為銀行卡支付、固定電話支付、電視支付、手機支付和**網路支付（Internet Payment）**等。隨著技術的進步和消費習慣的變化，電子支付生態的內涵和外延不斷更新。固定電話支付和電視支付業務逐漸萎縮，越來越多的電子支付被智慧手機 / 終端的**行動支付（Mobile Payment）**和網路支付所代替。

從**金融風險管理（Financial Risk Management）**的角度來看，電子支付業務對金融系統的資金流動性影響很大，也關係到商業銀行的信用風險和市場風險，世界主要經濟體和國家都對電子支付行業採取了強監管態度。一般認為，電子支付從商業銀行收單，到銀行卡清算組織收單，到 TPSP 收單，其業務風險不

斷累積。因此，監管方採用法律法規、行業規範、發牌照方式等分級分類控制金融風險的傳導。

需要指出的是，電子支付和網路支付、行動支付並沒有很清晰的邊界。這是由於信息技術和通訊技術是支付行業發展的原動力。技術的不斷更新促使支付行業業態和消費者支付習慣不斷變化。

電子支付生態中的銀行卡支付業務主要有**電子轉帳（Electronic Funds Transfer，EFT）**、**ATM 轉帳**、**POS 機支付和快速支付（Quick Payment）**等收單、交易和結算功能。

電子轉帳，指的是除支票、匯票或類似紙質工具的交易以外，透過電子終端、電話工具、電腦或磁片命令、指令（或委託）金融機構借記或貸記帳戶的任何資金的劃撥。EFT 的成本低廉且使用方便，在資金轉帳過程中使用 EFT 不需要使用紙質憑證。商業銀行把現金從一個帳戶劃撥到另一個帳戶之後，只要記一筆簡單的日記帳分錄即可。企業可以利用銀行 EFT 來支付薪資、租金、水電費、保費以及利息。[10]

ATM 也稱自動櫃員機、自動提款機等，是商業銀行提供的一種電子通訊設備。ATM 利用銀行卡〔磁性代碼卡或 IC（積體電路）卡〕實現金融交易的自助服務，代替銀行櫃員的工作。

ATM 可用於提取現金、查詢存款餘額、進行帳戶之間資金劃撥和餘額查詢等；還可以進行現金存款即時入帳、支票存款、存摺補登和中間業務等。持卡人可以使用信用卡或簽帳金融卡，於輸入密碼辦理自動取款、查詢餘額、轉帳、現金存款、存摺補登、基金購買、密碼更改和手機費繳納等業務。

> 歷史上第一台 ATM 出現在 1967 年英國倫敦的巴克萊銀行（Barclays Bank）
> 恩菲爾德（Enfield）分行。其發明人是英國人約翰·謝菲爾德 - 巴隆（John
> Shepherd-Barron）。中國大陸第一台 ATM 出現在 20 世紀 80 年代的深圳特區，
> 僅比香港晚不到 10 年。

POS 也稱 POP（Point Of Purchase）、EPOS（Electronics at the Point Of Sale），是一種多功能支付終端，一般部署在零售商業的商場、超市的收銀台。POS 是消費零售行業最為普遍的支付資訊系統，為持卡人提供消費、預授權、餘額查詢和轉帳等功能，使用安全、快捷、可靠。

除了支付功能外，POS 還可以幫助商家統計商品的銷售、庫存與顧客購買行為，商家可以透過此系統有效提升經營效率。POS 可以説是現代零售行業經營上不可或缺的工具。由於 POS 應用不斷擴大，現在許多 POS 機具製造商已將英文「Point Of Sale」改為「Point Of Service」，即服務式銷售終端。[11]

在國際電子支付生態中，ATM 由商業銀行根據業務開展的需求，以獨立營運的模式推廣。POS 機則由於其靈活性，引入收單機構（主要是 TPSP）進行營運，商業銀行選擇和收單機構合作在大型購物場所、餐飲、機場等頻繁消費場景中推廣。

快速支付是中國常見的電子支付產品。之所以將快速支付納入電子支付生態，是因為該產品的形態仍舊是銀行卡支付，只不過付款人無須打開網路銀行，只需提供諸如銀行卡號、帳戶名、手機號之類的資訊即可綁定銀行卡。之後，付款人只需輸入第三方支付平台的支付密碼，或「支付密碼 + 手機動態驗證碼」即可完成支付。

快速支付最大的優勢是省去銀行卡支付流程中的付款人資訊「四要素」，而用「三要素」取代。所謂「四要素」是指付款人在支付過程中，需要提供銀行卡號、帳戶名、身份證號、手機號等信息。快速支付透過手機「綁卡」操作，在之後的

支付活動中，付款人無須繼續提供身份證號，讓支付變得便捷，增強付款人的交易黏著性。此外，採用「四要素」的快速支付被稱為「協議支付」，由監管機構特許的網際網路清算機構推行。目前，中國網際網路清算機構包括網聯清算有限公司和中國銀聯及其「無卡業務平台」。

網路支付 | Internet Payment
Key word：電子支付、第三方支付、行動支付

網路支付也稱線上支付，是電子支付生態在全球資訊網環境下的延展和創新。

正如之前的分析，電子支付生態主要依賴於銀行體系和銀行卡清算組織構建的全球支付網路，電子支付用的網路是廣域網路，並沒有深度使用開放的全球資訊網。隨著全球資訊網技術的發展，網際網路電子商務的發展促進線上交易規模的迅速增長，也成為零售行業新的增長點。在這樣的發展態勢下，網路支付成為電子支付新的生態。

與此同時，電子支付管道也從單純的支付工具過渡到擔保交易工具。這一階段，付款人和收款人之間的交易信任機制的建立成為 PSP 的核心價值。因此，網路支付與電子支付的重要區別在於 TPSP 率先嘗試融合資訊中介和信用中介的功能。

TPSP（主要是支付寶）透過**二維條碼支付（2-dimensional BarCode Payment）**改造快速支付，突破銀行卡支付的物理限制，本質上實現一個交易碼既提供傳統意義上的 TPSP 的交易撮合服務，又依託電子商務平台的先行賠付機制實現電商和 TPSP 的業務整合 [12]。

二維條碼支付，也稱條碼支付，最早出現於 2011 年，是支付寶針對網際網路線下實體商家提供的一種快速支付解決方案。這種支付產品無須收款人安裝 POS 機，直接透過已有的收銀系統或智慧移動終端（手機）上下載的 App，掃描付款人手機上的二維碼即可向其發起收銀。

二維條碼支付存在明顯的技術風險，原因是二維碼極易製作和傳播，與信用卡的安全管理相比相距甚遠。2014 年，中國的支付業務監管部門曾一度叫停二維條碼支付。當時，中國人民銀行指出：「線下條碼（二維碼）支付突破了傳統受理終端的業務模式，其風險控制直接關係到客戶的資訊安全和資金安全。將條碼（二維碼）應用於支付領域有關技術，終端的安全標準尚不明確。相關支付撮合驗證方式的安全性尚存質疑，存在一定支付風險隱患。」

儘管如此，二維條碼支付由於成本低，容易推廣，一直受到支付市場的歡迎。為了鼓勵創新，中國監管部門也有限度地放開了對二維條碼支付產品的管控。

2016 年，中國支付清算協會向第三方支付機構發佈《條碼支付業務規範（徵求意見稿）》。2017 年，中國人民銀行發佈《中國人民銀行關於印發〈條碼支付業務規範（試行）〉的通知》，配套印發了《條碼支付安全技術規範（試行）》和《條碼支付受理終端技術規範（試行）》。

虛擬信用卡（Virtual Credit Card）是為了在網際網路電子商務平台上支付的便利，由商業銀行或持牌收單機構推出的信用卡產品。虛擬信用卡與真實的用戶信用卡捆綁在一起，用戶提供帳號用於網路支付交易，而不會讓真正的信用卡資訊在網際網路環境中洩露。

虛擬信用卡的帳號有的是一次性的，也有的儲值後可以繼續使用，用於人們在網路上的一次購物或交易。由於交易看不到真正的帳號，即使銷售商（收款人）的系統被駭客攻擊，也可以避免帳號的洩露。

中國典型的虛擬信用卡有廣發銀行的極客卡、建設銀行的龍卡 e 付卡、中信銀行的網付卡。以建設銀行的龍卡 e 付卡為例，它是一款主卡型虛擬卡，有獨立完整的主帳戶，不依賴於實體信用卡，也不管申請人是否已經擁有建設銀行的信用卡。龍卡 e 付卡辦理成功後，申請人透過手機簡訊驗證獲取虛擬信用卡的卡號、有效期、安全碼等，在手機銀行或個人網銀進行安全綁定，然後就可以使用了。

也有第三方支付平台與商業銀行合作發行的虛擬銀行卡，某第三方支付平台推出的「信用卡管家」App 可以為其客戶提供持牌網際網路銀行的聯名虛擬信用卡。

在國外，貝寶的虛擬信用卡獨立給申請人授信。貝寶的虛擬信用卡被提供給那些使用貝寶支付工具，但不是其合作夥伴的電子商務網站上的使用者，以幫助他們快捷、有效購物。

行動支付 | Mobile Payment
Key word：大科技公司、大科技信貸、電子錢

行動支付是由國內外新技術公司、電信公司和終端製造商發揮自身技術和商業優勢，利用近距離無線通訊（Near Field Communication，NFC）技術、SIM（用戶識別模組）卡的安全模組（Secure Element，SE）等多種新無線通訊協定和軟硬體系統，在通用行動智慧平台〔安卓（Android）、iOS〕上構建的安全可信的行動支付產品。

　　早期的行動支付來至於網路支付生態。在網路支付生態裡，銀行和很多網際網路電商平台採用手機簡訊服務（Short Message Service，SMS）、無線應用協定（Wireless Application Protocol，WAP）、Wi-Fi（無線上網）等搭建網路支付

管道，提供轉帳匯款、公共事業繳費、理財產品購買等移動網際網路線上服務。然而，這些網際網路管道並不是建立在全球資訊網上的，所以並不屬於網路支付生態。

早期的行動支付發展緩慢，主要是因為這些支付產品在技術上存在明顯的安全隱患，付款人以手機作為支付終端，透過 2G、3G 行動通訊網路支付服務提供者傳遞支付交易密碼，無法同時傳遞信用卡的其他資訊（如「四要素」），通訊線路也存在被駭客攻擊的風險。隨著行動網路技術的發展，手機終端運行在更加可靠的 Android 和 iOS 智慧平台上，並且伴隨 4G 網路頻寬的擴充，加密和通訊能力都有了質的變化，這些有效提高行動支付的安全性。在這樣的技術的推動下，行動支付生態開始發展，甚至取代網路支付生態。

按照資訊安全技術的特徵，可以將行動支付產品分為遠端和近距離無線通訊兩種支付模式。網路支付就是一種典型的遠端支付模式。PSP 將移動終端當作網際網路的延伸。發卡銀行、銀行卡清算組織和持有第三方支付牌照的網際網路電子商務公司都在大力推動在其 App 內增加「電子錢包」的功能。然而，在網際網路環境下，App 的安全性不足，這種類型的遠端支付產品一直處於應用廣泛但備受爭議的窘境。

電子錢包（E-wallet/Electronic Purse）是電子支付中的電子錢在行動支付中的延伸。從形態上看，電子錢包是付款人在移動終端安裝的 App，是其在對應銀行和商業組織所擁有的帳戶的延伸。付款人依賴於移動網際網路，將支付的密碼和卡號直接傳遞給銀行，或者透過 TPSP 間接傳遞給銀行。

按開立人的不同，電子錢包分為**銀行電子錢包**和**商業電子錢包**。銀行電子錢包是依據中國監管部門相關規定制定的個人商業銀行開立帳戶分類管理中的第三類帳戶。這種帳戶適合小額頻繁交易，其帳戶餘額不得超過 2 000 元，適合用於綁定電子商務公司的電子錢包、二維條碼支付、手機近距離無線通訊支付等，隨用隨加值，便捷安全。不少 TPSP 和商業銀行合作積極推廣第三類銀行帳戶的應用。商業電子錢包則是由電子商務公司為消費者提供的安裝在移動端的 App。需

要指出的是，提供銀行帳戶支付功能的電子商務公司必須持有第三方支付牌照，或者與商業銀行、銀行卡清算組織、第三方支付機構開展收單業務合作。

充分利用行動通訊設備安全性的行動支付是一種典型的近距離無線通訊支付（Near Field Payment）。在技術上，近距離無線通訊支付主要應用近距離無線通訊技術，其主要產品有**非接觸式支付（Contactless Payment 或 Tap-to-Pay）和支付 Pay**。

> 近距離無線通訊技術起源於射頻識別技術。射頻識別技術的特點在於，它是單向（one-way）通訊：從代碼（code）到讀取器（reader）。20 世紀 90 年代，飛利浦和索尼開發了雙向（twoway）非接觸式通訊技術，即 NFC 技術標準，並於 2003 年得到國際標準組織的承認。

非接觸式支付是一種典型的近距離無線通訊支付，它採用短距離無線技術，透過非接觸支付卡或具備支付功能的手機、平板電腦或可穿戴設備進行安全支付。與二維條碼支付的不同之處在於，非接觸式支付依託於既有的 POS 機管道，並進行技術改進。在電子支付中，持卡人需要提供信用卡、簽帳金融卡給特約商店，並依賴 PIN（個人識別密碼）或其他安全驗證，這顯然很煩瑣。而在非接觸式支付中，卡片在裝載了嵌入式晶片和感測器後，就能夠在 POS 機的讀卡器附近，透過揮動卡片來完成付款，提高用戶的支付體驗。

> 非接觸式支付在地鐵、公車、超市、加油站等區位場景中有明顯的優勢。例如，在美國以外的地區，透過 Visa 網路處理的面對面交易中有 50% 以上為非接觸式支付交易。這項技術不僅讓日常支付更加便利，同時開啟了全新的支付受理環境。

　　支付 Pay 是行動支付產品（服務）的一種約定稱呼。各種行動通訊服務商、高科技公司為手機使用者（也是商業銀行信用卡客戶）提供安全、便捷的行動支付 App。

　　支付 Pay 為了提高支付交易過程中資料的安全性，不僅充分利用行動通訊終端設備的安全性，還需要**支付代碼化（Payment Tokenization）**的技術支撐。

> **支付代碼化**是由國際晶片卡標準化組織（EMVCo）於 2014 年發佈的一項技術，透過用支付代碼（Payment Token）取代銀行卡號進行交易認證，避免卡號等資訊洩露帶來的風險。所謂支付代碼，指的是按照《EMVCo 支付代碼化規範》的規定分配的數位識別碼，可代替帳號發起交易。

　　在支付 Pay 產品中，行動通訊終端製造商在手機 SIM 卡內置安全模組，用於存儲**支付代碼**資訊。在消費者使用手機進行支付時，支付資訊透過 NFC 將支付代碼發送給 POS 機，POS 機再把支付代碼及交易資料發送給銀行卡清算組織或收單銀行，並完成交易驗證。

　　從安全角度分析，在交易過程中，支付 Pay 採用 NFC 技術和支付代碼化技術，其付款人的手機是不需要聯網的，但支付過程等同於付款人的銀行卡和 POS 機發生了聯網。這樣，既確保行動支付的安全性，還提高付款人的刷卡體驗。

　　採用生物識別技術的行動通訊終端製造商，還可以在手機上增加指紋識別等技術進一步加強行動支付的安全性。例如，蘋果支付（Apple Pay）利用 Touch ID（一種指紋識別技術）對支付代碼進行讀取。

行動通訊終端製造商紛紛推出各品牌的支付 Pay 產品，支援近距離無線通訊支付相關產品和解決方案。例如，三星支付（Samsung Pay）、蘋果支付（Apple Pay）、古哥支付（Google Pay）、小米支付等。這些支付 Pay 都依賴 NFC 和支付代碼化等相關支付安全技術。

中國銀聯透過「雲閃付」和各商業銀行的手機銀行 App 進行深度集成，建立安全可靠的近距離無線通訊支付生態。「雲閃付」彙聚中國主要商業銀行，綁定和管理各類商業銀行帳戶，為持卡人提供各銀行的行動支付功能，並使用各家銀行的行動支付服務及優惠權益。中國銀聯向持卡人提供風險管理服務，綜合管理持卡人的實體銀聯卡資訊、行動設備資訊和其他風險評級資訊，保障持卡人使用「雲閃付」過程中的安全性。

2016 年 11 月，中國人民銀行下發關於實施行業標準《中國金融行動支付支付代碼化技術規範》的通知。通知要求，自 2016 年 12 月 1 日起，全面推廣應用支付代碼化技術。

行動支付生態發展很快，以支付寶和財付通為例，其活躍用戶數均超過 10 億。中國主要城市超過 90% 的居民日常以行動支付為主要支付方式。據中國支付清算協會的年報披露，2018 年第三方支付業務中，行動支付資金增長較 2017 年增長近 60%。

跨境支付 | Cross-border Payment / Cross-border Interbank Payment / Interbank Payment

Key word：跨境資料流動、洗錢防制、監管科技

跨境支付也稱跨境付款，是指涉及在至少兩個不同國家／地區開展業務的個人、公司、銀行或結算機構的交易，其交易參與者一般是各國的商業銀行。

讓我們舉個例子來介紹跨境支付流程。

卡蜜拉是一名在巴西的電子購物者。她想從在加拿大註冊和實際營運的網際網路電商 Coat Warehouse ①的網站上購買一件新外套。當卡蜜拉在該電商網站購物並用巴西某銀行的信用卡完成支付後，就啟動跨境支付流程。在這個案例中，卡蜜拉在巴西的信用卡開卡行是她的代理行。該代理行與該電商在加拿大的代理行進行業務聯繫。該電商的代理行收到付款資訊後，進行結算、匯率計算和稅費扣除（或減免）等動作。在交易完成後，代理行將通知電商確認交易，並將資訊回饋給卡蜜拉在巴西的代理行。

跨境支付流程涉及多個交易主體的行為，並受到買賣兩地市場環境、監管政策等的約束。因此，跨境支付將導致比單獨的國內貿易更多的成本。包括：

1. 代理行的手續費。這是整個跨境交易的主要成本構成。

2. 跨境匯款費。匯款通常是從生活在發展中國家的移民家庭發出的。此類交易也需要支付跨境匯款費用。該費用按照使用外國信用卡的消費者（如範例中巴西的卡蜜拉）的百分比來確定信用卡費率。對於不同國家的消費者，其信用卡代理行在這樣的交易中的費率會有所不同。

3. 稅費。每個國家都有自己的稅制。稅費項目種類繁多，例如營業稅、增值稅、關稅等。

4. 貨幣匯率。每個國家都有自己的貨幣，這意味著必須計算匯率。貨幣匯率不斷變動，不僅會影響消費者的購買決定，也會影響跨境電子商家的銷售和定價策略。

---

① Coat Warehouse 是為商業案例編寫需要而杜撰的一個公司名稱。

可以說，跨境支付也脫胎於網路支付生態。與行動支付生態的不同之處在於，跨境支付生態更依賴於全球資訊網而不是移動終端提供的支付便利。由於網際網路和支付網路的結構不同，跨境支付為了降低支付的中間交易成本，可以繞過一些不必要的國際結算，降低匯兌成本。商業組織如瑞波（Ripple）、貝寶都採用類似的商業策略拓展其跨境支付業務。

與之相對，傳統的支付網路營運組織，如全球銀行金融電信協會（Society for Worldwide Interbank Financial Telecommunications，SWIFT），也順應時代發展，與全球銀行界合作建立處理跨境即時支付的新消息標準服務，即**全球支付創新服務（Global Payments Innovation，GPI）**。

> SWIFT GPI 說明成員銀行向企業客戶提供更加快速、透明、可追溯的跨境支付服務，其目的是對抗創新跨境支付公司（瑞波、貝寶等），以確保 SWIFT 全球跨境支付行業的領導地位。自 2018 年 SWIFT 推出 GPI 後，已有 165 家銀行採用該服務。
>
> SWIFT GPI 重複使用 SWIFT 現有的消息傳遞標準和銀行支付處理系統，使其能夠經濟高效地適應新標準，減少重複投資，降低營運成本。成員銀行可以透過 SWIFT GPI 為企業客戶提供更快捷的服務來增強其在快速發展的跨境支付生態系統中的影響力，滿足銀行之間的快速到帳、扣費透明、匯兌資訊無損、隨時跟蹤監控支付狀態，以及查閱與 SWIFT GPI 成員銀行交易對手相關的資訊的需求。在技術上，SWIFT GPI 支援雲端運算架構，使得商業銀行可以很方便地接入行動網路環境。
>
> 在中國，SWIFT 與中國跨境銀行間支付清算有限責任公司深度合作，在全球支付市場推廣人民幣跨境支付業務。此外，中國銀行、南京銀行等商業銀行也開通了 SWIFT GPI 業務。

銀行卡清算組織 | Bank Card Clearing Agency

Key word：銀行卡、支付網路、電子支付

銀行卡清算組織簡稱卡組織，是銀行卡產業中負責成員商業銀行銀行卡業務的交易和清結算處理的仲介機構，也有場合稱之為銀行間卡協會。

世界主要經濟體都建立完善的銀行卡清算組織。中國於 1993 年啟動銀行卡聯網通用工程，即「金卡工程」，並建立以商業銀行和**中國銀聯（China UnionPay）**為基礎的國內銀行卡清算組織。

中國銀聯是 2002 年 3 月，經國務院同意，中國人民銀行批准，在合併 18 家銀行卡資訊交換中心的基礎上，由中國印鈔造幣總公司、中國工商銀行、中國農業銀行、中國銀行、中國建設銀行和交通銀行等 85 家機構共同出資成立的股份有限公司。中國銀聯主要負責建設和運營全國統一的銀行卡跨行資訊切換式網路，提供銀行卡跨行資訊交換相關的專業化服務，管理和經營「銀聯」品牌，制定銀行卡跨行交易業務規範和技術標準。

美國和歐洲則在更早的時候就建立較為完善的區域性銀行卡支付網路和電子錢清結算系統。在全球支付網路方面則出現了跨國商業化銀行卡清算組織，例如**Visa、萬事達、起士美（JCB）、大來卡（DinersClub）**等。

Visa 是一家全球領先的數位支付公司。Visa 的願景是透過創新的快速、安全可靠的電子支付網路連接 200 多個國家和地區的消費者、企業、金融機構、商家和政府，實現價值與資訊的交換，助力電子支付在當地市場的發展。Visa 正拓寬發展戰略，致力於成為可信賴的商業引擎和「彙聚網路的網路」，為人們提供全球範圍內的支付服務。

> **萬事達（Master）** 是一個由超過 2.5 萬個金融機構會員組成的在美國紐約證券交易所上市的有限公司。萬事達提供四大類產品和解決方案，包括信用卡、簽帳金融卡、預付卡和商務卡，涵蓋消費信貸、全球取現、電子旅行支票預付和企業與政府採購等商業場景的授權、清算及結算服務。

> **JCB 卡**，又稱日財卡，是世界通用的國際信用卡，是日本三和銀行、日本信販銀行、三井銀行、協和銀行、大和銀行在 1961 年聯合發行的信用卡，該信用卡 2013 年已在世界 190 個國家及地區發行流通。

> **大來卡** 是第一張塑膠付款卡，出現於 20 世紀 50 年代，並迅速成為國際知名的信用卡品牌。1981 年，大來卡由美國花旗銀行（Citibank）經營。中國銀行於 1983 年開始辦理大來卡業務。

　　銀行卡清算組織以實現各成員行銀行卡的互聯、互通和互認為宗旨，其主要業務是幫助成員金融機構發行、推廣銀行卡，並開展收單業務。在此基礎上，商業銀行開展結算業務。銀行卡清算組織致力於普惠金融方面的創新服務。商業性質的銀行卡清算組織連接了世界各國和地區，構建了全球支付結算網路，推動了支付業務的標準化和法令遵循發展。

支付網路 | Payment Network

Key word：洗錢防制、監管科技、金融網路分析、壓力測試、欺詐檢測、資訊安全、網路安全

支付網路是由支付基礎設施（Payment Infrastructure）、商業銀行體系、銀行卡清算組織、ATM、POS 機、資訊通訊營運商構成的遍佈全球的支付結算網路，為其成員機構提供支付通訊業務授權和銀行間清結算服務。

從網路結構上看，支付網路的節點和層次眾多，主要包括**全球 ATM 終端網路**（**Global ATM Network**）、**VisaNet**，**SWIFTNet**，以及萬事達和發現金融服務公司、北美支付結算網路等。

> 透過全球 ATM 終端網路，ATM 終端專案參與者作為發卡銀行或 ATM 專案收單機構或二者兼任，為持卡人提供取現服務。

> Visa 建有遍佈全球的電子支付網路，即 VisaNet，連接 200 多個國家和地區，為其會員、商家和持卡人提供全球範圍內支付的授權、清算及結算服務。

> SWIFTNet 是 SWIFT 提供的金融報文傳送平台。SWIFTNet 在全球金融機構中搭建單一、共用的基礎設施，保障金融機構可以在安全、標準和可靠的環境中發送、接收金融交易的有關資訊。目前，世界主要經濟體的商業銀行支付結算都廣泛應用 SWIFTNet。[13]

此外，也有商業機構依託全球開放的網際網路環境建立支付網路。

> 貝寶開放式數位支付平台包括 Braintree、Venmo、Xoom 和 iZettle 等產品和服務，支援貝寶的 2.77 億活躍帳戶持有人使用線上、行動設備或 App 透過網際網路進行連接和交易。這一平台用來管理和轉移資金，並在發送支付指令、支付或獲得支付指令時具有選擇性和靈活性。這一平台遍佈全球 200 多個市場，使消費者和商家能夠以 100 多種貨幣接收資金，以 56 種貨幣提取資金，並以 25 種貨幣在其貝寶帳戶中持有餘額。

除此之外，世界主要經濟體一般自建或依託商業銀行體系建立區域性的支付網路。這種支付網路不僅承擔電子支付職能，往往也履行金融系統流動性管理、結算和清算服務等支付基礎設施職能。

支付清算協會 | Payment & Clearing Association

Key word：銀行卡清算組織、支付、支付網路

支付清算協會是世界主要經濟體和國家建立的公立或半官方性質的支付清算行業自律組織，以監管和協調支付產業發展，推動支付業務法令遵循化，與金融機構、銀行卡清算組織共同為持卡人提供優質的支付服務。

國際主要的支付清算協會有 **SWIFT**、**PCI**、**EMVCo** 等。

SWIFT 是國際金融資訊服務組織，其總部設立在比利時，並由其成員金融機構共同擁有，在全球設有辦事處。SWIFT 的跨國治理和監督模式加強其協作機制的中立性和國際性。[14]

PCI 是一個開放的全球行業標準機構，於 2006 年啟動。PCI 負責支付卡行業安全標準的開發、管理和教育。PCI 由美國運通（American Express）、發現金融服務公司、起士美、萬事達與 Visa 共同建立。[15]

EMVCo 是一個支付卡標準化組織，成立於 1999 年。EMV 分別代表歐陸卡（Europay，後被萬事達收購）、萬事達與 Visa，是該組織最初的 3 家公司。該組織的使命是發展制定與主管維護 EMV 支付晶片卡的規格、標準與認證，監督並確保該標準在全球的安全互通性與其付款環境的可用性。[16]

EMV 標準（EMV Standard）的全稱是《EMV 支付系統的積體電路卡規範》（EMV Integrated Circuit Card Specifications for Payment Systems），是 EMVCo 對於智慧支付卡（即 IC 卡），以及與之適配的 POS 機、ATM 等所制定的標準。EMV 標準旨在確立處理借記和貸記交易的標準，並確保支付行業使用的晶片技術在全球的互通性。

中央銀行數位貨幣 | Central Bank Digital Currency, CBDC

Key word：加密貨幣

中央銀行數位貨幣，也稱數位法定貨幣（Digital Fiat Currency）、數位基礎貨幣（Digital Base Money），是一個國家法定貨幣的數位形式，即由該國法律法規、貨幣發行局規定的官方貨幣的數位形式。[17]

從定義的角度看，中央銀行數位貨幣並不能簡單地被認為是**虛擬貨幣**和**加密貨幣**，後兩者不是由主權國家發行的，缺乏法定貨幣地位。然而，由於中央銀行數位貨幣和法定貨幣都具有官方性質，其可能會與商業銀行的存款出現競爭，並挑戰中央銀行目前的貨幣儲備系統。

英國中央銀行，即英格蘭銀行，2020 年 3 月在題為《央行數位貨幣：機遇、挑戰和設計》（Central Bank Digital Currency：Opportunities，Challenges and Design）的報告中指出其正在認真權衡發行中央銀行數位貨幣的利弊。英格蘭銀行意識到，數位英鎊可能會破壞目前的銀行體系。但是，數位貨幣可以利用最新的金融科技，並使消費者更輕鬆、更快捷地進行交易。

推動這一改變的是市場。在網際網路經濟這樣的虛擬經濟發展起來後，越來越多的支付工具不再是各國中央銀行發行的貨幣，或者其電子化後的貨幣，而是由金融科技公司、網際網路公司提供的新的貨幣形式，以及新的支付工具。以臉書發佈的 Libra 計畫為例，如果臉書用戶透過臉書龐大的社群網路——而不是支付網路——進行跨國家和區域支付的話，目前的國際支付結算生態將受到嚴重的影響。

正因如此，越來越多國家的貨幣發行局開始認真考慮中央銀行數位貨幣的設計和發行工作。不過，僅有少數國家的央行嘗試發行數位貨幣。

2015 年，南美洲國家厄瓜多推出一種新的加密支付系統和這個系統的「厄瓜多幣」[18]。這種貨幣只有少數人有資格使用。該貨幣在流通領域應用並不廣泛，在運行後的一年時間，「厄瓜多幣」的流通量不到整個經濟體貨幣流通量的 0.03‰。2018 年，「厄瓜多幣」就被宣告停止使用。同年，同為南美洲國家的委內瑞拉宣佈發售「石油幣」。不過，後續關於「石油幣」的公開資訊少之又少，也沒有在公開市場上交易。此外，已經發行國家級數位貨幣的還有突尼西亞、塞內加爾和馬紹爾群島，但都沒有獲得全國範圍的採用。

中國央行較早開展關於數位貨幣的研究工作，並於 2017 年成立中國人民銀行數位貨幣研究所。中國央行對中央銀行數位貨幣的命名是**數位貨幣電子支付**（**Digital Currency/Electronic Payment，DC/EP**）。

從字面意思上來看，DC/EP 仍舊嚴格限制在人民幣的數位形式和電子支付工具的範疇內，並沒有討論中央銀行數位貨幣與金融理論方面的問題。

2018 年，央行時任中國行長周小川曾在一次非官方論壇闡述數位貨幣與電子支付的概念。[19] 他建議以國際清算銀行（BIS）的數位貨幣報告為基礎，從基本問題出發，研究數位貨幣和電子支付是支付代碼還是帳戶，為零售服務還是為批發服務，是借記型還是貸記型，幣值是錨定的還是非錨定的，以及在哪個層次上允許資料留存以保護隱私權。

在 DC/EP 的發行方面，披露的資訊不多，本書做了以下整理。

2019 年 10 月，中國國際經濟交流中心副理事長黃奇帆在首屆外灘金融峰會上表示，中國央行推出的數位貨幣是以區塊鏈技術做出的全新加密電子錢體系，將採用雙層營運體系，即中國人民銀行先把 DC/EP 兌換給銀行或其他金融機構，再由這些機構兌換給公眾。

2020 年 4 月，網際網路媒體披露 DC/EP 已在中國農業銀行開始內部測試。此外，中國主要網際網路公司阿里巴巴和騰訊也將參與測試。DC/EP 的首批試點投放地區包括蘇州、雄安新區、成都和深圳。目前，DC/EP 的數位錢包將支援數位資產兌換、數位錢包管理、數位貨幣交易記錄查詢等功能。

從時間上可以發現，中國中央銀行數位貨幣的研究、測試和發行正逐步加快。

《支付服務指令》第二版 | The Second Payment Services Directive, PSD2

Key word：GDPR、開放銀行、大資料、替代資料

PSD2 是歐盟經濟體在支付領域的重要法律基礎，由歐盟委員會設計、管理和發佈，並於 2018 年生效。PSD2 用於規範整個歐盟國家和歐洲經濟區（European Economic Area，EEA）的支付服務和支付服務提供者。

《支付服務指令》第一版（PSD）僅適用於歐洲經濟區的支付服務提供者，以指導其適用歐元在付款人和收款人之間的支付執行。

PSD2 則增加適用歐元的新的支付場景，包括：

1. 可以以任何貨幣表示歐洲經濟區的支付服務提供者之間的付款場景，而不僅僅是歐洲經濟區的貨幣。

2. 可以以任何一種貨幣進行單邊出交易（One Leg Out，OLO）。OLO 指的是支付交易的一方的支付服務提供者在歐洲經濟區，而另一方在歐洲經濟區之外。

PSD2 透過為新的金融服務提供者（主要是第三方支付平台）和新的支付服務提供框架以規範和促進競爭。在歐盟，依託 PSD2 的新支付服務有**帳戶資訊服務（Account Information Services，AIS）**和**支付發起服務（Payment Initiation Service，PIS）**。[20]

帳戶資訊服務是 PSD2 框架下由支付服務提供者向付款人提供的一種線上服務，可提供有關支付服務使用者與支付服務提供者所持有的付款帳戶的綜合資訊。

在帳戶資訊服務基礎上，歐盟的支付服務擴展金融資料聚合，支援使用者聚合其支付帳戶的資訊，並可以透過介面登入所謂的根帳戶（Account Rooting）服務提供者的資料庫，來了解自己特定時間內的財務狀況。

支付發起服務是 PSD2 框架下付款人使用信用卡或簽帳金融卡進行線上支付的一種替代方法。在付款人同意和認證的情況下，支付服務提供者可登入其支付帳戶，並啟動資金轉帳。PSD2 提升支付發起服務的監管水準，確保支付發起服務提供者（Payment Initiation Service Provider，PISP）可以登入付款帳戶，同時還對付款帳戶提出要求，以確保付款人的安全。PSD2 特別要求 PISP 確保在支付服務使用者線上登入其付款帳戶或發起付款交易時，能夠使用嚴格客戶認證（Strong Customer Authentication，SCA）。

PSD2 打破銀行「壟斷其使用者資料」的格局。它將允許新興的高科技企業（例如亞馬遜）在持卡人允許的情況下從銀行檢索其帳戶資料。這意味著當持卡人購買商品時，新興的商家可以為持卡人直接付款，而無須將其再定向到其他支付服務提供者的服務上。

金融資料聚合 | Financial Data Aggregation, FDA

Key word：GDPR、開放銀行、大資料、替代資料

金融資料聚合指的是支付服務提供者將消費者的多個帳戶、工具和其他資訊匯總在一起，進行分析，並對消費者的財務狀況得出全面認識，說明消費者做出更好的支付和儲蓄決策，以提升支付體驗和精準行銷。

金融資料聚合是商業智慧領域的重要概念。歐盟的金融資料聚合服務遵循**PSD2 的帳戶資訊服務**要求，處理來自使用者各類帳戶的資料和資訊，可以更準確、全面地獲得用戶消費習慣、儲蓄習慣以及更廣泛意義上的財務狀況等高價值資訊。

2019 年，義大利金融市場監管局（CONSOB）發佈題為《金融資料聚合和帳戶資訊服務：監管問題和業務概要》（Financial Data Aggregation and Account Information Services: Regulatory Issues and Business Profiles）的報告。該報告分析金融資料聚合在歐盟法律框架內的演化路徑。

根據 PSD2 的相關要求，金融資料聚合被歸為帳戶資訊服務的範疇，可應用於付款人和收款人的支付資訊聚合場景。

美國的情況與之不同。在美國，帳戶資訊服務的演變是在沒有具體規定的情況下發展起來的。但是，美國要求帳戶資訊服務必須適用有關消費者資訊和隱私保護的一般規則和預防措施。

帳戶資訊服務的金融資料聚合仍然在發展。消費者對其的認識仍有限。不過，支付行業顯然對這個概念很感興趣，因為在**大資料**環境下，消費者多種帳戶的支付資訊聚合在一起，能夠更好地幫助財務顧問對消費者的收入和儲蓄能力進行觀察。這顯然有很高的商業價值。

生物辨識支付 | Biometric Payment
Key word：生物識別、身份驗證

生物辨識支付是在支付業務中採用生物識別技術進行身份驗證的一種新型態支付產品。

過去，生物識別技術由於成本較高，主要應用於政府部門和重要機構的存取控制（比如中國的二代身份證）。現在生物識別技術成本已經得到有效控制，其應用前景廣闊。

行動支付高度關注這種生物識別解決方案。有三個重要的金融場所可以使用生物辨識支付。

【場所】銀行利用生物識別技術可以有效減少持卡人信用卡被盜用帶來的損失。

銀行可以建立持卡人生物資訊庫，透過自動指紋識別系統（Automated Fingerprint Identification System，AFIS）對持卡人的支付進行驗證。透過這種方式，銀行不但能夠解決 ATM 讀卡失敗、卡片遺失等問題，還能夠有效減少因為盜刷帶來的商業糾紛。

全球多家銀行已經將生物識別技術用於客戶身份驗證。比利時、印度、波蘭和日本等國家在 ATM 存取款等場所支援生物識別技術。其他國家也打算跟隨潮流，特別是一些亞洲國家和非洲國家。

【場所】行動通訊終端製造商透過在手機上增加指紋識別技術，加強手機支付的安全性。

增加指紋驗證的手機，只有手機持有者才能打開，這種安全性比單純使用手機開機密碼要好許多。如果手機還支援 NFC 和支付代碼化技術，並且 SIM 卡內建安全模組，可以說行動支付的安全性和用戶體驗達到較為完美的狀態。

【場所】銀行的行動銀行 App。在大額轉帳、個人信貸，甚至遠端開戶等場所中應用人臉識別技術，能夠給銀行客戶帶來便捷的金融服務，還能夠有效控制欺詐的發生。

很多人工智慧高科技公司向銀行提供人臉識別等活體檢測技術。例如，中國工商銀行的個人消費信用貸款產品，就應用活體檢測技術，配合銀行卡中銀 e 盾（USB Key），用戶無須去櫃檯，利用手機就能隨時隨地安全、便捷地辦理大額信用貸款。

6 監管科技與
網路分析

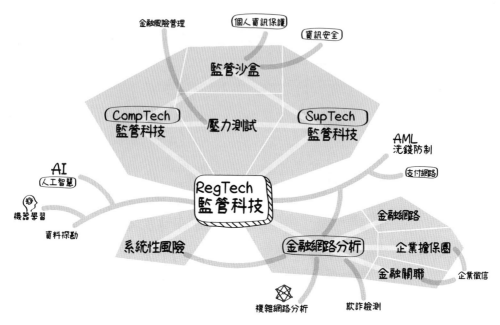

圖 6.1 監管科技與網路分析模組知識圖譜

　　監管科技提出的時間不長，但已成為近年來金融科技領域的一個熱點。關於監管科技的定義目前還沒有定論，但是人們普遍認為監管科技可以分為監管端監管科技（簡稱監督科技，SupTech）和法令遵循端監管科技（簡稱監管科技，CompTech）。監管端監管科技主要被央行、監管機構和重要金融基礎設施機構採用，以降低監管成本並提高監管有效性；而法令遵循端監管科技主要被金融機構為滿足法令遵循性要求而採用，以提高法令遵循效率，降低法令遵循成本，監督科技和監管科技存在一一對應關係，可以説是一枚硬幣的兩面，既有共性目標，也有衝突的地方，但是對資訊技術的應用是一致的。監管科技並非僅限於金融領域，醫藥和市場管理等領域也應用監管科技，但是其在金融領域的應用更為廣泛。對於這兩種不同形式的監管科技，人工智慧、機器學習、資料探勘、複雜網路和視覺化都有很深入的應用。監管科技與網路分析模組知識圖譜如圖 6.1 所示。

首先，壓力測試是一種重要的監管科技手段，可以對金融基礎設施、支付清算系統和金融機構內部不同規模的業務與 IT 系統提供系統穩定性評估，是金融風險管理的重要工具。監管沙盒為金融科技的發展提供監管安全框架，為保護個人隱私和資訊安全提供屏障。隨著金融科技創新的飛速發展，可以提供「安全空間」的監管沙盒機制正在被積極採用和試點。

　　其次，系統性風險是監管端監管科技所要處理的重要問題。由於系統性風險不能被分散，而且會導致金融部門「雪崩式」衰退，其逐漸引起國內外監管者的重視。系統性風險防範需要從多方面著手才會有成效，技術手段的應用是其中重要的一環。金融網路分析是系統性風險建模的有效工具。

　　再次，金融網路分析在 2008 年金融危機後引起全球學術界和專業人士的高度關注，不僅可用於宏觀層面的監管科技領域（例如支付網路分析和系統性風險防範），而且在微觀層面的洗錢防制和欺詐分析方面有著多年的實踐，特別是對於具有中國特色的企業擔保網路分析而言更是有力的風險決策工具。隨著金融系統越來越複雜，金融實體之間的關聯越來越重要，將為金融風險分析提供一個廣泛應用的新框架。

　　金融關聯是進行金融網路分析的關鍵，金融市場主體之間的關聯變得越來越普遍，也變得越來越複雜，對金融系統的影響日益增強。僅央行企業徵信部門就梳理出數十種企業金融關聯關係。

　　企業間互相擔保貸款是一種重要的金融關聯。作為金融網路的典型代表，企業擔保圈近 20 年來一直是金融信貸市場揮之不去的夢魘，曾經也作為金融創新促進了信貸市場的發展，但是也帶來了風險的傳播，導致一些營運正常、本身並無金融風險的企業因擔保問題深受其害。同時，時至今日，由於缺抵押、少信用，企業信貸擔保仍然是一種重要的企業信貸形式。金融網路分析可以為擔保圈等金融關聯性風險管理提供很好的分析工具。

監管科技 [1、2、3、4、5] | Regulatory Technology, RegTech

Key word：金融重要基礎設施、洗錢防制、壓力測試、系統性風險、資料探勘、人工智慧、機器學習、複雜網路分析

監管科技（RegTech），是指應用 IT 技術幫助監管機構、銀行和其他金融機構應對金融法令遵循與風險管理等方面的挑戰，降低宏觀風險管理和金融法令遵循成本，其本質是「利用最新科技手段服務於金融監管和法令遵循，以實現金融機構的穩定、可持續發展」。[6]

監管科技的概念最早是由英國金融監理總署（Financial Conduct Authority，FCA）於 2015 年提出的，其將監管科技定義為「使用新技術來幫助企業符合監管要求」。[7] 2015 年 7 月，英國前財政大臣喬治‧奧斯本（George Osborne）首次將監管科技描述為「致力於利用新技術來促進監管要求」。

2008—2009 年金融危機導致金融監管負擔的增加（監管成本的上升），金融監管者認識到金融混業經營將導致金融風險不斷升高，金融監管變得越來越複雜。同時，科技公司進入金融業，金融產品創新速度加快，金融監管者依靠原來傳統的監管方式已經不能滿足市場需求。各國金融政策制定者、監管層開始關注監管科技問題。

通常，監管科技分為兩類：一類是**監管端監管科技**，即監管部門使用新技術來提高監管效率和有效性（見圖 6.2）；另一類是**法令遵循端監管科技**，即企業利用新技術使之符合監管部門規定。[8] 在實際應用中，監管端監管科技和法令遵循端監管科技相互整合。

國際清算銀行報告對**監管端監管科技**進行分類，認為監管端監管科技包括資料搜索和資料分析兩部分。在不同應用領域，監管科技使用不同的技術，但總體目的都是加強政府對被監管機構的監管，提高監管效率。[9]

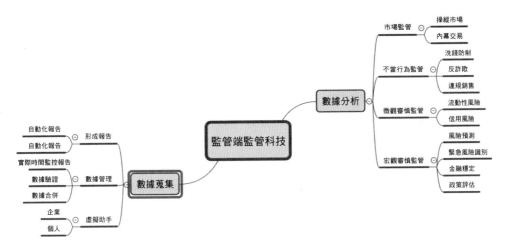

圖 6.2 監管端監管科技

　　監管科技在金融監管領域的細分領域都有應用。許多自動化專案包括雇員監控、法令遵循性資料管理、防欺詐和審計追蹤等。值得注意的一些具有代表性的監管科技公司和它們所創建的工具包括：

- IdentityMind Global，透過跟蹤付款實體，提供數位交易的防欺詐和風險管理服務。

- Trunomi，安全管理使用客戶個人資料的同意授權。

- Suade，幫助銀行提交所需的監管報告，而不會破壞銀行的架構（法令遵循性監管）。

- Silverfinch，透過基金資料實用程式連接資產管理者和保險公司，以滿足相關要求。

- PassFort，自動收集和儲存客戶盡職調查資料。

- Fund Recs，監督基金行業如何管理和處理資料（對帳）。

　　監管科技的應用場景主要包括**使用者身份識別**、市場交易行為監測、**法令遵循資料包送**、**法律法規跟蹤**、**風險資料整合分析**、**金融機構壓力測試**六大方向，

每個場景都需要多種技術共同支撐，都會在金融監管機構和金融從業機構中進行廣泛應用。

美國證交會幾年前推出一個綽號為「機械戰警」（Robocop）的電腦程式（正式名稱是會計品質模型）。該程式使用證交會的金融資料庫來檢查企業利潤報告，從中發現可能隱含的古怪行為——無論是激進的會計手法還是赤裸裸的欺詐。關於美國證交會「機械戰警」的具體情況，外界知之甚少，但其基本思路是透過大數據分析，發現多個可能暗示著潛在會計問題的重要指標。

哥倫比亞央行透過名為 FNA 的監管科技公司提供的服務來識別金融機構流動性和償付能力的預警。哥倫比亞央行一直在使用資產負債表和監管資料報告來了解哥倫比亞金融系統參與者的流動性和償付能力。但是，這種傳統的分析很耗時，資料要遲幾個月才能送達。FNA 說明哥倫比亞央行對來自銀行間支付系統的資料進行網路建模分析，可以使銀行更快地獲得有關風險的預警。透過使用 FNA 的宏觀監管平台（見圖 6.3），哥倫比亞央行現在可以近乎即時地監控其銀行系統，自動警報系統會將網路中的任何異常行為通知哥倫比亞央行和相關銀行。此外，自動壓力測試會檢測出金融網路中兩個最大的不合格機構參與者，有助於了解金融系統的潛在風險。

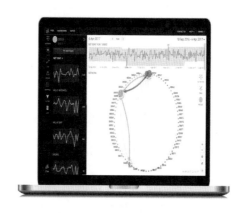

圖 6.3 FNA 的宏觀監管平台

監管沙盒 | Regulatory Sandbox

Key word：個人資訊保護、金融科技、保險科技、欺詐檢測、
身份識別、生物識別

監管沙盒（Regulatory Sandbox），在金融領域中，是指一個「安全空間」，在這個安全空
間內，金融科技企業可以測試其創新金融產品、服務、商業模式和行銷方式，而不用在相
關活動遇到問題時立即受到監管規則的約束。

　　監管沙盒的概念由英國金融行為監管局於 2015 年 3 月率先提出。監管沙盒
的存在便於監管者在保護消費者／投資者權益、嚴防風險外溢的前提下，透過主
動合理地放寬監管規則，減少金融科技創新的規則障礙，鼓勵更多的創新方案積
極主動地由想法變成現實，在此過程中，能夠實現金融科技創新與有效風險管控
的雙贏局面。[10]

　　為了鼓勵金融創新，越來越需要發展和完善金融監管框架來促進新興業務模
式的出現。監管沙盒存在的目的是改變嚴格的金融監管環境，保證科技公司的創
新增長。

　　在英國，金融機構對發展金融科技的需求非常強烈，倫敦也試圖成為金融創
新的全球之都。2015 年年底，英國金融行為監管局發佈一份名為《沙盒監管》的
報告，解釋為什麼需要一個監管沙盒。

　　該專案於 2016 年年中實施。來自世界各地的金融科技公司參與該項目，與
英國金融行為監管局一起工作，發展自身的商業並遵守嚴格的金融監管法規。英
國金融行為監管局的宗旨是為競爭創造激勵機制，使消費者有更多、更好的選擇
管理他們的資金。

　　英國的第一版監管沙盒始於 2017 年。2018 年 6 月，英國金融行為監管局宣
佈第二組選定公司，準備開始第二輪沙盒測試，它甚至準備受理第三輪申請。

中國香港、新加坡、美國和澳大利亞都是使用監管沙盒促進金融科技創新的先行者。香港金融管理局（HKMA）在 2016 年 9 月推出的金融科技監管沙盒（Fintech Supervisory Sandbox，FSS），允許銀行及其合作夥伴（科技公司）對涉及有限數量參與客戶的金融科技創新專案進行試點，而無須完全遵守香港金融管理局的監管要求。這種安排使銀行和科技公司可以收集資料和使用者回饋，以便對自己的新計畫進行完善，加快新技術產品的發佈，並降低開發成本。

中國已經初步具備設立監管沙盒的基礎條件。現有監管機制並不排斥監管沙盒，其彌補現有金融監管在應對金融科技創新方面的不足。北京、海南、貴州等地率先開啟金融科技領域監管沙盒的試驗。此外，中國設立金融監管沙盒在操作層面還面臨一些挑戰。監管沙盒作為監管方式的一次大膽創新，還需要面對現行監管規則與法律框架對監管責權的束縛，積極協調暫時性寬鬆與法律法規的不一致等問題。

壓力測試 | Stress Testing / Pressure Test / Stress Test

Key word：支付網路、複雜網路分析、金融風險管理

壓力測試（Stress Testing）是一種對系統穩定性進行評估的測試方法，在金融風險管理等領域應用比較普遍。

在金融領域，壓力測試是指將某個**金融基礎設施**、金融機構或資產組合置於某一特定的極端市場環境下，測試該金融基礎設施、金融機構或資產組合在這些關鍵市場變數突變的壓力下的表現，看其是否能經受得起這種市場突變。壓力測試也常常用於檢測金融基礎設施資訊系統的可靠性。

根據國際證券管理機構組織（International Organization of Securities Commissions，IOSCO）1995 年有關文件的規定，壓力測試是分析最不利市場情形（如利率急升或股市急挫）對資產組合的影響效果的一種方法。巴塞爾委員會的有關文件則將其定義為，金融機構用以衡量由一些例外但有可能發生的事件所導致的潛在損失的方法。具體來講，壓力測試的**本質思想是獲取大的價格變動或者綜合價格變動資訊，將其應用到資產組合中並量化潛在的收益和損失。**[11]

銀行的壓力測試通常包括**信用風險**、**市場風險**和**操作風險**等方面內容。壓力測試中，銀行應考慮不同風險之間的相互作用和共同影響。識別那些可能提高異常收益或損失發生機率的事件或情境，測量這些事件發生時銀行資本充足率。

進行壓力測試的方法，大致可歸納為兩大類：

敏感度分析（Sensitive Analysis），是指利用某一特定風險因數或一組風險因數，使風險因數在執行者所認定的極端變動範圍內變動，分析其對於資產組合的影響。

情境分析（Scenario Analysis），是指將一組風險因數定義為某種情景，分析在個別情景下的壓力損失。情境分析的事件設計方法有兩種，分別是歷史情境分析和假設性情境分析。

監管壓力測試。繼 2008 年金融危機，由於《陶德 - 法蘭克華爾街改造與消費者保護法案》（Dodd-Frank ACT），美國金融業中，具有系統重要性且被美國金融穩定委員會認為是「大而不倒」的，通常是那些資產超過 500 億美元的銀行，這些機構必須提供針對破產方案進行的壓力測試報告。在美國政府 2018 年於這些銀行的一次評審中，涉及 22 個「大而不倒」的總部設在美國的系統重要性國際銀行。

風險管理壓力測試。在投資組合管理中，壓力測試通常也用於確定投資組合風險和設置對沖策略以減輕損失。投資組合經理使用內部專有的壓力測試程式來針對市場事件和潛在事件管理和測試他們的投資組合。

資產和負債比對壓力測試。壓力測試廣泛用於商業和投資管理。公司可以使用資產和負債比對壓力測試來確保適當的內部控制和程式。退休和保險投資組合也極大地利用了壓力測試以確保現金流和支出水平保持在有效範圍。

壓力測試服務通常由某些監管科技公司提供。

【案例】加拿大支付機構設計帶有壓力測試的下一代銀行間支付系統。加拿大支付機構負責一個持續多年的專案，旨在使加拿大的支付系統現代化並在該國實現即時付款。新的支付系統方案將改變付款方式，加拿大的銀行可能會面臨流動性風險。銀行流動性風險的量化確實發現需求大於可承受的水平。透過提供壓力測試服務，監管科技公司 FNA 利用其平台進行的類比，透過優化系統設計，可以節省部分流動資金。它在 2018—2019 年透過更多模擬測試來驗證方案，並於 2020 年將壓力測試平台擴展到正在進行的監控和管理。

【案例】擔保圈風險壓力測試風險分析主要是根據企業擔保圈的壓力測試，針對企業資金鏈斷裂透過擔保鏈傳染的風險的評估①。2011 年下半年，溫州民間借貸風波爆發，金融風險不斷向銀行傳染，銀行不良貸款處於整體上升趨勢，如圖 6.4 所示。擔保鏈傳染是導致風險加重的重要因素。在徵信系統查詢與調查相關資訊的基礎上，透過多自主體系統和小世界網路模型類比溫州企業擔保鏈風險傳染可能的發展形勢、擔保鏈傳染引發不良貸款額理論最大值（1128 億元），以及由擔保鏈引發不良貸款額累計數值在其風險發展軌跡上所處的位置，即在有互保關係的大、中、小企業中，資金鏈斷裂比例分別達到 2.7%、6.4% 和 4.9%，受衝擊企業的比例分別達到 0.4%、17% 和 36%。

---

① 模型由中國人民銀行溫州市中小支行和中科院管理、決策與資訊系統重點實驗室聯合研發。

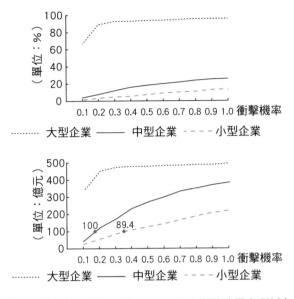

圖 6.4　溫州地區企業資金鏈斷裂風險傳導（壓力測試）

系統性風險 [12] | Systematic Risk

Key word：金融重要基礎設施、複雜網路分析、金融風險管理

系統性風險（Systematic Risk）是指金融機構從事金融活動或交易的整個系統因內部或外部事件衝擊而崩潰，單個金融機構不能倖免，進而遭受經濟損失的風險。

　　系統性風險是一種不可分散的風險，不能透過分散投資抵銷或消除。系統性風險包括政策風險、經濟週期性波動風險、利率風險、購買力風險、匯率風險等。系統性風險通常由公司外部因素引起。經濟方面的外部因素有利率、匯率、通貨膨脹、宏觀經濟政策、貨幣政策、能源危機、經濟週期迴圈等；政治方面的外部因素有政權更迭、戰爭衝突等；社會方面的外部因素有體制變革、所有制改造等。[13]

在金融場景中，金融系統內部的關聯導致金融部門「雪崩式」經濟衰退，引發系統性風險[14]。政策制定者面臨的關鍵問題是如何限制系統性風險的積累，並在危機發生時遏制風險的傳播。

英國倫敦政治經濟學院（LSE）系統性風險研究中心的研究認為有 4 個關鍵要素，可以使我們更好理解系統性風險。[15]

- **內生性風險**：是由金融系統本身造成的，而不是由系統外部的破壞性事件造成的。

- **放大機制**：系統性風險的爆發通常是由一個小事件觸發的，該事件的影響因金融系統中的關聯而放大。

- **識別風險**：透過積累有關金融市場運作方式的經驗，相關研究可以幫助政策制定者及時識別風險的累積以做出回應。

- **政策回應**：監管機構需要集中精力制定能夠降低系統性風險的政策舉措，並避免那些即使意圖良好但實際上會導致新的更大風險的政策舉措。

【案例】2008 年的金融危機②

許多經濟學家認為 2008 年的金融危機是 20 世紀 30 年代大蕭條以來最嚴重的金融危機。它始於 2007 年，當時美國次級抵押貸款市場陷入危機，隨著投資銀行雷曼兄弟（Lehman Brothers）於 2008 年 9 月 15 日倒閉，危機發展成為全面的國際銀行業危機。雷曼兄弟申請破產後，印地麥克銀行（Indymac）倒閉，貝爾斯登（Bear Stearns）被摩根大通（JPMorgan Chase）收購，美林（Merrill Lynch）被出售給美國銀行（Bank of America），房利美（Fannie Mae）和房地美（Freddie Mac）被置於美國聯邦政府的控制之下。

到 2008 年 10 月，聯邦基金利率和貼現率分別降至 1％和 1.75％。

---

② 參見 wikipedia。

英國、中國、加拿大、瑞典、瑞士和歐洲的中央銀行也紛紛採取降息措施，以幫助世界經濟。但是，降息和流動性支持本身不足以阻止如此廣泛的金融危機。

全球金融危機使人們意識到風險傳染和系統性風險的重要性。風險來源之一是透過金融交易產生的經濟主體之間的相互聯繫。這些交易產生金融網路。然而，人們對金融網路的功能及其強大程度尚無明確的認識。理解網路中的系統性風險對於建立有效管理規則至關重要。

中國的系統性風險：2017 年年底，時任中國央行行長周小川發表文章稱之所以目前及未來一段時間內金融工作的重點是守住不發生系統性金融風險的底線，是因為目前和今後一個時期中國金融領域尚處在風險高的時期。周小川稱，風險點多面廣，呈現隱蔽性、複雜性、突發性、傳染性、危害性特點，結構失衡問題突出，違法違規亂象叢生，潛在風險和隱患正在積累，脆弱性明顯上升。

在周小川看來，金融風險主要表現在宏觀層面的金融高槓桿和流動性風險、微觀層面的金融機構信用風險，以及跨市場、跨營業的型態、跨區域的影子銀行和違法犯罪風險。周小川認為，高槓桿是宏觀金融脆弱性的總根源，在實體部門表現為過度負債，在金融領域表現為信用過快擴張。

系統性風險防範需要多方面著手才會有成效，從技術角度看，針對系統性風險，可以利用**複雜網路**來建模，運用**金融網路分析**方法進行定量分析，提供決策支援。

金融網路 | Financial Network

Key word：複雜網路分析、金融重要基礎設施、洗錢防制、欺詐檢測、實質受益人、監管科技、支付網路、壓力測試、系統性風險

金融網路是一個描述金融實體（例如交易者、公司、銀行和金融交易所）的任何集合以及它們之間的連接的概念。

　　金融網路由金融節點組成，節點代表金融機構或參與者。網路連接表示節點之間正式或非正式的關係（即股票或債券持有關係）。

　　一個最常見的例子是證券資產網路（例如上市公司的股票），上市公司為節點，網路連接表示兩個上市公司之間股票的持有關係。

　　金融網路涉及各種類型的機構，也涉及各種**金融關聯**，其組成既可以在國內，也可以跨境。例如，由於金融網路的存在，美國拉斯維加斯的房地產價格崩潰可能影響倫敦和香港的金融市場，一家法國銀行的投資醜聞可能使全球其他銀行的股價下跌。

　　金融網路有其獨特的邏輯，其風險傳播和傳染病傳播完全不同，金融網路一方面傳播風險，另一方面存在一種抵銷效應，使金融風險傳播機制比傳染病傳播更微妙。傳染病傳播網路中的新連接讓傳播變得更快、更廣泛，而金融網路中的新連接還會推動風險的分散，使其能被更有效地化解。

　　金融網路將在政策與研究之間架起一座橋樑。為了回應現代金融系統表現出的高度相互依存關係，金融網路的概念開始出現並得到應用。全球化放大許多組織之間金融的相互依賴水平。隨著時間的流逝，股票、資產和金融關係會出現更大程度的交叉持有和相互參與。趨勢是金融領域的一個主要話題，它預示著金融危機的出現。

在深化對金融網路的理解的過程中，危機扮演重要角色。在 2008 年金融危機之後，許多經濟學家紛紛提出觀點，認為金融系統的高度網路化在塑造系統性風險中起著核心作用。實際上，隨後許多政策行動都受到這些見解的推動。結果是，自 2008 年以來，對金融網路的研究變得越來越重要。

2007—2009 年的金融危機凸顯忽視複雜的經濟金融體系之間聯繫的危險：雷曼兄弟和美國國際產險（AIG）在規模上並不是最大的參與者，但它們在市場上聯繫緊密，其失敗導致對整個金融體系產生衝擊。網路理論的應用在金融領域變得越來越重要，網路分析為傳統分析方法中的難題提供答案，並導致多種風險改進模型的出現。實際上，金融網路構成每種風險的基礎，包括**流動性風險**、**營運風險**、**保險風險**和**信用風險**。

金融網路根據關聯的不同，可以分為**支付網路**、**銀行間拆借網路**、**不同國家之間的匯款網路**、**企業信貸相互擔保網路**和**企業之間相互投資網路**等。

不同國家之間的匯款網路。網路中的節點表示匯款國家或地區，連接表示匯款關係，連接方向表示匯款方向，連接顏色的深淺和匯款金額成正比，網路的核心僅包含 5 個節點，並且其中包含兩種類型的國家或地區，分別是匯款的淨發送國（美國、英國、德國和義大利）和淨接收國（印度）。美國是全球主要的匯款淨發送國，而主要的匯款淨接收國是墨西哥。全球匯款網路示意圖見圖 6.5。[16]

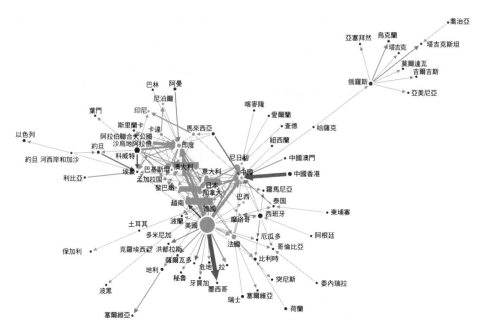

圖 6.5 全球匯款網路示意圖

金融關聯 | Financial Link / Financial Relationship

Key word：複雜網路分析、金融重要基礎設施、洗錢防制、欺詐檢測、實質受益人、監管科技、支付網路

金融實體（交易方、銀行、企業、消費者和其他金融機構）之間各種各樣的具有經濟和金融意義的（直接或間接的）聯繫稱為金融關聯。

　　金融實體可以是消費者、企業和銀行（金融機構）。這些關聯關係可以是實際存在的關係，也可以是透過計算得到的相關性，或者由於共生性而得到的關係。同一種金融實體的關聯關係可以用一般的**複雜網路**（即**金融網路**）表示；兩種金融實體的關聯關係可以用一種特殊的複雜網路來表示，即**二部圖**。

　　隨著金融市場的發展，金融網路變得越來越複雜，而且呈動態化，對單個金融實體的描述、建模和檢測，已經不足以進行投資分析、風險預測和監管法令遵循管理。金融實體之間的關聯關係越來越受到重視。同時隨著數位經濟的發展，也產生越來越多的金融關聯，例如消費者角度的微信支付和支付寶的應用。這些關聯關係是構建金融網路，進行綜合和系統分析的基礎。金融關聯是進行金融網路分析的基礎。**洗錢防制**分析往往也需要各種各樣的金融關聯。

央行徵信系統整理了企業之間的 33 種關聯關係。[17,18] 例如，投資關聯是以企業資本構成資訊為基礎，透過對出資資訊進行比對而形成的特定關聯關係。根據企業間的投資關係，將其細分為對外投資、被投資和相互投資 3 種，並根據具體出資金額計算投資比例。

擔保關聯是以借款人擔保合約資訊為基礎，透過對擔保資訊進行比對，在企業間形成的特定關聯關係。根據合約中擔保方與被擔保方的關係對擔保關聯進行細分，其包括對外擔保、被擔保和相互擔保 3 種。

法人代表關聯是指對所查詢企業的法人代表在其他企業擔任法人代表、總經理、財務負責人職務，以及對其他企業進行投資或擔保的情況進行關聯，在這些企業間形成的特定關聯關係。

集團母子關聯是以企業集團公司資訊為基礎，對上級公司資訊進行比對，從而在公司間形成的特定關聯關係。

家族關聯是以家族企業成員資訊為基礎，將法人代表親族中自然人在其他企業的資訊進行比對，在其家族成員所在企業間形成的特定關聯關係。

此外，還有位址關聯和電話關聯。

關聯查詢產品利用央行徵信系統中借款人基本資訊和信貸資訊，根據借款人與企業、借款人與個人之間的資本、經濟利益聯繫作用，為用戶提供與某一企業相關的所有關聯企業資訊，顯示透過投資、高階管理人員及擔保交易等關聯起來的一個企業群及其群內企業之間、個人與企業之間的關係，以及該企業群整體信貸及風險情況。幫助金融機構更加全面地識別借款人信貸風險，及時發現企業集團風險，及早採取應對措施，提高信貸風險管理能力和效率；也幫助政府和司法部門及早化解潛在風險，維護金融穩定。

歷史上多次大規模金融危機的發生表明，金融機構之間的風險傳播是金融危機迅速擴大的主要原因，越來越多的專業人士認識到，金融網路內的關聯結構是認識危機傳播問題的關鍵。[19]

企業擔保圈 | Guarantee Chain of Firms

Key word：複雜網路分析、企業徵信、小微企業金融

當多家企業由於相互擔保或者連環擔保的關係而聯繫在一起時，便構成一個特殊的利益群體，這個（企業）利益群體就是一個擔保圈。

企業擔保圈貸款盛行是中國經濟金融領域的獨有現象，而且是目前信貸市場的重要組成部分。擔保圈（擔保鏈）是隨著擔保貸款的發展而衍生出來的特殊利益形態，其聯繫作用是企業群體間存在的相互擔保或連環擔保關係，在形式上表現為閉合或鏈式網路結構。

用複雜網路對企業擔保圈進行建模：具有擔保關係的不同企業為網路中的節點，企業間的擔保關係為網路中的連接（邊），若兩個企業之間有擔保關係，則兩個相關節點之間有連接，否則不存在連接。企業擔保圈是一種典型的金融網路。[20] 企業擔保圈的複雜網路模型如圖 6.6 所示。

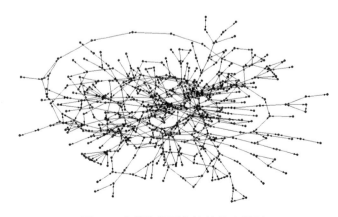

圖 6.6 企業擔保圈的複雜網路模型

由於企業擔保圈會對債務問題產生擴大作用，在目前國內去槓桿、去產能的情況下，信貸市場中企業擔保圈問題依然存在。

金融網路分析 [21、22] | Financial Network Analysis, FNA

Key word：複雜網路分析、金融重要基礎設施、洗錢防制、欺詐檢測、實質受益人、監管科技、支付網路

金融網路分析，首先是根據金融關聯關係建立金融網路，然後以複雜網路分析理論，如社團發現、壓力測試、傳染病分析、排行分析、動態分析等，結合金融市場需求，進行不同角度的深入分析，為風險決策等提供量化支援（如識別系統重要性金融機構以及對風險傳播路徑進行建模）。

近年來，金融網路分析成為金融分析的一個重要領域。這種新研究用來滿足迫切的市場需求：理解**金融市場**的結構和動態變化；解釋和預測不同金融實體相互作用可能產生的結果。2013 年 3 月，國際學術期刊《自然·物理》（Nature Physics）推出題為「金融複雜網路」（Complex Network in Finance）的專輯，其動因在於，2008 年金融危機的爆發暴露金融系統和經濟系統建模過程中存在的明顯缺陷，在這次危機中，宏觀經濟模型忽略對**系統性風險**的綜合考慮，不僅不能預測這次經濟危機，也不能很好地解釋經濟危機，專業人士希望透過**複雜網路**和金融交叉學科的研究加深對於經濟和金融網路的基礎性理解，同時增強政策制定者的實際洞察力。

艾倫（Allen）和巴布斯（Babus）在題為「金融網路」（Networks in Finance）的綜述文章中認為，網路理論的使用可以豐富我們對金融系統的理解，金融系統的網路分析方法對於評估金融穩定性發揮重要作用，並對複雜網路在銀行間市場、投資決策、公司管理、投資銀行等具體領域的應用進行介紹。

　　圖 6.7 展示於複雜網路的演算法分析，對擔保群的風險進行計算，對擔保群進行簡單的風險分類，便於金融機構進行風險監測和系統性風險管理，類似地，也可以根據擔保關聯關係，利用演算法計算出每個擔保企業的風險等級，便於進行量化風險管理。

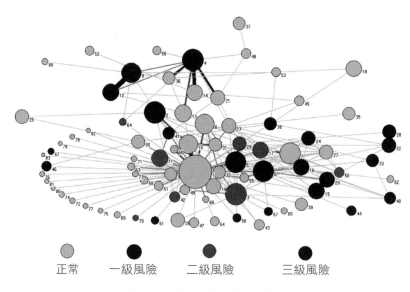

正常　　　一級風險　　　二級風險　　　三級風險

圖 6.7　企業擔保群風險分類結果

注：數字代表不同的企業擔保圈標號。

　　國外金融機構和中央銀行、金融監管機構已經將金融網路分析應用於研究銀行間拆借市場以監測流動性風險。

　　隨著金融市場的創新和發展，金融風險變得越來越複雜，需要更多的資料支撐和複雜的數學模型來進行量化描述，金融網路分析將成為未來金融風險管理的利器。

　　洗錢防制是金融網路分析的一個重要應用場景，例如，資金網路圖是金融網路分析在洗錢防制中的一個應用。

7 洗錢防治

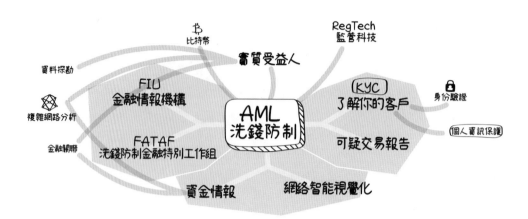

圖 7.1　洗錢防制模組知識圖譜

　　洗錢防制是典型的監管科技（法令遵循端監管科技）應用。近年來，洗錢防制往往還和反恐融資交織在一起，洗錢活動往往透過最新的信息技術手段（例如區塊鏈和比特幣）來規避監管。「魔高一尺，道高一丈。」洗錢防制工作的開展需要跟蹤和學習最先進的金融科技。洗錢防制模組知識圖譜如圖 7.1 所示。

　　首先，洗錢防制工作離不開國際組織和專業機構。防制洗錢金融行動工作組織（FATF）是權威的國際洗錢防制組織，被確定為打擊恐怖主義融資的全球標準制定者。截至 2020 年，該組織共有 37 個成員以及 20 多名觀察員，中國於 2007 年正式加入 FATF，這表示中國洗錢防制工作進入一個新階段。2019 年中國接任 FATF 輪值主席。金融情報中心（FIU）是各國的洗錢防制專業機構，隸屬央行的中國洗錢防制監測分析中心就是國內的金融情報中心。

　　其次，對於洗錢防制的流程和工具，KYC 是基本的洗錢防制工具，而且貫穿金融交易流程的始終。身份驗證是 KYC 的一個關鍵步驟，KYC 的物件包括個人和企業實體，會對個人進行畫像，同時也會注意保護個人隱私，防止敏感資訊的洩露。

可疑交易報告也是一種洗錢防制的基本產品形態，就像（個人或企業）信用報告支撐徵信行業一樣重要，也可以被視為法令遵循端監管科技的典型產品。

在洗錢防制業務中實質受益人穿透是洗錢防制的基本工作，往往要結合大資料技術和複雜網路分析工具才能實現，目前很多金融科技公司提供該類分析產品和服務。

最後，涉及具體的技術，金融網路分析和資料探勘很早就在洗錢防制領域得到深入應用。於資金關聯和其他金融關聯的金融情報網絡，可以在龐大的資金流轉網路中識別可疑資金流，提供洗錢防制或反恐融資的線索，是進行洗錢防制分析的重要技術手段，已經在國內外許多重大案件中得到成功應用。情報視覺化技術是視覺化技術在資料視覺展現中的一種應用，在洗錢防制工作中，可以將人群、帳戶以及相關的關聯關係，用各種層次圖、時序圖或熱圖展現出來，提高分析效率。

洗錢防制 | Anti-Money Laundering, AML
Key word：監管科技

洗錢是指對犯罪所得進行處理並掩飾其非法來源，以期將犯罪所得用於合法或非法活動。洗錢防制是指預防透過各種方式掩飾、隱瞞毒品犯罪、黑社會性質的組織犯罪、恐怖活動犯罪、走私犯罪、貪污賄賂犯罪、破壞金融管理秩序犯罪等犯罪所得及其收益的來源和性質的洗錢活動的措施。

洗錢是近幾十年來伴隨販毒等有組織的惡性犯罪的肆虐，在世界範圍內日益猖獗的一大社會公害。**洗錢防制**工作有利於及時發現和監控洗錢活動，遏制洗錢犯罪及其上游犯罪，維護經濟安全和社會穩定，維護金融安全，是推進國家治理體系和治理能力現代化的重要內容，是參與全球治理體系、擴大金融業雙向開放的重要手段。

7 洗錢防治

洗錢防制往往和反恐融資交織在一起，被稱為**洗錢防制與打擊資助恐怖主義**（**Anti-Money Laundering/Combating the Financing of Terrorism**，**AML/CFT**）。

洗錢活動的基本流程分為**資金處置**（**Placement**）、**資金分層化**（**Layering**）、**資金整合**（**Integration**）3 個階段。

資金處置，洗錢分子將贓款存入合法金融機構是洗錢過程中最容易識別的一環，因為大量現金的存入非常可疑，而且銀行按規定要上報巨額交易。

資金分層化即資金轉移，是所有洗錢過程中最複雜的一環，其目的是想方設法讓原始贓款難以被追蹤。

資金整合讓贓款以貌似合法的形式重新進入主流經濟體系。

為了打擊洗錢活動，政府動用立法、司法力量開展洗錢防制工作，調動有關組織和商業機構對可能的洗錢活動予以識別，對有關款項予以處置，對相關機構和人士予以懲罰，而達到阻止犯罪活動的目的。從國際經驗來看，洗錢和洗錢防制的主要活動都是在金融領域進行的，幾乎所有國家都把金融機構的洗錢防制置於核心地位，國際社會進行的洗錢防制合作也主要在金融領域。

洗錢案例中影響比較大的，一是 2012 年滙豐案，二是 2014 年法國巴黎銀行被美國罰款 89 億美元。以滙豐案為例，結合處罰點、違規問題來看：長期存在洗錢防制缺陷，如高風險地區的分支機構，缺少有效的法令遵循項目／計畫，包括成文的標準、經驗豐富且足夠的人員、監測可疑帳戶和匯款交易的必要基礎設施、有效的洗錢防制培訓和重視獲取客戶準確資訊的法令遵循文化。（美國監管五大支柱，2016 年被明確提出。）

2007 年以前，中國洗錢防制工作多局限於銀行業金融機構。2007 年，中國人民銀行開始加大對保險機構、證券機構的監管，同時證券期貨業和保險業金融機構開始報送大額交易和可疑交易報告。2010 年支付機構被正式納入洗錢防制監管範圍。商銀信支付因存在 16 宗違法違規行為，收到央行 1.16 億元天價罰單。

中國洗錢風險近期以**賭博、涉稅交易、走私交易、非法跨境資金流動**為主，其中利用協力廠商支付跨地區甚至跨國作案，是地下錢莊最近幾年的新方式。而隨著網路時代電子商務的發展和區塊鏈等新金融工具的出現，**網路洗錢**新技術不斷出現，與傳統洗錢方式相比，**電子銀行、電匯、協力廠商支付、ATM** 轉帳／取現等主要有 3 個方面的優勢：一是攜帶方便，資金變現管道多；二是周轉速度快，涉及範圍廣，可瞬間把資金轉移到世界上任何一個角落；三是隱匿性強。

防制洗錢金融行動工作組織 | Financial Action Task Force on Money Laundering, FATF

Key word：洗錢防制、金融情報中心

防制洗錢金融行動工作組織（Financial Action Task Force on Money Laundering，FATF）是全球洗錢和資助恐怖主義的監督機構。這個政府間機構制定旨在防止這些非法活動及其對社會造成的危害的國際標準。

FATF 於 1989 年成立，是世界上最重要的打擊洗錢的國際組織之一，旨在**洗錢防制**領域推動各個國家／地區進行立法和改革，制定政策打擊洗錢及資助恐怖主義活動，並協調各國打擊洗錢的執法部門。除了 FATF 外，還有其他與地區洗錢防制相關的組織，例如**亞太洗錢防制組織（APG）、歐亞洗錢防制與反恐融資小組（EAG）**、東南非洲洗錢防制工作組（ESAAMLG）、中非洗錢防制行動組織（GABAC）、拉美金融行動特別工作組（GAFILAT）。

FATF 成員遍佈各大洲主要金融中心。其制定的洗錢防制《40 項建議》是世界上洗錢防制和反恐融資的最權威文件。從 2005 年起，中國也加入 FATF，截至 2020 年，該組織已擁有 37 個成員以及 20 多名觀察員。

FATF 的工作集中於實現下列 3 個目標：

1. 向全球所有國家和地區推廣洗錢防制資訊。

2 監督 FATF 成員執行洗錢防制《**40 項建議**》。所有成員透過自我評估和互評估，監督各成員執行《40 項建議》的情況。

3. 關注和檢討洗錢類型分析和洗錢防制措施的發展趨勢。

2019 年 2 月 21 日，FATF 審議透過中國第四輪洗錢防制和反恐怖融資互評估報告，報告認為中國洗錢防制和反恐怖融資體系具備良好基礎，同時存在一些問題需要改進。

FATF 緊跟新技術新趨勢，於 2018 年 10 月修訂發佈於 2012 年的洗錢防制《40 項建議》中的「建議 15」（「新技術」部分），增加**「虛擬資產」**和**「虛擬資產服務提供者」**的定義，以闡明 **AML/CFT** 的要求該如何應用於虛擬資產。2019 年，FATF 在**區塊鏈**領域越來越活躍，先後發佈《公開聲明－減輕虛擬資產的風險》《關於對虛擬資產和虛擬資產服務提供者採取於風險的方法的指導意見》。敦促各國圍繞**數位資產**的轉讓實施嚴格的 KYC 協議，供政府、受監管實體和其他利益相關方執行**洗錢防制**和**打擊資助恐怖主義**法規，在金融系統變得更加數位化的交易過程中解決新出現的安全性和透明度問題。在其指導中，FATF 呼籲當局制定明確的指南或規定，以允許受 AML/CFT 目的監管的實體使用可靠的獨立數位身份證系統。同時，FATF 建議受監管機構（例如加密貨幣交易所）「採用風險知情的方法，依靠數位 ID（身份識別）系統進行客戶盡職調查」。

金融情報中心 | Financial Intelligence Unit, FIU

Key word：監管科技、金融重要基礎設施

金融情報中心，又稱金融情報機構，是一個旨在打擊洗錢犯罪，專門負責收集、歸納分析有關可疑犯罪收入或被國家立法或規定要求的金融情報線索，並向執法部門傳遞情報的中央國家機構。

　　金融情報中心是國際洗錢防制和反恐融資行動新形勢下的制度創新，是情報機構和金融部門有機結合的產物。它透過接收、分析和移送**金融情報**向立法、執法、國家安全、金融監管等部門提供資訊支援，為制定法律和宏觀經濟政策提供實證基礎，為打擊犯罪發現線索，也為行政機關工作提供必要參考。

　　根據 **FATF「建議 29」**，各國應建立一個金融情報中心，作為全國性中心負責接收和分析**可疑交易報告**；與**洗錢**、相關上游犯罪和**恐怖主義融資**有關的其他資訊，以及用於發佈該分析結果的資訊。金融情報中心應該能夠從報告機構獲得其他資訊，並及時訪問正確執行其職能時需要的金融、行政和執法資訊。

　　金融情報中心國際組織**艾格蒙聯盟（Egmont Group）**已經擁有 101 個成員，建成用於成員國或地區金融情報中心之間交流情報的安全網路，該組織是一個非正式的國際性組織，其目的是為其成員國或地區金融情報中心提供一個**洗錢防制**資訊和經驗交流平台，推動洗錢防制及恐怖主義金融活動的國際合作。

　　不同國家或地區的金融情報中心有**司法型**、**執法型**、**行政型**、**混合型**等 4 種。

世界主要國家的金融情報中心的簡要介紹如下：

中國的中國洗錢防制監測分析中心（CAMLMAC）

阿根廷的金融聯合會（Unidad de Inteligencia Financiera）

澳大利亞的澳大利亞交易報告和分析中心（AUSTRAC）

加拿大的加拿大金融交易和報告分析中心（FINTRAC）

法國的法國金融情報中心（Tracifin）

印度的金融情報部門（FIU-IND）

愛爾蘭的加爾達國家經濟犯罪局（GNECB FIU）

英國的國家犯罪局（National Crime Agency）

美國的 **金融犯罪執法網路**（The Financial Crimes Enforcement Network，FinCEN）美國金融執法機構金融犯罪執法網路成立於 1990 年 4 月，是美國財政部重要的洗錢防制與反恐融資職能部門之一，是一個用制度和技術手段組建起的政府內的洗錢防制情報網絡、一個連接金融機構和執法機關的網路、一個組織各個相關職能部門的網路，是行政型的金融情報中心。

中國洗錢防制監測分析中心是中國人民銀行總行直屬機構，是中國政府根據聯合國有關公約的原則和 FATF 建議以及中國國情建立的行政型國家金融情報中心，是為央行履行組織協調國家洗錢防制工作職責而設立的收集、分析、監測和提供洗錢防制情報的專門機構。

了解你的客戶 | Know Your Customer, KYC

Key word：身份驗證、個人資料畫像、生物識別、生物辨識支付、監管科技

了解你的客戶（KYC）用於指代監督客戶金融活動的銀行監管和洗錢防制法規。根據 FATF 「建議 10」，各國應當禁止金融機構保持匿名帳戶或明顯以假名開立的帳戶，各國應當要求金融機構在出現建議所規定的情形時，採取客戶盡職調查。

KYC ／客戶盡職調查（Customer Due Diligence，CDD）的主要目標是透過對客戶身份的核實和對商業行為的了解，有效地發現和報告可疑行為，預防身份盜竊、金融詐騙、洗錢及恐怖主義融資。通常這是透過對交易的受益方、來源和資金用途進行了解，並在考慮企業經營歷史後對企業行為和交易形式的恰當性和合理性做出的恰當、盡職的調查。

KYC 對客戶相關身份資料進行收集並評估，防範潛在的**洗錢風險**或**恐怖主義融資風險**，而 **CDD** 的過程是 KYC 的關鍵部分。CDD 完成後，可以根據客戶潛在的異常風險為客戶給定**風險分類評級**。風險分類評級可以採用類別的形式，例如低風險或高風險。

對於任何金融機構，首先進行的分析之一是確定你是否可以信任潛在客戶。你需要確保潛在客戶值得信賴；KYC ／ CDD 是有效管理風險並保護自己免受可能帶來風險的犯罪分子、恐怖分子和政治公眾人物（Politically Exposed Person，PEP）影響的關鍵要素。

KYC 程式適用於不同規模的公司，以確認其可能的客戶、顧問或經銷商符合**反賄賂標準**（Anti-bribery Standard）。越來越多的銀行、保險公司會要求客戶提供具體的反腐敗盡職調查資訊，以確認客戶的誠實和正直。

KYC 原則被日益拓展到包括**了解你的雇員**、**了解你的代理人**和**了解你的關聯方**，甚至**了解你的協力廠商服務提供者**上來，而對用戶進行畫像屬於更進一步的KYC。經驗表明，透過欺瞞雇員和類似的當事人，將有助於實施洗錢行為。

KYC 的過程更像是一個使用者個人檔案資訊的載錄，比如真實姓名、電話、證件號碼、相貌特徵、財產狀況、社會關係等。客戶到銀行去開帳戶，需要填寫一大堆詳盡的個人資訊，或者用支付寶、微信支付，也需要實名認證。

2020 年 4 月 3 日，中國人民銀行深圳中心支行發佈 [深人銀罰〔2020〕3 號] 罰單，宣佈針對深圳某技術有限公司予以人民幣 6124 萬元的罰款。據深圳人行的官網資訊，該公司主要是違反洗錢防制法令遵循中的 KYC 條款，包括：

1. 超出核准業務範圍。
2. 未按規定建立有關制度辦法或風險管理措施。
3. 未按規定履行客戶身份識別義務。
4. 與身份不明客戶進行交易。
5. 未按規定報送可疑交易報告。

可疑交易報告 | Suspicious Transaction Report, STR

Key word：洗錢防制、金融情報中心、消費者信用報告

可疑交易報告（SAR）也稱可疑活動報告（Suspicious Activity Report，SAR）是金融機構針對可疑或潛在可疑活動所做的報告。

根據 **FATF**「建議 20」，如果金融機構懷疑或有合理的理由懷疑資金是犯罪活動的收益或與**恐怖主義融資**有關，則應根據法律，將其懷疑立即報告給**金融情報中心**。

可疑交易報告是向所屬國家（例如中國）的金融情報中心或所屬國家（例如美國）的**金融犯罪執法機構**提交的，該機構通常是專門機構，旨在收集和分析非法交易資訊，然後由有執法權／調查權／行政權的金融情報中心直接處理，少數國家需要將其報告轉給相關的執法部門。金融機構的一線員工有責任識別可能可疑的交易，並將這些交易報告給負責報告可疑交易的指定人員。

　　如今，全球大多數**金融機構**和許多**特定非金融事業與專業人士（Designated Non-Financial Businesses and Profession，DNFBP）**都需要識別並向各自國家的**金融情報部門**報告可疑交易。例如，銀行必須驗證客戶的身份，並在必要時監視交易中的可疑活動；出納員和客戶帳戶代表之類的銀行員工接受**洗錢防制培訓**，並被要求舉報他們認為可疑的活動；此外，**洗錢防制軟體**可以過濾客戶資料，根據可疑程度對其進行分類，並檢查其是否存在異常現象，此類異常情況包括資金突然大量增加，大量提款或將資金轉移到銀行保密管轄區，符合特定條件的較小交易也可能被標記為可疑。

　　2016 年 12 月 18 日，央行發佈新版《金融機構大額交易和可疑交易報告管理辦法》，自 2017 年 7 月 1 日起實施。內容主要涉及金融機構和非銀行支付機構的大額交易管理和可疑交易報告的相關義務，並規定，金融機構發現或者有合理理由懷疑客戶、客戶的資金或者其他資產、客戶的交易或者試圖進行的交易與洗錢、恐怖融資等犯罪活動相關的，不論所涉資金金額或者資產價值大小，都應當提交可疑交易報告。

　　中國根據相關監管規定，所有銀行、證券、保險機構，以及特定非金融機構、協力廠商支付機構、銀行卡清算組織，以及房地產、貴金屬、珠寶等非金融機構，都要依照規定形成可疑交易報告，向中國洗錢防制監測分析中心（簡稱「洗錢防制中心」）報送。

中國洗錢防制相關的執法行動：

「天網」行動是中央反腐敗協調小組於 2015 年 4 月部署開展的針對外逃腐敗分子的重要行動，透過綜合運用警務、檢務、外交、金融等手段，展開職務犯罪國際追逃追贓專案行動，重點抓捕潛逃境外的職務犯罪嫌疑人。其中，金融機構提供的可疑交易報告提供很多有價值的情報線索。

中國公安部牽頭開展「獵狐 2015」專案行動，重點緝捕外逃職務犯罪嫌疑人和對腐敗案件重要涉案人追逃追贓；中國人民銀行會同公安部利用可疑交易報告，展開打擊利用境外公司和地下錢莊向境外轉移贓款專項行動，重點對地下錢莊違法犯罪活動，利用境外公司帳戶、非居民帳戶等協助他人跨境轉移贓款等進行集中打擊。「天網」行動得到美國、澳大利亞、新加坡、柬埔寨等國家和地區政府的協助，成效顯著。

實質受益人 | Beneficial Owner, BO

Key word：複雜網路分析、資料探勘

實質受益人是英美法上的概念，是指擁有受益所有權的人。

在 2016 年杭州 G20（二十國集團）峰會公報中，各國達成共識，期待能夠適當明確監管預期相關工作，呼籲 G20 成員、國際貨幣基金組織（IMF）和世界銀行加大對各國能力建設的支持力度，幫助其改善全球 **AML/CFT** 以及審慎標準的法令遵循工作。FATF 也已經提交關於**反恐融資**、**資訊共用**、透明度和**受益所有權**的報告。2016 年以來對《40 項建議》的修訂，表現對實質受益人的重視。隨著**全球監管**（洗錢防制）的**一體化**，中國金融監管也越來越多地使用這個詞，有時候往往要用技術手段來穿透最終交易或資產的**最終受益人**（**Ultimate Beneficial Owner**，**UBO**）或**實質受益人**。

按照《金融機構客戶身份識別和客戶身份資料及交易記錄保存管理辦法》的規定[1]，有效開展非自然人客戶的身份識別，提高實質受益人資訊透明度，加強風險評估和分類管理，防範複雜股權或控制權結構導致的洗錢和恐怖融資風險。

借著防制洗錢金融行動工作組織第四輪評估的契機，對照《40 項建議》，中國人民銀行連續印發相關規定，對原先的洗錢防制監管框架進行補充和修訂（《中國人民銀行關於加強洗錢防制客戶身份識別有關工作的通知》、《中國人民銀行關於進一步做好實質受益人身份識別工作有關問題的通知》），清晰定義「實質受益人」的內涵和外延。洗錢防制義務機構對新建業務關係的客戶有效開展身份識別，同時制訂切實可行的工作方案，按時完成現有客戶的實質受益人身份識別工作，建立相關制度並持續開展客戶管理、客戶准入等工作。

金融機構開展實質受益人識別工作，實質受益人的判定標準如下。

公司的實質受益人應當按照以下標準依次判定：直接或間接擁有超過 25% 的公司股權或者表決權的自然人；透過人事、財務等其他方式對公司進行控制的自然人；公司的高階管理人員。

合夥企業的實質受益人是指擁有超 25% 的合夥權益的自然人。

信託的實質受益人是指信託的委託人、受託人、受益人以及其他對信託實施最終有效控制的自然人。

基金的實質受益人是指擁有超過 25% 的權益份額或者其他對基金進行控制的自然人。

按照穿透原則，結合實務操作，可以畫**實質受益人**判定流程圖。

各國的實質受益人的情況很複雜，法律制度不一樣、監管要求也不一樣，產品和市場差異很大。國內外有許多公司在從事或其技術產品可用於實質受益人調查，例如**鄧白氏**的受益所有權解決方案、路透資料等可以說明金融機構跨越複雜的股權架構層級，提供更為深入的受益所有權及最終受益所有權資訊，並識別實質受益人中是否存在**政治公眾人物**等，從而協助做出明智的法令遵循業務決策。

這些機構擁有資料分析能力，可透過商用資料庫提供與實質受益人或**最終受益人**有關的風險情報。透過分析，金融機構可以豐富來自全球企業和政治人物的來源資料，包括法律形式、SIC（標準產業分類）代碼、業務活動、持股少至 0.01% 的**實質受益人**和國家代碼，支持於風險的盡職調查決策。可透過 API 或批量資料查詢的方式，提供了解企業受益所有權所需的資料，讓**金融情報機構**對正在和它們做交易的人瞭若指掌。透過 API，該類產品可以展示出受益所有權視覺化圖表，用於顯示企業的組織結構及複雜的**受益所有權關係**（見圖 7.2）。

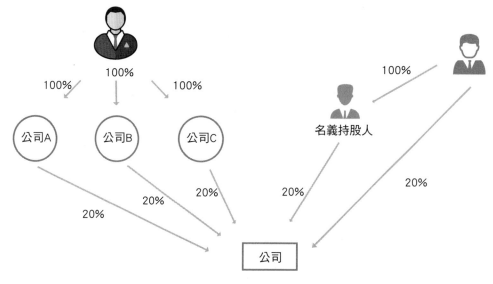

圖 7.2 受益所有權關係

金融情報網絡 | Financial Intelligence Network

Key word：監管科技、複雜網路分析、金融網路分析

金融情報網絡指由資金關聯關係形成的情報網絡，常用於洗錢防制監測分析，目的是在龐大的資金網路中識別可疑資金流。

　　洗錢防制監測分析工作主要是在龐大的資金網路中識別可疑資金流，這就需要金融情報網絡建立有效的監測分析機制。在經濟全球化和經濟持續快速發展的大背景下，**洗錢**及相關上游犯罪呈上升趨勢，洗錢手段複雜多樣，參與洗錢的人員組織化程度高，其中**涉及眾多受害人洗錢**參與者較多。

　　在對可疑人員進行洗錢行為識別時，可以創造性地將**社會網路分析**、**情報網絡分析**等分析方法引入**洗錢防制監測分析**領域，整理可疑人員間的資金交易脈絡，形成可以明確表示資金流動情況的資金鏈圖，快速發現資金鏈中存在的洗錢行為，快速地評估洗錢行為的風險程度。

　　為逃避偵查，洗錢分子在進行交易時會製造出錯綜複雜的關係，使資金網路內節點眾多。在某些場景下，需要從**金融情報網絡**中找出具有閉環特徵的資金關係，例如騙取出口退稅、虛開發票、結算型錢莊；某些場景下，需要從大量資金交易中查找關鍵節點發現交易聚集關係，例如非法集資、地下錢莊、傳銷和賭博等。

P2P 網貸領域的 e 租寶案就是一個非法集資詐騙的典型案例，e 租寶是「鈺誠系」下屬的網路平台，以「網路金融」的旗號上線營運，該 P2P 公司以高額利息為誘餌，虛構融資租賃專案，持續採用借新還舊、自我擔保等方式大量非法集資，累計交易發生額達人民幣 700 多億元。該公司的洗錢規模很大，單個銀行、一地監管無法了解其全貌，透過跨行業跨機構的資料集合，刻畫出整個金融情報網絡，找出核心犯罪人員。透過金融情報網絡分析確認，e 租寶實際吸收 500 餘億元資金，涉及投資人約 90 萬名。具體見圖 7.3。

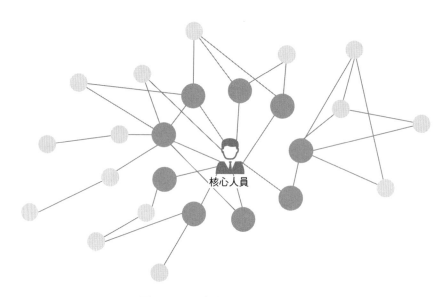

核心人員

圖 7.3 e 租寶洗錢金融情報網絡

情報視覺化 | Intelligence Visualization

Key word：視覺化、複雜網路分析、金融網路分析

情報視覺化即情報資料視覺化，是關於情報資料視覺表現形式的科學技術研究。洗錢防制工作中的情報資料視覺化，主要是將人群、帳戶及其間的關聯關係，用各種層次圖、時序圖、熱圖等展示出來。

洗錢防制工作要在大量的**多維情報資料**中有效率地發現可疑資金交易行為，資料的**視覺化**是必需的一種科技支持。金融機構洗錢防制工作者進行可疑資金交易行為分析時，接觸的資料都是傳統的關聯式資料結構，要從中發現具備「分層化」「轉移」「整合」特徵的可疑資金鏈是一個複雜的工作，而資料關係的視覺化技術可以將這種關係轉變成**資金鏈圖**、**熱圖**、**社會網路關係圖**等圖表，發現一些**洗錢**的蛛絲馬跡，有效提升洗錢防制分析工作的效率。

視覺化智慧軌跡分析工具是一種圖形展示引擎提供多種圖形佈局，實現資料視覺化展示與分析的軟體，將使用者要分析的資料載入到圖形展示引擎中進行視覺化展示。目前該領域比較知名的公司有：

I2，位於英國劍橋，率先提出關係分析的概念，並利用視覺化方式直觀地展現人物、資金、事件間的關聯關係、時間關係、空間關係。它作為國際刑警組織（ICPO）的培訓系統，已被廣泛用於警方的各個部門、國家安全機構、軍方等，企業也用它來檢測內部法令遵循情況，進行洗錢防制、反欺詐、防範職務犯罪等。在犯罪團夥組成的網路中分析主要頭目的圖示見圖 7.4。

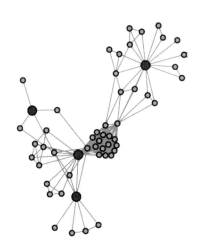

圖 7.4　在犯罪團夥組成的網路中分析主要頭目的圖示

資料來源：https://hackernoon.com/fight-crime-with-social-network-analysis-7a879d4a65ea。

Palantir，於 2004 年成立，美國國家安全局（NSA）和美國聯邦調查局（FBI）是該公司的客戶。Palantir 說明客戶整合結構性資料庫，並經過機器學習判斷後，用直觀的視覺化圖表輸出分析結果。當獲得一個人的身份資訊，以及他的生活軌跡資訊後，Palantir 可以利用層次網路圖刻畫出他的生活軌跡。透過生活軌跡分析，可以確定該物件的生活狀態、社交情況以及社會地位。

8 資訊與網路安全

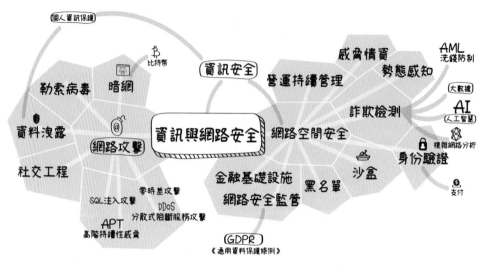

圖 8.1　資訊與網路安全模組知識圖譜

　　資訊安全是資訊科學中一個傳統並不斷創新的領域。在金融科技行業深度整合發展的現階段，資訊安全對網際網路個人隱私保護的有效性，以及金融科技服務的成本與效率起到了重要的支撐作用。資訊與網路安全模組知識圖譜如圖 8.1 所示。

　　首先，傳統的資訊安全話題按照對組織和個人的電腦資訊系統的攻擊、防護和資訊安全管理 3 個狀態展開。

　　常見的網路攻擊類型包括阻斷服務攻擊、SQL 注入攻擊、零時差攻擊和高階持續性威脅。其他網路攻擊相關的內容包括勒索病毒、社交工程、暗網和資料洩露等。比特幣是暗網中的重要交易工具。資料洩露往往會產生個人隱私保護問題。

　　安全防護包括營運持續管理（Business Continuity Management，BCM）、威脅情資、狀態意識、詐欺監測、身份驗證和黑名單。

安全管理包括行業自律準則、監管科技和標準化規範等主題。例如，GDPR、支付卡產業資料安全標準（PCI-DSS）等。

其次，網際網路新技術也促進資訊安全概念延伸不斷豐富。資訊安全與組織、個人以及攻擊者的網路行為聯繫越發緊密，並逐漸被網路安全所取代。攻擊者對電腦節點的攻擊行為變得日趨複雜化、綜合化、多樣化，結合社交工程、心理學、統計學、計算科學等多學科的理論和模型，給資訊與網路安全帶來新的課題，包括社交工程、沙盒技術、威脅情資、狀態意識、暗網、營運持續管理等內容。

再次，金融行業也逐漸認識到網路資訊安全將成為系統性風險的隱患。金融科技的深入應用一方面可以防止金融系統免受網路攻擊，另一方面，更重要的是防患於未然，加強金融系統的安全防護。

最後，資訊和網路安全的技術與金融業務結合還產生新的營業的型態，例如保障企業發生網路安全事故和資訊洩露時造成的損失的網路保險。

資訊安全 | Information Security

Key word：個人資訊保護、大科技公司、營運持續管理、金融市場基礎設施

資訊安全是指保護資訊和資訊系統免遭未經授權的登入、使用、披露、破壞、修改，以保障資訊的機密性、完整性和可用性。[1]

資訊安全的核心理論被稱為 CIA 鐵三角，**即機密性（Confidentiality）、完整性（Integrity）和可用性（Availability）**。資訊保障（Information Assurance，IA），透過維護系統的機密性、完整性和可用性來保護資訊系統。

資訊安全威脅以多種形式出現。一些最常見的威脅是**勒索軟體、智慧財產權盜竊、身份盜竊、設備或資訊盜竊、破壞和資訊勒索**。

　　大多數人都經歷過某種形式的勒索軟體。病毒、蠕蟲、網路釣魚和特洛伊木馬是勒索軟體的一些常見例子。智慧財產權盜竊對於 IT 領域的許多企業來說也是一個廣泛的問題。身份盜竊是指企圖以他人的身份獲取個人資訊，假冒別人。由於當今大多數設備都是可移動的，設備或資訊盜竊變得越來越普遍，隨著資料容量的增加，盜竊越來越容易發生。破壞活動通常包括破壞組織的網站，造成不良社會影響，以使其客戶失去信心。資訊勒索包括盜竊公司財產或資訊，以試圖謀取資金。對任何組織而言，頭號威脅是用戶或內部員工，他們也被稱為內部威脅。

　　政府、軍方、企業、金融機構等積累大量有關其雇員、客戶、產品、研究和財務狀況的機密資訊。如果有關企業客戶、財務狀況或新產品線的機密資訊落入競爭對手或駭客手中，那麼企業及其客戶可能遭受廣泛而無法彌補的財務損失，而且公司聲譽也會受損。

　　近年來，資訊安全領域已經發展壯大。它衍生出許多專業領域，包括**保護金融市場基礎設施（Financial Market Infrastructure，FMI）**、保護應用程式和資料庫、安全測試、資訊科技稽核（IT Audit）、**營運持續管理**、電子記錄發現和數位取證。隨著網際網路產業的發展，資訊技術應用已經滲透到各行各業，資訊安全領域的內容和延伸越來越豐富，並正在被**網路安全**所取代。

網路安全 | Cyber Security

Key word：個人資訊保護、大科技公司

網路安全（Cyber Security），也稱網路空間安全（Cyberspace Security）、網路防禦，是指致力於對電腦系統進行有效的准入控制，確保資料傳輸安全性的技術手段，包括物理、網路、主機、應用、資料及備份恢復等幾個層面。

　　網路安全最早由國家科學技術委員會（the National Science and Technology Council，NSTC）提出，它透過各種流程、技術和實踐來保護組織的網路、電腦系統和資料免受未經授權的數位登入、攻擊或破壞。

　　成功的網路安全保護方法具有多層保護能力。這些「保護」分佈在被保護的電腦網路環境的資料連結層、網路層、傳輸層和應用層。網路安全的有效性也依賴於組織管理能力，人員、流程和技術必須相互補充，才能有效防禦來自外部的攻擊。

　　由於金融行業高度依賴電腦網路環境，網路安全風險也被認為是金融領域的系統性風險。**支付網路**、股票發行和交易系統、期貨市場等重要的**金融市場基礎設施**都依賴於可靠性和防護能力強的網路安全體系的支撐。

　　網路安全和**資料保護**風險不分國界，各國政府對此已經形成高度共識並積極努力進行解決。各國對網路風險的認識很深刻，大多數司法管轄區都推出保護金融系統網路安全的框架檔。

在中國，《中華人民共和國網路安全法》於 2017 年 6 月 1 日起實施，旨在利用法律法規為網路與系統安全設定標準，與全球網際網路行業及國際網路安全標準體系對接。

新加坡網路安全局（Cyber Security Agency of Singapore，CSA）在 2017 年 7 月提出新型《網路安全法》（Cybersecurity Act）草案。該草案對在新加坡開設的銀行機構產生重要影響。

2018 年，英國銀行強制要求英國金融服務公司接受網路安全壓力測試，以確保其具備應對重大網路漏洞攻擊的能力。此外，英國銀行還想借此了解相關金融機構防禦網路攻擊和重續服務的耗時。[2]

美國對網路安全也很重視。紐約州金融服務局（New York Department of Financial Services，NYDFS）頒布「Title 23 紐約法典、規則和法規 500 部分：金融服務公司的網路安全要求」（TiTle 23 NYCRR 500），旨在保護金融機構的客戶資料和資訊技術系統。該要求規定，針對任何可能危害資料的網路事件，紐約州內銀行需在 72 小時內向紐約州金融服務局報告，內容包含勒索軟體與阻斷服務攻擊。銀行應提供完備的網路安全計畫並任命首席資訊安全官（Chief Information Security Officer，CISO）監管安全程式及其維護。此外，金融服務公司也需遵照要求，在 2019 年 3 月前完成轉型。

國際標準組織致力於推動全球資訊安全管理體系標準（ISO 27001）的發展。ISO27001 發源於英國標準協會（British Standards Institution，BSI）在 1995 年推出的資訊安全管理體系標準（BS7799）。ISO 成員國紛紛致力於在本國商業組織、金融機構和政府部門應用 ISO27001，科學規範地推動組織的資訊安全體系建設，與國際行業自律標準接軌。

不僅如此，組織的內部控制（Internal Control）水平與網路安全也密不可分。ISO 的品質管制體系（ISO9001）和 ISO27001 透過**營運持續管理**體系（ISO22301）建立連接。ISO22301 以保證業務營運韌性（Operational Resilience）為出發點，採用風險評估（Risk Assessment，RA）、業務影響分析（Business Impact Analysis，BIA）等風險管理工具，建立業務營運中斷風險事件（Disruption Risk Activity）的應急回應（Incident Response）策略和方案，說明組織建立 PDCA（Plan-Do-Check-Act，計畫、執行、查核、行動）持續改進戰略。

在網路安全的企業標準領域，金融科技公司應根據所服務或所處細分行業的不同，遵循國內外行業標準和法令遵循性要求，結合組織自身成熟度水平，建立企業標準。在中國，金融科技公司可以參考公安部發佈的《資訊安全分級保護管理辦法》[3] 對其業務實施分級保護。分級保護與 ISO27001 相銜接，並依據《中

華人民共和國電腦資訊系統安全保護條例》[4] 等有關法律法規而制定，落實中國通訊、交通、電力、金融等高度依賴資訊技術應用的關鍵基礎建設資訊（Critical Information Infrastructure，CII），特別是**金融市場基礎設施**的關鍵業務的分級保護要求。

> **關鍵基礎建設資訊**指的是面向公眾提供網路資訊服務或支撐能源、通訊、金融、交通、公共事業等重要行業運行的資訊系統或工業控制系統。關鍵基礎建設資訊一旦發生網路安全事故，就會影響重要行業的正常運行，對國家政治、經濟、科技、社會、文化、國防、環境以及人民生命財產造成嚴重損害。[5]

> 中國金融行業的金融市場基礎設施已普遍按照分級保護制度，建立 3 級以上的資訊安全管理體系。在雲端運算領域，主要的金融科技公司（如阿里巴巴、騰訊）也積極落實分級保護制度，建設、運行和管理符合法令遵循規範的公有雲端運算平台，並向金融機構提供服務。

　不僅限於資訊安全標準，金融科技公司還需要遵循特定的行業業務標準和法令遵循要求。以中國銀行卡收單業務為例，為有效保護持卡人權益屬於特別監管業務，中國銀聯、支付寶、財付通等開展銀行卡收單業務的組織，一方面需要遵循支付卡行業安全標準委員會的相關標準（支付卡行業資料安全標準、支付應用程式資料安全標準和 PIN 輸入裝置安全要求），另一方面需要接受行業自律組織（**中國支付清算協會和中國互聯網金融協會**）的法令遵循管理。此外，支付寶、財付通的母公司阿里巴巴、騰訊等網際網路企業還應接受中國工業和資訊化部、中國人民銀行、中國互聯網協會等監管機構或行業自律組織的法令遵循管理。[6]

網路攻擊 | Cyber Attack

Key word：網路安全

網路攻擊，也稱網路安全攻擊，是指對目標電腦資訊系統、基礎設施、電腦網路或個人電腦等設備發起的攻擊，是個人（或組織）故意或惡意企圖破壞他人或組織的資訊系統的行為。通常情況下，攻擊者為了向受害人尋求某種好處而破壞電腦網路。

常見的網路攻擊類型包括**阻斷服務（Denial-of-Service，DoS）攻擊**，**SQL注入（SQL injection，SQLi）攻擊**，**零時差（Zero-day，0 day）攻擊**，**高階持續性威脅（Advanced Persistent Threat，APT）**等。

阻斷服務攻擊，以及分散式阻斷服務（Distributed Denial-of-Service，DDoS）攻擊是最常見的網路攻擊形式，其目的是使電腦或網路無法提供正常的服務。實際中，攻擊者（一般是駭客）通常利用其控制的分散在網路中的成百上千台電腦在同一時刻對目標電腦發起攻擊，即分散式阻斷服務攻擊。DoS 攻擊根據攻擊目標可以劃分為連通性攻擊和網路頻寬攻擊。

從網路原理上看，DoS 攻擊利用電腦網路通訊協定（TCP/IP）自身安全缺陷，以極大的網路通訊量攻擊目標電腦網路的連通性和頻寬，使其可用網路資源被消耗殆盡，導致合法的請求無法通過。因此，DoS 攻擊也可以稱作網路攻擊的終極手段。

DDoS 攻擊幾乎與電腦網路同時出現，但直到 2010 年 12 月才引起主流社會的注意。當時，網際網路駭客利用 DDoS 攻擊擊垮了維基解密（Wikileaks）網站。隨後，同情維基解密網站的駭客又針對萬事達、Visa、貝寶及其他知名商業機構等諸多目標發動 DDoS 攻擊作為反攻。

DoS 攻擊可以分為巨流量攻擊（Volumetric Attacks）、協定攻擊（Protocol Attacks）和應用層攻擊（Application Layer Attacks）等 3 種類型。

巨流量攻擊企圖透過耗盡目標電腦網路資源，以及攻擊者和目標之間網際網路的所有可用頻寬來造成擁塞。攻擊者透過建立超大規模的流量（如來自僵屍網路的請求）並發送到目標伺服器，從而導致其擁堵。

協定攻擊有時也稱狀態表耗盡攻擊（State-Exhaustion Attacks），這種攻擊利用第 3 層和第 4 層網路通訊協定的弱點，企圖耗盡目標電腦網路的 Web 應用伺服器或中間資源（如防火牆、負載等化器）的所有可用狀態表的容量，導致其服務終端「崩潰」。網路分層由開放式系統連結（Open System Interconnection，OSI）模型得來。[7]

應用層攻擊有時也稱第 7 層 DDoS 攻擊。與協定攻擊類似，這個稱謂同樣來自開放式系統連結模型。這種攻擊企圖耗盡目標電腦網路的應用層資源。應用層攻擊者試圖讓目標伺服器產生網頁並回應其 HTTP（超文字傳輸協定）請求。由於單個 HTTP 請求在攻擊者用戶端的執行成本較低，而目標伺服器需要載入多個檔並運行資料庫查詢，建立 Web 頁面才能回應用戶端的請求，目標伺服器的成本巨大，阻止真正的用戶登入。應用層 DDoS 攻擊很難防禦，因為目標伺服器很難標記哪些登入請求是惡意的。

SQLi 攻擊是攻擊者針對目標電腦網路的資料庫系統的攻擊類型。攻擊者可以控制目標伺服器 Web 應用程式依賴的資料庫系統，透過提交惡意 SQL 語句非法登入、竊取、篡改和刪除資料，或者對目標伺服器的資料庫系統增加惡意負載（Malicious Payload）。

SQLi 攻擊主要出現在 B/S 模式（Browser/Server，瀏覽器 / 伺服器模式）的 Web 應用環境中。由於 Web 程式師的水準參差不齊，相當一部分 Web 程式碼缺少對使用者輸入資料的合法性判斷，使得發佈的 Web 應用程式存在安全隱患。攻擊者可以向目標伺服器提交一段資料庫查詢代碼（即 SQL 語句），根據其返回的

結果，獲得某些他想得知的資料。另外，攻擊者惡意提交那些造成資料庫高「開銷」的 SQL 語句，也會導致目標伺服器資源出現「瓶頸」。這些就是所謂的 SQLi 攻擊。

零時差攻擊，又稱零時差漏洞、零日攻擊，是指軟體發展人員和公眾所不知道的軟體安全性漏洞，被發現後立即被攻擊者惡意利用，即受保護的電腦網路還沒有來得及打安全下載更新，相關的惡意攻擊就已發生。零時差攻擊往往具有較強的突發性與破壞性。

隨著網際網路全球普及推動的資訊價值的飛速提升，零時差攻擊的破壞性越來越大。常見的零時差攻擊出現在軟體破解、指令解密、間諜軟體、木馬病毒等場景，並從單純的駭客炫技和資訊安全研究發展成為商業利益的運作。零時差攻擊的目標包羅萬象，從作業系統到資料庫，從商務軟體到開發程式專案，從 Web 應用程式到外掛程式，甚至包括全球網際網路的漏洞發佈中心。資訊系統的漏洞必定存在，只是尚未被發現，而彌補措施卻永遠滯後。因此，零時差攻擊不可預知，也必然會出現。

最近一次典型的零時差攻擊出現在蘋果公司的 MacBook 或蘋果手機的相機上。[8] 2020 年 4 月，某白帽駭客發現蘋果公司該軟體中的多個零時差漏洞，其中一些漏洞可用於劫持 MacBook 或蘋果手機上的相機。蘋果公司立即驗證所有漏洞，並在幾周後為相機劫持漏洞發佈修復程式。

高階持續性威脅，又稱高階長期威脅、先進持續性威脅等，是一種隱蔽的網路攻擊類型。在這種攻擊中，某些個人或團體在很長一段時間內獲得未經授權的存取權限，對特定電腦系統進行隱匿而持久的入侵。目標電腦系統處在「感染」和修復之間，攻擊者經常監視、攔截、轉發資訊和敏感性資料。

　　高階持續性威脅通常出於商業或政治動機，針對特定組織或國家，並在長時間內保持高隱蔽性。人們普遍認為，高階持續性威脅這個術語是在 2006 年由美國空軍某軍事戰略專家提出的。

> 2010 年 6 月伊朗核設施中出現的「震網」（Stuxnet）蠕蟲病毒就是一個典型的高階持續性威脅。此蠕蟲病毒專門定向攻擊真實世界中的基礎設施，包括核電站、水壩、輸電網路等。某知名資訊安全公司的研究表明，近 60% 的感染事件發生在伊朗的能源基礎設施，其次為印尼（約 20%）和印度（約 10%）。此外，亞塞拜然、美國與巴基斯坦等地也有小量個案。
>
> 「震網」病毒具有極強的隱蔽性和破壞力，利用微軟 Windows 系統之前未被發現的漏洞，只要電腦系統管理員將被病毒感染的隨身碟插入 USB 介面，這種病毒就會在神不知鬼不覺的情況下竊取一些工業電腦系統的控制權。通常情況下，駭客會利用這些漏洞竊取銀行和信用卡資訊以獲取非法收入。然而，「震網」病毒卻不用來賺錢，反而需要駭客花錢研製並用在基礎設施上。
>
> 因此，有些資訊安全專家認為「震網」病毒出自某些國家的情報部門。

資料洩露 | Data Leakage
Key word：個人資訊保護

資料洩露，也稱資訊洩露、資料外泄，是指敏感的、受保護的（或機密的）資料被複製、傳輸、瀏覽、盜用（以及個人在非授權的情況下做上述處理）的安全事件。

　　資料洩露可能涉及**金融資訊**（例如信用卡或銀行詳細資訊）、個人健康資訊、**個人身份資訊**、公司的商業秘密或智慧財產權。大多數資料洩露都涉及曝光過度和易受攻擊的非結構化資料，例如各種商業檔案、政府秘密檔案和敏感資訊等。

資料洩露給企業造成的損失因行業而異。洩露的資料越多，流失的用戶也就越多。企業資料洩露的善後成本越來越高，包括售後服務、通訊、調查、補救、法律支出，以及監管機構干預等。

資料洩露被視為**網路安全**領域的**系統性風險**，對整個**數位經濟**和**數位金融**的破壞巨大，防不勝防。資料洩露也與網路安全風險密切相關，兩者往往交織在一起不斷發生。

【**案例**】臉書資料洩露事件

2018 年 3 月，美國披露社交網站臉書近 5000 萬使用者的個人資訊遭到劍橋分析（Cambridge Analytica）公司的洩露。2014 年，劍橋分析的研究者科根（Kogan）要求臉書的用戶參與一個性格測試，並下載一個協力廠商 App「這是你的數位化生活」（This Is Your Digital Life），收集的資訊包括使用者的住址、性別、種族、年齡、工作經歷、教育背景、人際關係網路、平時參加何種活動、發表什麼文章、閱讀了什麼文章、對什麼文章點過讚等。這些資料在 2016 年美國總統大選中被用於針對目標受眾推送廣告，鞏固或改變他們的想法，繼而影響大選結果。

該事件違反限制收集、目的特定、使用限制以及安全保障等多項個人資訊保護基本原則。同時，臉書所使用的 Cookie、API、VR（虛擬實境）以及人工智慧等技術是導致個人資訊洩露以及濫用的高發領域。[9]

根據威訊通訊（Verizon）歷年全球資料洩露調查報告顯示，全球受資料洩露危害最嚴重的行業有金融業、公共管理行業、酒店業和零售業。其中，高達 89% 的資料洩露由經濟利益或商業間諜驅動。

社交工程 | Social Engineering

Key word：網路攻擊、網路安全

社交工程，是指操縱他人採取特定行動或洩露機密資訊的行為，常用於代指詐欺、詐騙，以達到收集資訊、詐欺和登入電腦系統的目的。大部分情況下，攻擊者與受害者不會有面對面的機會。

社會工程是一種操縱他人採取特定行動的行為，該行動不一定符合目標人的最佳利益，其結果包括獲取資訊、取得存取權限或讓目標人採取特定行動。

由於軟體廠商生產的軟體安全性不斷提高，攻擊者採用傳統的對軟體和網路的攻擊方法（如遠端入侵）以獲利變得越來越困難。現在，攻擊者更多採取社會工程手段對目標人發起攻擊。[10]

人為因素是安全的缺陷。很多公司在**資訊安全**的物理設施上投入大量的資金，最終導致**資料洩露**的，往往是人本身的易受攻擊性或不可靠。人們可能永遠都想像不到，對於駭客來說，僅需一個用戶名、一串數字、一串英文代碼，利用社交工程方法和技術，就能篩選和整理出一個人的情況、家庭狀況、興趣愛好、婚姻狀況，把這個人在網際網路上留下的一切痕跡掌握得一清二楚。社交工程技術就是一種無須依託任何駭客軟體，更注重研究人性弱點的駭客技術。[11]

【案例】奈及利亞騙局

奈及利亞騙局又稱「國際419」，是國際騙徒以奈及利亞為名而設的騙局。行騙方法是一種從20世紀80年代就開始流行的手法，因源於奈及利亞而得名。「419」源於奈及利亞的一個法律，「419」是奈及利亞頒佈的專門禁止此類犯罪的刑事條令的代號。

「我最近發了一筆橫財，但是急需把錢轉到國外，我需要你的幫忙。我會給你一大筆傭金，但是你要先匯一點錢過來。」這是奈及利亞騙局中最常見的編造故事，騙取網路另一端受害者錢財的形式。

在中國，這類騙局的形式演變成簡訊詐騙，編造的故事也變成中獎之類的。於這類騙局的騙子和上當的網友難以計數，新的騙子和新的騙術層出不窮，千變萬化，叫人始料未及，防不勝防。

騙子先利用一般人能接受「小小的請求」的心理，要求匯些手續費，然後再找藉口讓你匯些稅款等其他費用，一步一步以鉅款做誘餌讓你先把這些相對少的錢轉給他，最後對方拿到錢後卻人間蒸發。[12]

奈及利亞騙局是典型的利用社交工程進行行騙的例子，利用受害者的貪婪心理。

勒索病毒 | Ransomware

Key word：網路攻擊、資訊安全、比特幣

勒索病毒是一種新型電腦病毒，主要以郵件、木馬程式、網頁掛馬的形式進行傳播。勒索病毒利用各種加密演算法對檔案進行加密，被感染者一般無法解密，必須拿到解密的私密金鑰才有可能破解。

勒索病毒一旦進入本機，就會自動執行，同時刪除勒索軟體樣本，以躲避查殺和分析。接下來，勒索病毒利用本機的網際網路存取權限連接至駭客的 C&C 伺服器（Command&Control Server，遠端命令和控制伺服器），進而上傳本機資訊並下載加密私密金鑰與公開金鑰，利用私密金鑰和公開金鑰對檔案進行加密。除了病毒開發者本人，其他人幾乎不可能解密。加密完成後，病毒開發者還會修改螢幕桌布，在桌面等明顯位置產生勒索提示檔，指導用戶去繳納贖金。勒索病毒

的變種產生得非常快，對一般規則的殺毒軟體具有免疫性。攻擊的樣本以 .exe、.js、.wsf、.vbe 等類型為主，對一般規則依靠特徵檢測的資訊安全防護產品來說挑戰極大。[13]

勒索病毒主要透過 3 種途徑傳播：應用程式漏洞、郵件和廣告推播。對於某些特別依賴隨身碟、印表機等辦公區域網路的使用者來說，成為勒索病毒攻擊的特殊途徑。[14]

勒索病毒性質惡劣、危害極大，一旦感染將給用戶帶來無法估量的損失。

【案例】WannaCry（又叫 Wanna Decryptor）是一種蠕蟲式勒索病毒軟體，大小為 3.3MB，由不法份子利用美國國家安全局洩露的危險漏洞「永恆之藍」（EternalBlue）進行傳播。[15] WannaCry 勒索病毒全球大爆發，至少 150 個國家、30 萬名用戶中招，造成的損失達 80 億美元，已經影響到金融、能源、醫療等眾多行業，造成嚴重的危機處理問題。中國部分 Windows 作業系統使用者遭受感染，校園網路用戶首當其衝，受害嚴重，大量實驗室資料和畢業設計被鎖定加密。部分大型企業的應用系統和資料庫檔被加密後無法正常工作，影響巨大。[16]

暗網 | Dark Web

Key word：比特幣、個人資訊保護

暗網也稱隱蔽網路（Hidden Web），屬於不能被標準搜尋引擎索引的網路，最初由吉爾·埃爾斯沃思（Jill Ellsworth）在 1994 年提出。

目前可登入的大部分網站都被搜尋引擎收錄，個人可以直接透過搜尋結果進行登入和瀏覽，此類網站被稱為**表層網路**（Surface Web）。遺漏在搜尋引擎之外的巨量內容，無法透過標準搜尋引擎索引，那些不可見的或隱藏的萬維網內容，

被稱為**深層網路**（Deep Web/Deep Net）。深層網路也有很多正常的功能和業務，比如電子郵件和網路銀行等，它們都屬於深層網路的子集。電腦科學家邁克爾·K. 伯格曼（Michael K. Bergman）在 2001 年創造術語「深層網路」作為搜尋索引的術語。

　　暗網是深層網路的一個組成部分，其大部分內容不能透過靜態連結獲取，特別是大部分隱藏在搜尋表單之後的頁面，使用者只有鍵入一系列關鍵字後才可以獲得。這些頁面是目前搜尋引擎所無法抓取的網頁、不能檢索到的資訊，即「看不見」的網站。

　　暗網的前身是阿帕網（ARPANET），阿帕網是全球網際網路的鼻祖，由美國國防部高階研究計畫署（Defense Advanced Research Project Agency，DARPA）於 20 世紀 70 年代研發。早期的阿帕網實際上就是把區域網路按照固定協定連接在一起。

　　當時還出現很多並行的同類網路，那些不願意或者沒來得及接入阿帕網主幹的網路節點，因為找不到也無法連接，就被叫作暗網。早期暗網其實和黑市並沒有關係。

　　20 世紀 90 年代後期，為了保護美國間諜之間的通訊安全，美國開發一種匿名網路，核心技術是「洋蔥路由器」（The Onion Router，Tor）。構成暗網的網路包括 F2F（Face to Face，面對面）①小型點對點網路以及由公共組織和個人營運的大型流行網路，如 Tor [a]、自由網（Freenet）[b]、I2P（Invisible Internet Project）[c] 和 Riffle [d]。[17]

---

① F2F 用於電子郵件或網際網路聊天室，描述遇到某人並與之交談而不是進行電子交流的情況。

　　2010 年以前的暗網雖然也存在一些非法交易，但情況並不普遍，也沒有引發嚴重的後果。直到 2011 年，Tor 開始與加密貨幣結合，誕生第一個黑市「絲綢之路」（Silk Road）。

　　暗網是非法資訊買賣的重災區。這些資料很多都是**高度敏感的個人資訊**，如電話號碼、用戶名、郵件信箱、收件地址等精準的個人資訊。這些資源的單筆交易資料量極大，平均每條資訊甚至不到一分錢。其中的個人資訊「四件套」更有可能被不法份子利用，用於惡意註冊帳號甚至註冊公司，進行網路賭博、網路詐騙、洗黑錢等違法犯罪活動。[18]

【案例】「絲綢之路」是一個線上黑市，也是第一個現代暗網市場，其中最著名的是銷售非法藥物的平台。作為暗網的一部分，它是作為 Tor 的隱藏服務運行的，線上使用者可以匿名安全地瀏覽它，而無須進行潛在的流量監控。該網站於 2011 年 2 月啟動。監管機構一直在努力遏制暗網活動。2013 年 10 月，美國聯邦調查局關閉該網站，並逮捕羅斯‧烏爾布裡希特（Ross Ulbricht）。

不過，「絲綢之路 2」很快就再次出現並迅速興起，直到美國聯邦調查局和歐洲刑警組織在 2014 年將其關閉。然而，「絲綢之路 3」很快就又出現了。除了設置關閉暗網市場的困難外，該技術還發展到 OpenBazaar 開放原始程式碼允許去中心化市場存在的地步，類似於 Torrent 允許去中心化檔案共用的方式。因此，儘管執法部門做出很大努力，但暗網經濟仍在繼續增長。

---

a　Tor 是免費的開源軟體，用於匿名通訊。該名稱源自原始軟體名稱「The Onion Router」的首字母縮寫。

b　自由網是對等網路的一個應用軟體，用 Java（電腦程式設計語言）編寫的跨平台軟體，有 5 個以上節點的用戶群，就可以用頻寬分享種子檔，組成獨立的網路系統。自由網主要應用在匿名網際網路領域，如海盜灣、維基解密、「絲綢之路」等。

c　I2P 是一個匿名網路層，它允許抗審查性的對等通訊。匿名連接是先對用戶的流量進行加密，然後透過在全球範圍內分佈的大約 55000 台電腦網路進行發送來實現的。

d　Riffle 是麻省理工學院開發的一個匿名網路，用於回應 Tor 瀏覽器的問題。

營運持續管理 | Business Continuity Management, BCM

Key word：網路攻擊

營運持續管理（BCM）是用來識別企業所面臨的業務風險、內外部威脅的風險分析框架和管理過程。營運持續管理包含一整套的風險管理流程，透過這一流程可以識別那些威脅企業和機構等組織的潛在風險，提供指導性框架來說明組織有效應對從自然災害、資訊技術故障到人為事件的威脅，建立必備的恢復能力，保護組織和其利益相關者的業務活動可持續，減輕其資產和信譽受到的損害。

企業在業務經營中會遇到從自然災害到政策等多種**風險事件**的影響。營運持續管理將這些風險事件分為 3 類：自然災害、資訊技術故障和人為事件。風險事件對企業經營的影響是多方面且嚴重的，特別是對金融科技公司，由於 IT 系統的脆弱性，其破壞性可能是致命的。

典型的風險事件包括供電失效、IDC（網際網路資料中心）空調失效、專線中斷、網路服務及設備失效、虛擬機器集體嚴重故障、安全設備故障，資料庫集體故障、元件容量和處理能力失效，應用軟體漏洞、訊息錯誤、流程管理漏洞，電腦病毒、自然災害、人為破壞（惡意行為、恐怖活動、戰爭）等。

BCM 正是為說明組織建立一整套風險管理工具，提高其內部控制水平而設計的管理方案，包括災難恢復（Disaster Recovery，DR）、營運恢復（Business Recovery，BR）、危機處理（Crisis Management，CM）、事件應變與計畫（Incident Response & Plan）等內容。

從管理檔的結構上看，BCM 包括 3 個層次的內容，如圖 8.2 所示。

圖 8.2　BCM 示意圖

BCM 最核心的組成部分是**危機處理計畫（Crisis Management Plan，CMP）**。當組織發生危機時，危機處理計畫提供組織必要的溝通機制以確保員工的安全、組織內部的資訊交流以及危機應對。組織內部的溝通機制包括資產評估、危機處理機制的設計和整體應用等 3 個過程。

在危機處理計畫之上，組織應制定 **IT 災難恢復計畫**。該計畫用於重新構建組織的關鍵資訊系統和業務流程。當 IT 災難恢復計畫完成後，組織執行**營運恢復計畫（Business Recovery Plan，BRP）**，針對核心營運制定有針對性的營運恢復程式。

從生命週期來看，BCM 包括營運評估（Business Assessment）、戰略設計（Strategy Design）、實施（Implementation）和品質保證（Quality Assurance）等階段。

身份驗證 | Identity Verification

Key word：支付、生物辨識支付、消費者徵信局、KYC、消費金融、大科技信貸、洗錢防制、行動支付

身份驗證也稱認證（Authentication），是指透過一定的手段，完成對用戶身份的確認。

企業或相關組織使用「身份驗證服務」來確保使用者提供與本人身份相關的真實資訊。在真實世界中，用戶身份驗證的基本方法有 3 種：

1. 「你知道什麼」（What You Know），根據你所知道的資訊來證明身份，比如帳號密碼、手勢密碼、PIN 碼等。

2. 「你有什麼」（What You Have），根據你所擁有的東西來證明你的身份，比如移動 PKI（公開金鑰基礎設施）體系認證、中銀 e 盾、智慧卡、硬體動態權杖等。

3. 「你是誰」（Who Are You），根據獨一無二的生物特徵來證明你的身份，比如人臉、聲紋、指紋、掌紋、虹膜和指靜脈等。

身份驗證方式不只是這 3 種類別，也可以將其結合，稱為**多因數身份驗證**。

身份驗證作為確定用戶資源登入和使用權限的技術手段，對保證系統和資料安全、防止駭客竊取合法使用者資訊具有重要意義。身份驗證技術日漸成為保障網路安全的重要關口。

身份驗證技術可以驗證物理身份證明檔的真實性，如駕照或護照，稱為檔案驗證（Document Verification），也可以透過權威來源驗證身份資訊，如徵信機構或政府的資料，稱為非檔案驗證（Nondocument Verification）。

身份驗證服務可以透過線上方式和本人親自使用的方式來驗證身份。某些社交網站、網際網路論壇、約會網站和維基百科使用這些服務來阻止木馬病毒、未成年人註冊、垃圾郵件和諸如騷擾、詐騙、洗錢等非法活動。

身份驗證廣泛應用於銀行、保險、證券、電商、軍事、政務、安全防護、物流等行業。身份驗證服務旨在說明公司遵守**洗錢防制**、**行動支付**和 **KYC** 的相關規定，同時減少與詐欺相關的營運成本。

身份驗證服務是建立銀行帳戶和其他金融帳戶所必需的。如果銀行不滿足身份驗證的法令遵循標準，則可能面臨被處巨額罰款的風險。特別是對小型銀行而言，缺乏身份驗證可能會導致它們的金融業務崩潰，甚至迫使它們倒閉。

身份驗證服務通常也是金融服務的入口，許多金融科技公司都致力於改善身份驗證服務的客戶體驗、效率、準確性和安全性。[19]

詐欺檢測 | Fraud Detection

Key word：人工智慧、機器學習、大數據、複雜網路分析、洗錢防制、資料探勘、人工神經網路

詐欺檢測是一組人工智慧技術的綜合應用產品或服務，包括資料探勘、人工神經網路、機器學習等，其目的是防止不法份子利用虛假資訊竊取他人財產。

在銀行業務中，詐欺檢測可能包括對偽造支票或使用被盜的信用卡的檢測。詐欺檢測貫穿金融交易的事前、事中和事後全過程，往往具有突發性和頻率低的特點，金融機構的技術和風險管理部門、專業金融科技公司和**徵信機構**都在不斷嘗試利用新技術進行詐欺檢測。儘管如此，詐欺檢測仍然是金融領域的一大挑戰。中國互聯網金融平台營運成本中的重要一部分就是用來進行詐欺檢測。

　　最早使用資料分析技術防止詐欺的是電話公司、保險公司和銀行。銀行業成功應用資料分析技術的一個早期例子是費埃哲 Falcon 反詐欺系統，該系統為**人工神經網路**技術。

AWS（亞馬遜旗下雲端運算服務平台）在拉斯維加斯舉辦的「Invent 2019」大會上宣佈推出機器學習的亞馬遜詐欺檢測服務（Amazon Fraud Detector）。這是一種完全託管的服務，可以說明組織檢測交易中存在的異常情況，例如線上支付詐欺和建立假帳戶，同時還可以自動執行代碼審查，識別出那些有漏洞的代碼。[20]

　　信貸交易過程中的詐欺檢測主要針對一些常見的金融詐欺（包括信用卡詐欺）。隨著信貸市場的不斷發展，詐欺性金融交易的發生機率不斷增加。詐欺行為可分為**軟詐欺**和**硬詐欺**，前者指客戶提供虛假資訊以獲取信貸，但主觀上是願意償還的，而透過身份盜竊等手段騙取貸款的行為則屬於硬詐欺。

徵信機構可以提供的詐欺檢測服務包括：

檔案交叉核對（File Cross-referencing），透過交叉比對客戶的歷史信貸資料來發現異常情況。

在聯繫緊密的用戶群中分享已確認或疑似的詐欺行為，諸如英國的西法斯（CIFAS）等組織，在會員機構之間共用確認的或可疑的詐欺記錄。

詐欺評分（Fraud Scoring），徵信機構可以為特定的信貸機構或所有機構開發詐欺評分產品。

詐欺監測系統（Fraud Detection System），透過建立詐欺監測系統，設定詐欺監測規則來發現詐欺行為，還可以透過對還款行為進行分析來發現銀行卡交易詐欺。[21]

黑名單 | Blacklist

Key word：網路安全

黑名單是指由於被認為從事違法或不道德行為而受到懲罰的個人或組織的清單。

在資訊技術中，黑名單也稱阻止名單（Blocklist），指的是一種基本的存取控制機制，可以拒絕登入特定的系統或者協定。這些阻止清單包括用戶名、IP 位址、電子郵件、功能變數名稱、URL（統一資源定位系統）、檔案雜湊值等。

黑名單可以是任何實體（從小型企業到政府機構）維護的資料庫。根據黑名單的範圍可以選擇將其公開或保密（只有特定組織才能登入）。

被列入黑名單的負面影響是非常嚴重的，比如個人的信用、旅行、購物及其他相關活動將會受到限制，企業的信譽和商譽受損，金融信用和借貸額度受損，業務和客戶減少。

【案例】信貸服務黑名單

銀行通常依靠第三方訊息來源來提供信用評分或個人信用報告，以確定客戶是否是安全的。如果已將其標記為有威脅客戶，則通常會進入信用黑名單。多次違約或破產的貸款人可能會被銀行和其他借款方拒貸。

在資訊技術中，黑名單中的那些方案被拒絕登入。與黑名單相反的是**白名單**，意味著只有列表中的項目才可以透過閘道進行登入。**灰名單**則包含在執行其他步驟之前被暫時阻止（或暫時允許）的項目。

黑名單可以應用於安全體系結構中的各個位置，例如主機、Web 代理、DNS（網域名稱系統）伺服器、電子郵件伺服器、防火牆、目錄伺服器或身份驗證閘道。阻止的元素類型受存取控制位置的影響。DNS 伺服器可能非常適合用來阻止功能變數名稱，但不能阻止 URL。防火牆非常適合用來阻止 IP 地址，但不太適合用來阻止惡意檔或密碼。

大多數電子郵件服務商都具有反垃圾郵件功能，如果使用者認為某些電子郵件不必要，可以將其位址列入黑名單。例如，如果某個用戶厭倦來自特定位址無法阻止的電子郵件，那麼該使用者可以將其列入黑名單，電子郵件用戶端會將該位址發送的所有訊息自動歸到垃圾郵件資料夾中，或者在不通知使用者的情況下將其刪除。

沙盒 | Sandbox

Key word：沙盒監管

沙盒（Sandbox）是一種安全體系，有時也稱沙箱。沙盒規定應用程式只能在為該應用程式建立的資料夾內讀取檔，不可以登入其他地方的內容。所有的非代碼檔案都保存在這個地方，比如圖片、聲音、屬性清單和文字檔等。

App 的沙盒是儲存空間或記憶體的有限區域，僅包含應用程式所需的資源。如果應用程式需要登入沙盒外部的資源或檔案，則系統必須明確授予許可權。

如果沒有沙盒，則 App 可以不受限制地登入電腦上的所有系統資源和使用者資料。另外，沙盒提供一個單獨的環境，因此如果出現錯誤或安全問題，那麼這些問題將不會傳播到電腦的其他區域。必須在沙盒區域中使用不值得信賴的軟體，以免其他軟體、檔和應用程式受到損害。

【案例】iOS 的沙盒機制，蘋果對沙盒有以下幾條限制。

1. App 可以在自己的沙盒裡運作，但是不能登入任何其他應用程式的沙盒。

2. App 之間不能（透過網路）共用資料，沙盒裡的檔案不能被複製到其他 App 資料夾中，也不能把其他 App 資料夾中的檔案複製到沙盒中。

3. 蘋果禁止讀寫沙盒以外的任何檔，禁止 App 將內容寫到沙盒以外的資料夾中。iOS 的沙盒機制如圖 8.3 所示。[22]

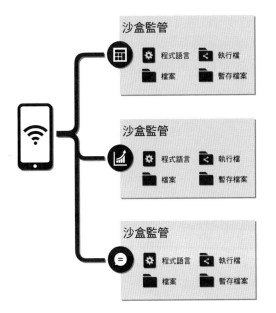

圖 8.3　iOS 的沙盒機制 [23]

威脅情資 | Threat Intelligence

Key word：網路攻擊、資訊安全

2014 年高德納諮詢公司在《安全威脅情資服務市場指南》（Market Guide for Security Threat Intelligence Service）中提出：威脅情資是一種證據的知識，包括情境、機制、指標、影響和操作建議。威脅情資描述現存的或者即將出現的針對資產的威脅或危險，並可以用於通知主體針對相關威脅或危險採取某種回應措施。

　　威脅情資是資訊對抗的產物，本質上是「減少衝突的不確定性」，是出於掌握對手動態的需求，對威脅的具現化描述。可以將其理解為透過各類方法收集漏洞、威脅、特徵、行為等一系列證據的知識集合及可操作性建議，可還原已發生的、檢測現在正發生的、預測未來可能發生的網路攻擊，為安全決策提供參考依據，說明使用者避免或減小網路攻擊帶來的損失。簡而言之，威脅情資是可以幫助使用者識別安全威脅並做出明確決定的知識。

　　高德納諮詢公司指出威脅情資有 5 個重要組成部分。

　　證據的知識：證據必須經過查證且屬實，是對既往威脅、事件等的歸納總結。

　　場景：語境、上下文、背景、環境，每個情報都有其適用的環境和時機。

　　機制：情報所涉及威脅所採用的方法和途徑。

　　指標：描述威脅情資時涉及的一些指標。

　　建議：針對威脅的消減或回應所做出的建議。

　　關於威脅情資，在概念上還有極易混淆的地方，情報、資料、資訊常被混為一談，了解這些差異對於充分理解威脅情資非常重要，這三者的關係如圖 8.4 所示，資料經過加工處理成為資訊，資訊經過分析成為情報。[24]

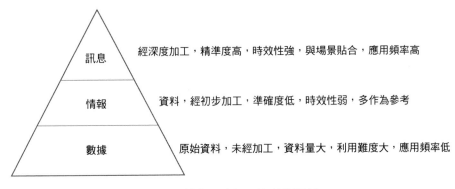

圖 8.4　情報、資訊、資料的關係

狀態意識 | Situation Awareness, SA

Key word：網路安全、網路攻擊、資料探勘

狀態意識的概念是 1988 年由恩德斯利（Endsley）提出的。狀態意識是一定時間和空間內對環境因素的獲取、理解和對未來的短期預測。網路狀態意識（Cyberspace Situation Awareness，CSA）是 1999 年由蒂姆·巴斯（Tim Bass）首次提出的。網路狀態意識是指在大規模網路環境中，對能夠引起網路狀態意識變化的安全要素進行獲取、理解、顯示以及預測最近的發展趨勢。網路狀態意識也稱網路安全狀態意識（Cybersecurity Situation Awareness，CSA）。

　　狀態意識這個詞最早來自軍隊航空等軍事領域，分為 3 個獨立的層次：第一層，對環境中元素的感知；第二層，對目前形勢的理解；第三層，未來狀況的投影。20 世紀 90 年代，狀態意識的概念開始逐漸被接受，並隨著網路的興起而升級為網路狀態意識。

　　隨著電腦網路應用越來越廣泛，其規模越來越龐大，多層面的網路安全威脅和網路攻擊不斷增加，網路病毒、**阻斷服務攻擊／分散式阻斷**服務攻擊等構成的

威脅和造成的損失越來越大，網路攻擊行為向分佈化、規模化、複雜化等方向發展，僅僅依靠防火牆、入侵偵測、防病毒技術、存取控制等單一的網路安全防護技術，已不能滿足網路安全需求，迫切需要新的技術，以及時發現網路中的異常事件，即時掌握網路安全狀況，將之前很多事中、事後處理，轉為事前自動評估預測，降低網路安全風險，提高網路安全防護能力。

網路安全狀態意識是指利用資料整合、資料探勘、智慧分析和視覺化等技術，直觀顯示網路環境的即時安全狀況，為網路安全提供保障。借助網路安全狀態意識，網路監管人員可以及時了解網路的狀態、受攻擊情況、攻擊來源以及哪些服務易受到攻擊等，從而對發起攻擊的網路採取措施；網路使用者可以清楚地掌握所在網路的安全狀態和趨勢，做好相對應的防範準備，避免和減少網路中病毒和惡意攻擊帶來的損失；應急回應組織可以從網路安全狀態意識中了解所服務網路的安全狀況和發展趨勢，為制定有預見性的應急預備方案提供基礎。

為了即時、準確地顯示整個網路安全狀態意識，檢測出潛在、惡意的攻擊行為，網路安全狀態意識要建立在對網路資源進行要素採集的基礎上，透過資料預處理、網路安全狀態意識特徵提取、狀態意識評估、狀態意識預測和狀態意識展示等過程來完成，這其中涉及許多相關的技術，主要包括資料整合技術、**資料探勘**技術、特徵提取技術、狀態意識預測技術和**視覺化**技術等。[25]

9 個人資料保護與應用

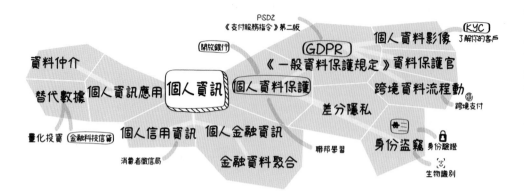

圖 9.1　個人資料保護與應用模組知識圖譜

　　個人資訊日益成為數位經濟中的熱門話題，從消費者個人資料保護到各種個人資料產品的應用都備受關注。本章從 3 個角度來討論個人資訊的應用和保護，首先是給出個人資訊的內涵，其次分析個人資訊的應用，最後對個人資訊的保護從制度和技術層面進行闡述。個人資訊的保護和應用可以看作一個硬幣的兩面，個人資料保護是為了更好的應用。個人資料保護與應用模組知識圖譜如圖 9.1 所示。

　　首先，針對個人資訊的內涵，目前在專業領域個人資訊和個人資料概念等同，在個人資訊用的更多一些。隨著近年來國內外相關法規的陸續頒布，雖然還存在一些爭議，但個人資訊的概念和邊界越來越清晰，可識別和相關聯成為重要的界定依據。個人金融資訊和金融科技聯繫密切，央行於 2020 年頒布的《個人金融資料保護技術規範》對此進行相關定義。由於個人徵信是個人資訊的一個大領域，個人信用資訊容易和個人資訊、個人金融資訊混淆，個人信用資訊屬於個人資訊，但和個人金融資訊有交叉。因此本書對個人信用資訊進行定義和解讀，希望能夠避免金融科技創新中的概念混亂問題。

　　其次，關於個人資訊的應用，個人資訊（資料）應用是未來一個新興的資訊產業，是朝氣蓬勃的數位經濟的重要組成部分，從事個人資訊應用產業的機構稱作個人資料仲介。個人徵信屬於比較成熟的個人資訊應用場景。消費者徵信局本

身就是一類歷史悠久的特殊資料仲介，收集、整合和加工個人資訊，做成不同的資料產品。隨著行動網路和物聯網等技術的出現，產生越來越多的個人資料，根據全球某大型個人徵信機構 2019 年的年報，其 90% 的資料都是近 3 年內產生的。大量的個人資料產生，需要更多不同類型的資料仲介營運個人資訊的商業化，以釋放數位經濟時代的能量和價值。在飛速發展的數位經濟時代，如何對**資料仲介**（Data Broker，主要涉及個人資料）①進行監管逐漸成為焦點話題。

替代數據，也稱另類資料，隨著大數據技術的興起，其開始在信用評估和量化投資領域得到廣泛的應用，特別是金融科技信貸的重要輸入，有助於解決消費者人群傳統的信用資訊不足的問題，替代數據將逐漸成為大數據時代金融分析的一種選擇。

在「資料是石油，資訊是黃金」的當下，商業銀行也在積極擁抱開放銀行的概念，透過 API 將資料和演算法等開放給協力廠商，實現資料價值的最大化。歐盟也發佈 PSD2，要求銀行開放支付服務和消費者資料，降低行業壁壘。以整合消費者金融資料為目標的金融資料聚合的概念和商業模式開始出現。中國在北京和上海等地成立多家資料交易所，開始對資料交易進行嘗試，但是要真正實現個人資料交易還有諸多問題有待解決。

最後，涉及個人資料保護問題，在網際網路和大數據時代，網路資訊安全隱患到處可見，產生越來越多的消費者資料，個人隱私保護遭遇空前的挑戰。歐盟站在道德的制高點戰略性地制定 GDPR，對跨境資料流動、個人資料影像以及資料保護官都做出明確的規定。跨境支付和跨境徵信都屬於跨境資料流動的範疇，粵港澳大灣區就是很好的試驗田。一些跨國大企業開始設立資料保護官的職位。個人資料影像有助於洗錢防制中 KYC 的法令遵循執行。

---

① 最新頒佈的《加州消費者隱私法》規定，明確知悉並從與其沒有直接關係的消費者處收集個人資訊並向協力廠商銷售的經營者稱為資料仲介。 資料來源：美國奧睿律師事務所，LexisNexis 律商聯訊 2019-11-30．https://www.sohu.com/a/312239258_284463。

對於個人資料保護，技術方面的研發也在跟進，例如差分隱私和人工智慧（深度學習）技術的聯邦學習。其實，個人資料保護並不是一個新的話題，身份盜竊問題很早就提出了，在歐美，甚至當下的中國，身份盜竊問題成為日益嚴重的社會問題，不斷發展的生物識別技術和身份驗證手段為其提供很好的工具。

個人資料保護的最新進展是，隨著歐盟 GDPR 的頒布，當下全球個人資料保護趨嚴，中國個人資料保護法制化道路也進入快軌道，中國全國人大於 2020 年 10 月審議個人資料保護法草案的議案。[1、2]

個人資訊 | Personal Information
Key word：個人金融資訊、個人信用資訊

個人資訊，又稱個人可識別資訊（Presonal Identification Information，FII）、個人資料（Presonal Data），是指以電子（或其他方式）記錄的能夠單獨（或與其他資訊結合）識別自然人個人身份的各種資訊，包括但不限於自然人的姓名、出生日期、身份證件號碼、個人生物識別資訊、住址、電話號碼等。[3]

對於個人資訊，不同國家或地區有不同的表述。例如，中國臺灣地區採用「個人資料」，歐盟採用「個人資料」（Personal Data），日韓採用「個人資訊」（Personal Information），而美國多用「個人隱私」（Personal Privacy）。不同表述的內涵略有差別，但在討論專業問題時基本可以通用。

個人資訊控制者透過個人資訊或其他資訊經加工處理後形成的資訊，例如使用者影像或特徵標籤，能夠單獨或與其他資訊結合識別特定自然人身份或者反映特定自然人活動情況。

個人資訊包括姓名、出生日期、身份證件號碼、個人生物識別資訊、住址、通訊聯繫方式、通訊記錄和內容、帳號密碼、財產資訊、徵信資訊、行蹤軌跡、住宿資訊、健康生理資訊、交易資訊等。在大數據交易中，許多標的都以個人為

細微性的資料，即使這些資料經過一定的清洗和匿名化，也很難保證個人隱私不被洩露。

　　並非所有的**大數據**都涉及個人資訊，例如，工業網站中採集的工廠生產資料、氣象資料等，以及大量的商用企業資料（工商、稅務和訴訟資料）都不涉及個人資訊。但是不可否認，大數據中一部分資料包含個人資訊，特別是目前階段，大數據應用主要集中於對個人資料的分析、加工。

　　判定某項資訊是否屬於個人資訊，應考慮以下兩條路徑：一是**識別資訊**，從資訊本身的特殊性識別特定自然人。二是**關聯資訊**，該特定自然人在其活動中產生的資訊（如個人位置資訊、個人通話記錄、個人瀏覽記錄等）。個人資訊範例見表 9.1。

表 9.1　個人資訊示例 [4]

個人資訊	具體內容
個人基本資料	個人姓名、生日、性別、民族、國籍、家庭關係、住址、個人電話號碼、電子郵寄地址等
個人身份資訊	身份證、役別、護照、駕駛證、工作證、出入證、健保卡、居住證等
個人生物識別資訊	個人基因、指紋、聲紋、掌紋、耳郭、虹膜、面部識別特徵等
網路身份標識資訊	個人資訊主體帳號、IP 位址、個人數位憑證等
個人健康生理資訊	個人因生病醫治等產生的相關記錄，如病症、住院資料、醫囑單、檢驗報告、手術及麻醉記錄、護理記錄、用藥記錄、藥物食物過敏資訊、生育資訊、以往病史、診治情況、家族病史、現病史、傳染病史等，以及與個人身體健康狀況相關的資訊，如體重、身高、肺活量等
個人教育工作資訊	個人職業、職位、工作單位、學歷、學位、教育經歷、工作經歷、培訓記錄、成績單等

個人資訊	具體內容
個人財產資訊	銀行帳戶、訊息鑑別（驗證碼）、存款資訊（包括資金數量、支付收款記錄等）、房產資訊、信貸記錄、徵信資訊、交易和消費記錄、流水記錄等，以及虛擬貨幣、虛擬交易、遊戲類兌換碼等虛擬財產資訊
個人通訊資訊	通訊記錄和內容、簡訊、多媒體簡訊、電子郵件，以及個人通訊資料（通常稱為中繼資料）等
連絡人資料	通訊錄、好友清單、社群清單、電子郵寄位址清單等
個人上網記錄	透過日誌儲存的個人資訊主體操作記錄，包括網站瀏覽記錄、軟體使用記錄、點擊記錄、收藏清單等
個人常用設備資訊	包括硬體序號、設備 MAC（媒體存取控制）位址、軟體清單、唯一設備識別碼（如 IMEI/Android ID/IDFA/OpenUDID/GUID、SIM 卡 IMSI 資訊）等在內的個人常用設備基本情況
個人位置資訊	行蹤軌跡、精準定位資訊、住宿資訊、經緯度等
其他資訊	婚史、宗教信仰、性向、未公開的違法犯罪記錄等

隨著資訊技術的快速發展和網際網路的廣泛普及，收集個人資訊變得更加容易。犯罪份子還可能利用個人資訊來跟蹤或竊取一個人的身份，或實施犯罪行為。為了應對這些威脅，許多網站或機構針對個人資訊的收集專門制定隱私政策，例如，歐盟的立法者制定一系列立法，如 **GDPR**，以限制分發和登入個人資訊。20 世紀下半葉，數位革命引入**「隱私經濟學」**，即**個人資料交易**。

個人金融資訊 | Personal Financial Information

Key word：開放銀行、金融資料聚合、帳戶資訊服務

個人金融資訊是指金融機構透過提供金融產品和服務或者從其他管道獲取、加工和保存的個人資訊，包括帳戶資訊、訊息鑑別、金融交易資訊、個人身份資訊、財產資訊、借貸資訊及其他反映特定個人某些情況的資訊。[5]

個人金融資訊按敏感程度、洩露後造成的危害程度，可以從高到低分為 C3（使用者訊息鑑別）、C2（可識別資訊主體身份與金融狀況的個人金融資訊）、C1（機構內部的資訊資產）3 個類別。同時，中國人民銀行制定的《個人金融資料保護技術規範》規定個人金融資訊在收集、傳輸、儲存、使用、刪除、銷毀等生命週期各環節的安全防護要求，從安全技術和安全管理兩個方面，對個人金融資料保護提出了規範性要求。個人金融資訊是個人資訊領域敏感和備受關注的部分。個人金融資訊舉例見表 9.2。

表 9.2 個人金融資訊舉例 [6]

類型	主要資訊	內容危害程度	法令遵循要求
C3	銀行卡磁條、銀行卡密碼、網路支付密碼、帳戶登錄密碼、交易密碼、生物識別資訊、支付帳號、證件資訊、手機號碼	一旦遭到未經授權的查看或未經授權的變更，會對個人金融資訊主體的資訊安全與財產安全造成嚴重危害	不應共用、轉讓，不得委託處理
C2	帳戶登錄名、使用者鑑別輔助資訊、個人財產資訊、信貸資訊、交易資訊、主體照片、音影音資訊	一旦遭到未經授權的查看或未經授權的變更，會對個人金融資訊主體的資訊安全與財產安全造成一定危害	除使用者鑑別輔助資訊外，經告知統一可以轉讓共用，可以委託處理

類型	主要資訊	內容危害程度	法令遵循要求
C1	帳戶開立時間、開戶機構、支付標記資訊	一旦遭到未經授權的查看或未經授權的變更，可能會對個人金融資訊主體的資訊安全與財產安全造成一定影響	經告知統一可以共用、轉讓，可以委託處理

個人信用資訊[②] | Personal Credit Information

Key word：信用、信用度、個人徵信、信用評分、信用報告

個人信用資訊是指用來描述消費者信用度的資訊，顯示一個人按期履約的能力和意願，消費信貸過程中產生的消費者信用行為資訊傳統上構成個人信用資訊的主要部分。在網際網路經濟和數位經濟下，消費者有大量高使用率、短期的新型個人信用資訊出現。

個人信用資訊屬於**個人資訊**，和**個人金融資訊**有交叉。個人信用資訊能夠描述一個人按期履約的能力和意願。在預測一個人在非即時付款且無抵押的經濟活動中是否守約時，需要的資訊是有層次、有重點的，可以分為以下 3 類：

1. 信貸類信用資訊，即賒銷、借貸等活動的歷史記錄。因為在非即時付款且無抵押的經濟活動中，與信貸相關的金額通常很大，對交易雙方的影響也很大，如果受信方能夠按時履約，那麼其信用度就高。

2. 非信貸類信用資訊，例如電費、通訊費、水費等，即使有拖欠，影響也不大，因為影響這些費用的原因有很多。當沒有賒銷、借貸等資訊時，才不得不依靠電費、通訊費、水費等資訊來判斷，這就是我們通常所說的依靠非傳統資料進行授信。

---

② 在金融科技領域，個人信用資訊及相關名詞容易被混淆，因此特列本名詞。

3. 上述兩者之外的信用相關資訊,例如非法避稅、漏稅、破產、經濟處罰等,在很多情況下,這種資訊對於消費者的信用風險評估更重要。[7]

目前,全球一些大型跨國**徵信機構**,在個人信用資訊採集上越來越全面,主要是為了相互印證,全方位、多角度、更準確地判斷消費者的信用狀況,如採集各類登記資訊、行政處罰資訊等,同時,也有利於促使消費者在這些方面更加遵守承諾。

替代數據 | Alternative Data
Key word:大數據、資料探勘、量化投資、個人資料保護

又稱另類數據,替代數據是相對於傳統資料而言的,可以為金融分析提供新的視角,作為傳統資料的補充,在傳統資料缺失的情況下,替代數據可以為決策分析提供支援。

替代數據可被理解為**大數據**在具體應用場景中的一種表述方式。例如,在金融信貸領域,與消費者相關的非傳統大數據就被稱為替代數據。隨著大數據處理技術和**人工智慧**分析的興起,替代數據成為金融科技的一個熱點,在消費金融的信用評估和投資分析中有著重要的應用。

替代數據也稱另類資料,即非傳統資料,目前沒有統一明確的定義,泛指區別於傳統金融資料的有價值的資訊。傳統金融資料是指透過一般規則管道獲得的資料,如股票和債券等的交易資料、上市公司年報和財務資料、銀行使用者的借貸資料等。

許多信用資訊服務機構開始探索評估信用水平的新方法。傳統信貸資料包括信用卡、車貸、房貸、消費貸等資料,區別於傳統信貸資料的資料可以稱為替代數據,是指銀行和徵信機構所收集的傳統信貸償還資料之外的資料,包括電話費、公共事業帳單和位址變化記錄等。一些替代傳統信貸風險管理的解決方案正在不

斷湧現,例如利用手機預付費資訊、心理測試資料、社交媒體活動資訊和電商行為資料進行信用風險評估等。這些資料的引入為風險評估注入新的活力,為大型銀行拓展了新的消費者客戶群體。

中國消費者有著豐富的經濟資料可以作為替代數據,未來中國徵信業和金融科技將有巨大的發展機會。表 9.3 為傳統資料庫和替代數據平台的比較。[8]

表 9.3 傳統資料庫和替代數據平台的比較

資料平台	註冊消費者(億)	活躍消費者(億)
央行徵信中心(傳統)	9.8	5.3
中國移動	8.87	6.50
中國聯通	2.84	1.75
中國電信	2.50	1.82
微信	10	9.63
支付寶	5.20	約 3.64
京東	4	>1

替代數據也常被投資機構應用。這些資料通常被投資公司中的對沖基金經理和其他機構投資專家使用。[9] 替代數據是由公司外部發佈的有關特定公司的資訊,可以提供及時的投資機會和獨特的見解。

替代數據通常被歸類為大數據,這意味著它們可能非常龐大和複雜,並且通常無法透過傳統用於儲存或處理資料的軟體(例如 Microsoft Excel)進行處理。可以從各種來源(例如金融交易、感測器、行動裝置、衛星、公共資訊和網際網路)編譯備用資料。由於替代數據是公司營運的產物,與傳統資料來源相比,這些資料集通常不易登入且呈結構化。替代數據也稱**排放資料**。產生替代數據的公司通常會忽略資料對機構投資者的價值。在過去 10 年中,許多**資料仲介**、聚合商和其他仲介機構開始專門為投資者和分析師提供替代數據。

【案例】電信資料的信用評分模型 [10]

過去 10 年，移動終端發展到無處不在的程度，超過 90% 的人有行動電話。在發展中國家，新增電話使用者中，行動電話使用者多於先進國家。隨著行動電話成為新興市場中必要的交流工具，可收集和分析的資料變得越來越豐富和可描述。通話資訊記錄資料庫提供一系列包括通話對象、頻率時間和支付資訊等特徵內容的詳細資訊。研究發現，透過簡單的特徵（如通話的間隔時間、帳戶服務的持續性、餘額詢問頻率和通話時間等）可以構建相對有預測性的模型。一些風險服務提供者已經開發針對傳統徵信記錄缺失的消費者的風險控制模型（即電信資料的信用評分模型），根據這些模型顯示的預付費使用者的付費情況，以及通話、上網行為等資訊，風險服務提供者能夠在一定程度上預測貸款人的還款意願及還款能力。消費者幾個月的手機資料便能提供足夠的樣本量，基於此，就可以進行風險建模。例如，統計顯示，發起呼叫的數量（不是接收呼叫的數量）以及通話時間這兩個狀態與信用度是正相關的；在一些模型中，如果工作時段接聽較多的電話或者通話的朋友圈相對較小，則可能是低信用度客戶。

因此，預付費行動電話相關資料的風險控制建模，可以極大地說明一些缺乏徵信資料的發展中國家的市場實現普惠金融的健康成長。

中國的電信營運商也在嘗試開發相關的信用評分模型。電信資料的信用評分模型的應用過程需要注意個人資料保護。利用電信資料作為替代數據進行信用評分的示例見圖 9.2。

圖 9.2 利用電信資料作為替代數據進行信用評分的示例

資料來源：Ciginifi，https://www.cignifi.com/。

資料仲介 | Data Broker

Key word：徵信機構、消費金融、身份驗證、詐欺檢測、個人資料保護、量化投資

資料仲介，又稱資料代理商和資料經紀商，一般指從事資料收集、處理並對外提供資料服務的機構。

資料仲介是一類聚合不同來源的資訊的企業，例如，從其他公司購買資訊或在網際網路上爬取有關使用者的有用資訊；處理這些資訊，增加狀態豐富、清洗或分析這些資訊；持牌合法擁有這些資訊或「出售」給其他組織。

資料仲介和以下概念等同：**資料經紀人、資訊經紀人（Information Broker）、資訊經銷商（Data Agent）、資料提供者（Data Provider）、資料供應商（Data Supplier）、資料代理、資料中間商（Data Intemediaries）**。

　　資料仲介主要指消費者資料仲介。最早的資料仲介就是**消費者（個人）徵信機構**。從 20 世紀後期開始，網際網路的發展、電腦處理能力的提高和資料儲存成本的降低等使公司更容易收集、分析、儲存和傳輸有關個人的大量資料。這刺激資料仲介行業的發展。美國資料仲介所提供的消費者資訊如圖 9.3 所示。[11]

　　資料仲介可以利用各種業務模型，但是在最基本的水準上，資料仲介需要採購和匯總資料，並將最有價值的使用者資訊轉售給協力廠商。根據儲存資料的範圍和類型，資料仲介可以分為 3 類：[12]

　　類型 1，**服務於行銷和廣告的資料仲介**，例如安客誠（Acxiom），Datalogix（最近由 Oracle 收購），Comscore，Lotame。

　　類型 2，**詐欺檢測資料仲介**，為銀行和行動電話營運商服務。

　　類型 3，**風控資料仲介**，可以用消費者的搜尋歷史或其他相關資料分析為他們提供高息（高風險）貸款，而不是低息（安全）貸款。

美國的資料仲介包括安客誠、益博睿、Epsilon、CoreLogic、Datalogix、Intelius、PeekYou、Exactis 和 Recorded Future。Acxiom 聲稱擁有全世界 10％的人口檔案，每個消費者擁有約 1500 條資訊（引用於 Senate）。美國目前大概有 3500 ~ 4000 家資料經紀公司，大約有 1/3 可以提供退出服務，其中一些收費超過 1000 美元。可見個人徵信機構也是一種特殊的資料仲介，需要其他資料仲介提供資料，但是其主要資料來源是徵信資料提供方。

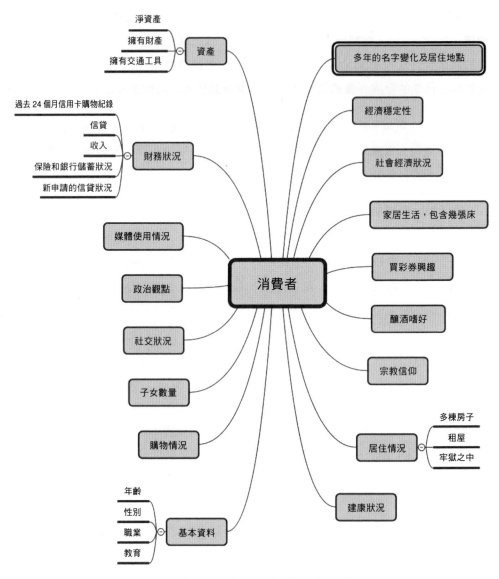

圖 9.3 美國資料仲介所提供的消費者資訊

在中國，近幾年興起的大數據公司可被視為資料仲介，例如中國三大電信營運商下屬的資料公司，還有很多企業（工商、稅務、電力、司法、遙感探測）資料的代理商，例如資本市場中的萬得資訊（Wind）等。許多金融科技公司和這些資料仲介關係密切。**對資料仲介的監管也是全球金融科技的熱點問題。**

個人資料保護 | Personal Information Protection

Key word：資訊安全、網路安全、個人徵信、信用報告、信用評分、生物識別、生物辨識支付

個人資料保護又稱個人資料保護（Personal Data Protection）是指透過公共立法和商業操作，隱私和商業機密等方面的考量，對涉及（個人）資訊主體的資料，在採集、分析、儲存、流通和發佈環節採取相應的保護措施，目的是在數位經濟時代讓資料更加有序地應用和流動。

資料保護是發展**大數據**和**金融科技**的一個關鍵問題，**只有妥善解決資料保護問題，金融科技和大數據產業才能獲得健康持久的發展。**

個人資料保護面臨的挑戰是，在保護個人隱私偏好及其個人身份資訊的同時使用資料。**電腦安全、資料安全**和**資訊安全**等領域都在設計和使用軟體、硬體以及借助人力資源來解決此問題。

近年來，**行動網路網 App** 得到廣泛應用，同時 App 強制授權、過度索權、超範圍收集個人資訊的現象大量存在，違法違規使用個人資訊的問題十分嚴重。為此，中國國家四部委 2019 年在中國範圍內開展手機 App 違法違規使用個人資訊專項治理工作。

根據 **GDPR**，很多大型機構設置**首席資料保護官**的職位來專門負責個人資料保護（詳見「資料保護官」解釋）。

從全球來看，從 1973 年瑞典發佈全球第一部個人資料保護相關法律——《瑞典個人資訊法》，到 2019 年年底，全球共有 110 多個國家和地區制定專門的個人資料保護法。個人資料保護法已經成為世界各國的法律標配。典型的個人資料保護法如下：

• GDPR（歐盟）。

• 2016 年《網路安全法》（中國）。

• 2012 年《個人資料保護法案》（新加坡）。

• 1998 年《資料保護法》（Data Protection Act）（英國）。

• 中國的《個人資料保護法（草案）》於 2020 年 10 月由全國人大審議。

網路資訊安全和資料安全（資料隱私）是兩個容易混淆的概念，圖 9.4 對此進行了說明。[13] 首先，兩者有一些交叉，相關風險事件經常同時發生，例如網路資訊安全事件會導致**隱私洩露**。其次，兩者的區別更明顯，保護的目標、負責人以及防範的風險都不同。

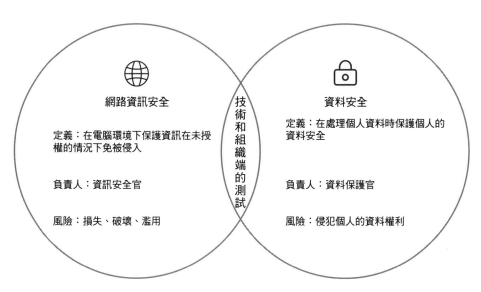

圖 9.4　網路資訊安全與資料安全的比較

個人隱私保護 | Personal Privacy Protection

Key word：個人徵信、消費金融、金融科技、金融科技信貸、大科技信貸

個人隱私保護是個人或群體隔離自己或有關自己的資訊，有選擇地表達自己的能力。當某物（包括資訊和資料）對一個人是私人的時，通常意味著某物對他們而言是特殊或敏感的。

個人隱私保護和**個人資料保護**有交叉，但是又有不同的側重。隱私保護涉及人格尊嚴，而個人資料保護則同時涉及人格尊嚴和資料流通。

個人隱私保護的概念比個人資料保護的概念更為寬泛，它還包括不屬於個人資料的個人空間保護問題，例如，私人、家庭和居家的生活，身體和道德的完整性，榮譽和名譽免於被誤解，不得披露不相關和令人尷尬的事實。從這一角度看，個人資料保護只是個人隱私保護的一部分。

但是，個人資料保護所包括的領域不僅限於個人隱私保護，還要保護個人其他基本權利，例如不受歧視的權利。

金融領域的個人隱私保護是金融科技發展中值得重視的一個領域。1997 年的一篇相關文章介紹保險市場上透過披露人類的 DNA（去氧核糖核酸）遺傳密碼來增加保險收益的可能。因此，需要在金融業務開展和金融隱私保護之間進行平衡，而且兩者的博弈也會貫穿金融科技的整個發展過程。

個人徵信和個人隱私保護密切相關。《金融隱私》（Financial Privacy）一書的作者尼古拉·傑因茨（Nicola Jentzsch）認為，信用報告和信用評分，即個人金融活動的一種記錄，正變成經濟生活的「第二身份證」，日益決定著對商品和服務的使用及其成本，任何關於個人徵信的話題，都離不開金融隱私。[14]

根據一項名為 1999 年《金融服務法現代化法案》（Gramm-Leach Bliley Act）美國聯邦法案，金融機構必須採取措施保護消費者財務方面的隱私。[15] 美國聯邦貿易委員會（FTC）是執行《金融服務法現代化法案》規定的聯邦機構之一，該法案不僅涵蓋銀行，還涵蓋證券公司、保險公司以及提供其他類型的金融產品和服務的公司。根據該法案，代理機構執行金融隱私規則（Financial Privacy Rule），該規則指導金融機構如何收集和披露客戶的個人財務資訊。保障規則（Safeguards Rale）則要求所有金融機構都必須採取保護措施來保護客戶資訊。藉口防備規定（Pretexting Provisions）旨在防止個人和公司以虛假藉口登入消費者的個人財務資料。

《一般資料保護規定》| General Data Protection Regulation, GDPR

Key word：金融科技、金融科技信貸、大科技信貸

《一般資料保護規定》（General Data Protection Regulation，GDPR），是在歐盟法律中對所有歐盟成員國公民關於個人資料保護的規範，涉及歐盟個人資料向歐盟外的跨境傳輸。GDPR 的主要目標是強化在數位經濟時代公民對於其個人資料的控制，以及為了國際貿易而簡化在歐盟內的統一資料管理規範。

GDPR 取代歐盟在 1995 年推出的歐盟**《個人資料保護規則》（Individual Data Protection Directive）**，該規則包含有關處理歐盟內部資料主體的資料的條款和要求，適用於與歐洲做生意的所有企業，無論位置如何。其基本內容如下：

■ 處理個人資料的業務流程必須在設計和預設情況下構建資料保護，這意味著個人資料必須使用假名（pseudonmisation）或匿名（anonymisation）進行儲存，並且預設使用最高的隱私設置，以避免公開資料未經明確授權，並且不能用於識別沒有單獨儲存附加資訊的主題。

- 任何個人資料處理都必須在合法的基礎上完成，**資料控制者**或處理者須從**資料所有者**那裡獲得明確的授權。資料所有者有權隨時撤銷此許可權。

- 個人資料處理者必須清楚地披露任何資料收集，聲明資料處理的合法基礎和目的，保留資料對應的時間以及表明是否與任何協力廠商或歐盟以外的國家共用資料。

- 用戶有權以通用格式請求獲取處理器收集的資料的可攜式副本，並有權在特定情況下刪除其資料。

- 公共主管部門和以核心活動為中心定期或系統地處理個人資料的企業需要雇用**資料保護官（DPO）**以負責管理 GDPR 的法令遵循性。

資料洩露通知制度（Data Breach Notification，DBN）：如果資料洩露對使用者隱私產生不利影響，那麼企業必須在 72 小時內通知個人資料主體並向主管部門報告任何資料洩露。

根據 GDPR，資料監管部門對違法企業的罰金最高可達 2000 萬歐元（約合人民幣 1.5 億元）或者其全球營業額的 4%，以高者為準。網站經營者必須事先向客戶說明會自動記錄使用者的搜尋和購物記錄，並獲得使用者的同意，否則按「未告知記錄使用者行為」做違法處理。企業不能使用模糊、難以理解的語言，或冗長的隱私政策來從使用者處獲取資料使用許可。該條例明確規定用戶的**「被遺忘權」（Right to Be Forgotten）**，即用戶個人可以要求責任方刪除關於自己的資料記錄。

GDPR 在全球產生很大影響，2019 年 7 月 8 日，英國資訊專員辦公室發表聲明稱，英國航空公司因為違反 GDPR 被罰 1.8339 億英鎊（約合人民幣 15.8 億元）。

GDPR 對中國金融科技行業的影響：[16] GDPR 在 2016 年 4 月 2 日透過，經過兩年的緩衝期，在 2018 年 5 月 25 日強制執行。GDPR 是網際網路時代全球資料治理的基石，推動全球的**資料監管**。中國也先後頒布《網路安全法》和《個人

資訊安全規範》，加強個人資料保護，對個人資料應用的監管趨嚴，為金融科技的發展帶來一定衝擊。GDPR 的制定者認為在大數據時代，**隱私權就是人權**。根據這一條例，個人消費者將享有更多權利。透過賦予消費者前所未有的權利，以及對違規行為的嚴厲處罰，可以更好地保護消費者的資料資產和個人隱私。

GDPR 在資料有效使用和隱私保護中有著很多的折中和平衡，一方面保護個人的資料權利，另一方面確保資料能夠合法地自由流動。規定使用者擁有可攜帶權，會對資料的自由流動產生深遠的影響。GDPR 的理念有助於打破中國資料的壟斷，對網際網路科技公司，特別是金融科技公司會產生長遠利好的影響。

有專家表示，GDPR 將是一部重整全球資料秩序的法令。GDPR 將成為未來全球網路空間規則的基石，對個人資訊收集和隱私驅動的整個中國互聯網產業主體的收入模式將產生重大影響。

資料保護官 | Data Protection Officer, DPO

Key word：大科技公司、金融科技信貸

資料保護官是指負責一個組織或機構中資料保護的法令遵循性、及時問題告知和提出建議的獨立資料保護專家，並作為資料問題連絡人和監管機構聯繫。

資料保護官的角色首先被歐盟作為 GDPR 的一部分而列出來。但是，到目前為止，在一些大企業中並沒有多少資料保護官在工作。

任命資料保護官是對在歐盟開展業務的公司的關鍵要求之一，而 GDPR 顯然是一項重要的立法。資料保護官是相關公司符合 GDPR 和其他相關法律的合適抓手，其工作包括為個人資料設置可防禦的保留期，授權允許登入資料的特定工作流程，概述如何使保留的資料匿名，然後監視所有這些系統以確保它們能夠保護客戶資料。

　　資料保護是一項艱巨的工作，在大型公司，資料保護官的角色可能需要一個團隊而不是一個人扮演。較小的組織中可能會要求首席資訊安全官來兼職。由專業的資料保護官監督多家公司的法令遵循性的想法也已浮出水面，類似於將財務報告外包給會計師事務所。

　　資料保護官與其他資料相關角色的比較：首席資訊長（CIO）、首席資訊安全官，或首席資料長已經在很多企業存在，但是這些角色和資料保護官不同。這些角色通常負責保護公司的資料安全，並確保這些資料資產被用來提高整個公司的業務能力。而資料保護官是為保護客戶隱私而工作的。結果是，資料保護官的許多建議將與其他資料相關角色的目標背道而馳：不是無限期地保存有價值的資料或將在一個業務線中收集的資料應用到另一個業務線，而是透過資料保護官來確保僅收集和保留完成交易所需的最少資料。

> 微軟公司的資料保護官：微軟指定的歐盟資料保護官是一個獨立顧問，幫助確保所有提出的處理個人資料的建議符合歐盟法律要求和微軟公司的企業標準。該角色旨在滿足 GDPR 在其第三十七至三十九條中列出的標準。該資料保護官職位需要候選人至少有 7 年專業資料保護經驗，或者 10 年的資料保護、安全和企業風險管理經驗。此外，候選人必須在國際資料保護相關法律和實踐方面具有專業知識。該資料保護官要以正確和及時的方式參與涉及個人資料保護的各個關鍵問題的處理。資料保護官的職能就是對微軟公司所出現的所有資料保護產生的影響進行評估。由於資料保護影響評估專案的設置是為了捕獲微軟所有的個人資料處理問題，資料保護官需要超越公司的視角參與，並能夠針對微軟公司的個人資料處理提出其履行 GDPR 法令遵循要求的建議。同時，有機制保證資料保護官監督微軟公司對於相關資料保護的監管的法令遵循性，包括 GDPR 以及微軟內部的資料政策。

跨境資料流動 | Cross-Border Data Flow

Key word：跨境支付、徵信

資訊或資料的傳輸通常稱為資料流動（Data Flow）。從全球視野來看，跨越國家或地區邊界的資料流動就是跨境資料流動。

技術的進步和商業模式的變化已經使過去臨時性跨境資料流動變為日常、大規模流動。過去的跨境資料流動，多是在公司與公司之間或政府與政府之間，但在今天，公司與用戶、政府與個人，甚至個人與個人之間的跨境資料流動更為普遍。個人的日常生活更多在網上進行，如使用搜尋引擎、網上聊天工具、網上銀行以及進行網上購物等都會發生跨境資料流動。雲端服務使得個人資料，包括電子郵件、照片、影音等可以轉移至個人電腦以外的他國伺服器上。

在貿易協定中，政府可以透過明確定義和預先設置能夠接受的要求，如國家安全，來限制資料跨越國界的流動。**跨境資料程**動是大多數商業組織的關鍵問題，其中包括轉移員工資訊，共用線上交易的金融詳細資訊以及透過分析個人的瀏覽習慣以為其提供有針對性的（商業）廣告。

關於跨境資料流動規則的討論始於**個人資料保護**立法領域。在新一輪的政策關注中，資料類型不僅限於個人資料，也包括政府資料、商業資料。

跨境個人資料流動是指位於一國境內的資料控制者，向位於本國以外的其他協力廠商提供進行個人資料共用、傳輸、披露以及其他令協力廠商知悉個人資料的方法。協力廠商既包括公司，也包括政府機構。制定個人資料保護法的國家，絕大部分對個人資料的跨境流動都設立管制規則。

隨著全球金融的蓬勃發展，跨境資料流動是金融領域的一個重要問題。往往只有支援資料和信貸資料的跨界流動，金融業務才能正常運作。

　　預計跨境資料流動將繼續以超出全球貿易增長速度的速度增長。企業利用資料來創造價值，並且很多資料在可以自由跨越國界流動的情況下才能最大化其價值，但越來越多的國家正在製造壁壘，使合法傳輸資料到海外的成本更加昂貴並消耗更多的時間。

個人資料影像 | Personal Data Profiling

Key word：KYC、信用評分、信用報告、大數據、替代數據

根據 GDPR 的規定，個人資料影像的概念延伸廣泛，是指任何透過自動化方式處理個人資料的活動，該活動用於評估個人的特定方面，或者專門分析及預測個人的特定方面，包括工作表現、經濟狀況、位置、健康狀況、個人偏好、可信賴度或者行為表現等。

　　個人資料影像被普遍認為能夠覆蓋目前大多數利用**個人資料**的**大數據**分析活動。例如，對個人偏好的分析，可涵蓋市場中最普遍的大數據分析市場行銷活動。在對「影像」進行界定的基礎，GDPR 對影像活動進行嚴格規範：

- 影像活動必須具有法定依據或獲得用戶明確同意。

- 對於影像活動，用戶必須是在充分知情的情況下同意授權的。

- 資料影像活動應當優先對資料進行匿名化處理。

- 特定的資料分析活動被完全禁止。

中國許多金融科技公司透過個人資料影像來為金融機構提供市場行銷和風控服務。

身份盜竊 | Identity Theft

Key word：生物識別、生物辨識支付、詐欺檢測、身份驗證

身份盜竊是指故意使用他人的身份，通常作為獲取財務利益或以他人的名義獲得信貸或其他利益的一種方法，並可能損害他人的利益。

當某人未經他人許可使用他人的個人識別資訊（例如姓名、身份證件號碼或信用卡卡號）進行詐欺或其他犯罪時，就會發生身份盜竊。最常見的類型為金融身份盜竊（Financial Identity Theft），是指有人希望以他人的名義獲得經濟利益，其中包括獲得信貸、貸款、商品和服務。

身份盜竊一詞是在 1964 年被提出的。從那時起，英國和美國就已對身份盜竊行為進行了規定。被盜竊的個人身份資訊通常包括姓名、出生日期、社會保險號、駕照號碼、銀行帳戶或信用卡卡號、PIN 碼、電子簽名、指紋、密碼或任何其他可用於登入個人財務資源的資訊。

根據美國聯邦貿易委員會所做的一份報告，確定**資料洩露**與身份盜竊之間的聯繫非常具有挑戰性，這主要是因為身份盜竊的受害者通常不知道如何獲取其個人資訊，並且個人受害者並非總能檢測到身份盜竊。

在美國，身份盜竊是一個嚴重的社會安全問題。美國非營利組織身份盜竊求助中心（Identity Theft Assistance Center，ITAC）介紹，2012 年，大約有1500 萬美國人的身份被盜。2018 年的一項研究表明，有 6000 萬美國人的身份被非法獲得。

在網際網路經濟時代，身份盜竊成為一個普遍現象，全球**個人徵信機構**和一些金融科技公司往往提供防止消費者身份盜竊的網際網路服務，將技術手段（大數據分析技術）和金融手段結合（和保險公司合作）。

美國 2013 年的電影《竊資達人》（Identity Thief）就描述在網際網路時代越來越普遍的身份盜竊現象。該電影主要講述一個客戶代理，偶然發現自己越來越窮，存款急劇流失。當員警找上門來的時候，他還不明就理，當他從員警那裡得知自己的信用卡被盜刷後才恍然大悟，信用卡被盜刷也直接導致他的信用分數爆低。這對於從事金融行業的他來說無疑是一個致命的打擊，老闆打算炒掉他。而一個大家庭正需要他的工資來維持生計，工作、名譽也不保，身份盜竊使主角陷入空前的困頓。

差分隱私 | Differential Privacy

Key word：個人隱私保護

差分隱私是一種密碼學中的系統化方法，透過描述一個資料集中不同組的不同模式，同時保留該資料集中的個人資訊，來公開共用這個資料集的資訊。

差分隱私背後的思路是，如果在資料庫中進行任意單項替換的效果足夠小，那麼查詢結果無法用於推斷到任何單個個人，因此可以提供隱私保護。

描述差分隱私的另一種方式是，限制用於發佈有關統計資料庫的匯總資訊的演算法，該演算法限制了其在資料庫中記錄的私有資訊的公開。例如，一些政府機構使用差分隱私演算法來發佈人口統計資訊或其他統計匯總資訊，同時確保調查答覆的機密性；公司用於收集有關使用者行為的資訊，同時控制其存取權限，甚至對內部分析人員而言也是不可見的。

粗略地講，如果觀察者看不到演算法的輸出，則該演算法是差分隱私的。通常在識別可能在一個資料庫中的不同個人的場景下討論差分隱私，儘管差分隱私演算法不直接涉及識別和重新識別攻擊，但可證明、可抵抗攻擊。[17]

差分隱私是由**密碼學家**開發的，因此通常與密碼學相關聯，並從密碼學中汲取很多語言。

差分隱私的方法涉及給資料增加雜訊，或者使用歸納方法掩蓋某些敏感屬性，直到協力廠商無法區分個人為止，使資料無法恢復以保護使用者隱私。迄今為止，比較知名的採用差分隱私的機構如下：

- 美國人口普查局，展示通勤模式。

- Google 的 RAPPOR，用於遙測，例如了解統計劫持使用者設置的惡意軟體。

- Google，分享歷史流量統計資訊。

- 2016 年 6 月 13 日，蘋果公司宣佈其在 iOS 10 中使用差分隱私，以改進其虛擬助理和建議技術。[18]

在資料探勘模型中對使用差分隱私的實際表現已有一些初步研究。

值得注意的是，這些方法的根源仍然要求將資料傳輸到其他地方，並且這些工作通常需要在準確性和隱私保護之間進行權衡。

10 量化投資

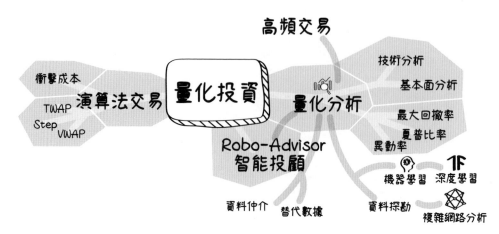

圖 10.1 量化投資模組知識圖譜

　　量化投資模組知識圖譜如圖 10.1 所示。量化投資是金融科技應用最活躍的領域之一，資本的趨利性使其積極擁抱新技術。

　　首先，量化投資興起於 20 世紀後半葉，至今已有 40 餘年的發展歷史，其基礎是演算法交易和量化分析。演算法交易使交易執行的過程自動化，實現大量的訂單下訂任務，同時將這一過程的執行效率提升到遠高於人類反應速度的程度。而將量化分析技術應用於投資，使構建投資策略時的每一步推導過程都變得更加清晰和明確，使投資人的主觀因素對價值投資的干擾降到最低。與此同時，量化投資將金融產品投資的整個過程量化，這使得其中的每個步驟都能被準確地記錄下來，並可以很方便地進行追溯，準確發現每種策略在執行時發生的問題，並進行合理的修正和改進。另外，這種可追溯的特性也使投資人能夠更好地評判不同策略之間的優劣，經濟學家們就此提出各種針對量化投資策略的評價指標。

　　其次，量化投資策略在傳統上分為兩個方向——金融產品市值和成交量的時間序列的技術分析、金融實體財務報表的基本面分析。在實際應用中，很多策略會將兩者結合。

　　再次，近年來，隨著資料提供商這一行業的發展，各種替代數據成為量化投資策略開發過程中一類重要的資料基礎。越來越多的大數據或替代數據成為量化

投資的資料來源。一個典型的量化投資應用場景就是智能投顧。而深度學習、複雜網路等新一代演算法和數學模型，也給量化投資策略的開發提供了前所未有的廣闊空間。

　　最後，在目前的金融科技視角下，量化投資已經成為其中一個重要的分支。無論是其所依託的資料來源和分析演算法等技術基礎，還是它能夠提供的產品形式，都開始了一輪一輪的革新。

　　曾經專門面向金融機構的自動投資組合管理軟體，就是在人工智慧技術的推動下，逐漸發展為面向各種量體的投資者的智能投顧產品，使量化投資走到每個人的身邊。這種新的金融科技產品，雖然能夠提高投資人的收益，並降低投資策略上的風險，但與此同時也帶來技術上的新風險，而針對這類新風險的科技金融安全產品也應運而生。

演算法交易 | Algorithm Trading
Key word：人工智慧、機器學習、資料探勘

演算法交易是指按照預先設計好的程式化交易指令在交易所提供的埠上進行金融產品交易。在此過程中，大額交易需求會被拆分成小額訂單，分散到一定的時間、區間上進行交易，降低衝擊成本。

　　在公開交易過程中，大額單筆訂單難以成功交易，且容易對金融產品的價格產生影響，失去優勢的價格成交機會，比如以較高價格買入，或以較低價格賣出，支付比預期更高的成本，這一成本被稱為**衝擊成本**。機構投資者會經常有這類大額單筆訂單的交易需求，如用於買入股票或修改投資組合賺取利潤。為減少這一過程中的衝擊成本，單筆訂單通常會被拆分成大量的小額訂單，分散到不同的時間進行交易。演算法交易產生的最初目的就是自動化完成這種拆單操作，以降低人工成本，同時避免人工作業會出現的失誤。

基礎的演算法交易策略包括時間加權平均價格（TWAP）交易、成交量加權平均價格（VWAP）交易、步進（Step）等。

時間加權平均價格交易，是將訂單在目標的交易時間上進行均勻分割。例如，交易需求為在 3 小時內買入 18 萬檔股票 A，那麼將其拆分為 180 個交易訂單，每分鐘執行一單，每次都按當時的成交價買入 1000 股。最終等效交易價格為目標時間內成交價的均值。在流動性足夠高的市場上，時間加權平均價格交易能大大降低交易對金融產品價格的影響。

成交量加權平均價格交易，會追蹤金融產品在過去交易日中的成交量變化規律，預測目標交易時間內不同時點上的成交量，然後以各時點的預測成交量為權重將訂單拆分為不同的大小，並在目標交易時間上執行。最終的等效交易價格為目標時間內成交價的均值。在預測模型足夠準確時，成交量加權平均價格交易是對金融產品的價格影響最小的一種交易策略。

步進是對時間加權平均價格交易、成交量加權平均價格交易等簡單策略的一種改進策略。在演算法交易的執行過程中，根據人工設定的價格閾值，隨時調整目前時點子訂單的交易量，如在價格低於下限閾值時執行 1.5 倍的交易量，而在價格高於上線閾值時執行 0.5 倍的交易量，以更優惠的價格完成預期中的買入需求。

在實際應用中，機構投資者會在這些基礎策略上進行改進，衍生出不同的演算法交易策略。這些策略成百上千，是很多投資機構的重要競爭力之一。

演算法交易可以用於執行**量化分析**得出的投資策略。量化分析以目標時點的組合賺取利潤的形式提出交易需求，然後用演算法交易在真實市場上執行，實現無人工參與的純自動化金融產品投資，通常被稱為**量化投資**或**自動交易**。有時**演算法交易**也用於描述這一過程。

量化分析 | Quantitative Analysis, QA

Key word：資料探勘、複雜網路分析、深度學習

在金融領域，量化分析是指透過使用數學模型和演算法，對經濟實體的資產和經營狀態，或金融產品的價值和表現進行研究並做出評估和預測，用於次級市場投資或風險分析。

　　量化分析通常透過在大規模的經濟資料庫中挖掘各種模式來實現，如不同流動資產之間的相關性、股票價格的波動模式等。這一過程會使用回歸分析、線性規劃、因素分析、**資料探勘**、**模式識別**、**時間序列分析**、**複雜網路分析**、**深度學習**等數學模型和演算法。

量化投資 | Quantitative Investment, Quant

Key word：人工智慧、機器學習、資料探勘、大數據、替代數據

用於次級市場投資的量化分析的研究成果通常以程式化的投資策略的形式呈現，如給出交易組合中每檔股票在某一具體時點的具體賺取利潤。在此基礎上，使用**演算法交易**在真實市場完成這一策略，就實現無人工參與的純自動化金融產品投資。這一過程通常被稱為**量化投資**，有時也被稱為**演算法交易**或**自動交易**。

　　借助量化分析，投資者可以使用程式對交易市場上的公開資料進行即時演算，並以很高的頻率調整賺取利潤，完成透過真人交易員難以實現的投資策略。這種策略叫作**高頻交易**（high-frequency trading，HFT），是量化分析的一種典型應用。此外，量化分析也大量應用於以日為週期，或以更低頻率調整賺取利潤的投資策略。

技術分析和基本面分析是量化投資策略的兩種基本模式。**技術分析**透過分析股票價格和交易量的詳細歷史資料，來預測其未來走勢。技術分析策略通常可分為**均值回歸（Mean Reversion）**和**動量（Momentum）交易**（也稱**趨勢跟隨交易**）兩種對立的交易方向。基本面分析透過評估企業的實際價值來計算股票應達到的市值，這一過程主要考察各種宏觀經濟和行業指標，以及企業定期發佈的**財務報表**，包括資產負債表、損益表和現金流量表。量化分析師經常透過基本面分析將企業在特定狀態上進行分類，之後針對不同類別的企業使用不同的技術分析模型預測股價，將兩者結合。量化分析過程中所使用的資料，通常是從**資料提供商**那裡批量購買或訂閱的。

除此以外，各種**替代數據**、**企業信用報告**可以對企業或股票提供額外的描述狀態，因此也受到量化分析團隊的青睞。典型的替代數據包括針對企業的**網際網路輿情指標**、**地理資訊資料**、雇員評價指標、企業間**金融關聯**、**供應鏈資料**等。對不同替代數據的應用能力，正成為很多量化分析團隊的重要競爭力。

有很多指標可以描述不同量化投資策略在真實市場上的盈利表現，常用的有夏普比率（Sharpe Ratio），最大回撤率（Max Drawdown）和異動率（Turnover Rate）等。

夏普比率表示投資策略在一段時間內（通常是一年或幾年），每承受一單位風險，會產生的超額回報比率。這一指標將投資策略的收益率透過其穩定程度進行調整，得到一個能同時對收益與風險加以考量的綜合指標。夏普比率現已成為評價投資策略時使用最廣泛的指標，但在投資期間當整個市場發生大幅上漲或下跌，以及用於非線性風險的投資產品時，這一指標的意義會顯著下降。

回撤（**Drawdown**）是指投資策略在一段時間內使資產從峰值到穀底的減少。當回撤發生時，需要再經歷一段時間的上漲，才能使資產恢復到之前的水準，所以回撤是一種影響巨大的風險因素。回撤帶來的風險，要結合回撤發生後資產上漲的趨勢進行評判。**最大回撤率**是指在達到新的峰值前，資產從峰值到谷底時資產的減少比例，即最大回撤率 $= \dfrac{資產峰值 - 資產谷值}{資產峰值}$。最大回撤率是用於描述投資策略下行風險的重要指標。

異動率（也稱周轉率）是指投資策略在某一週期內進行交易的金融產品占總資產的比例。金融產品在交易時一般要支付一定的手續費，異動率能夠描述這方面的交易成本。以較高頻率調整賺取利潤的投資策略，通常會產生較高的異動率，因此這一指標一般只在相同交易頻率的投資策略之間進行比較。某年 1 月某策略的市值走勢如圖 10.2 所示。

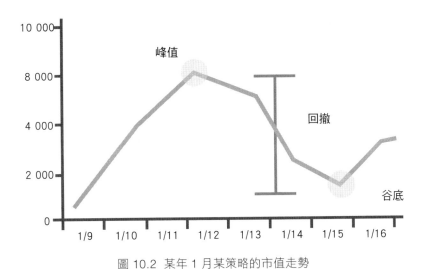

圖 10.2 某年 1 月某策略的市值走勢

資料來源：Investopedia.com。

量化投資興起於 20 世紀 70 年代的北美金融市場，起初發展比較緩慢，只在少數投資銀行內部使用。在數次金融危機中，各機構的量化投資專案顯示出異常穩定的投資業績，因此市場規模、份額和覆蓋的地區不斷擴大。到了 21 世紀 10 年代末，海外金融市場已有超過 30% 的資產進入量化投資項目，同時有超過 80% 的成交量來自量化投資。

目前中國的量化投資尚處於起步階段，樂觀估計，量化投資專案的管理規模在各類證券基金中的占比為 1%~5%。中國股票市場有跌漲停板和「T + 1」交易限制，流動性受到影響，且缺乏成熟的股票期權市場，因此很多投資策略的交易需求難以滿足。但很多**智能投顧**產品借助量化投資領域的研究成果而誕生，如各種**智慧選股**軟體。隨著政策的逐步開放，量化投資在中國將有巨大的市場前景。

智能投顧 | Robo-Advisor

Key word：人工智慧、機器學習

智能投顧的全稱是智慧投資顧問，是一種由自動化演算法驅動的金融規劃服務，通常以無人工或只有少量人工干預的數位平台形式呈現。在這一過程中，智能投顧系統會收集客戶的經濟狀況以及預期的投資目標，並在計算後給出投資建議，或直接管理客戶的投資帳戶。

第一個智能投顧產品 Betterment 發佈於 2008 年金融危機期間。其最初目的是透過平衡目標日期基金的資產，給投資者提供一個簡單的線上介面來管理被動的「買入並持有」類投資項目。這項技術本身並不新鮮。自 21 世紀初以來，個人基金經理一直在使用**自動投資組合管理軟體**。但在 2008 年之前，業外人士無法直接購買這類軟體，因此個人客戶必須聘請財務顧問或基金經理，透過他們才能使用這類軟體。智能投顧的出現徹底改變這種情況，其直接向終端的資產所有者提供服務。

經過 10 餘年的發展,智能投顧現在能夠處理更複雜的任務,如稅收損失收集、投資專案選擇和退休規劃制定等,同時還會使用**量化投資**等技術來實現更細緻的投資規劃。目前常見的智能投顧產品包括自動投資顧問、**智慧選股**、自動投資管理和數位諮詢平台等,它們是終端客戶使用金融科技產品進行投資管理的典型形式。智能投顧示意圖如圖 10.3 所示。

不同智能投顧產品之間的差別主要表現在兩個方面:一是投資策略的收益能力,尤其是對不同客戶需求和經濟狀況的針對性;二是底層營運能力,包括 IT 技術、和其他產品或服務的對接,以及成熟的客戶服務和行銷體系等。在美國,投資者可以借助美國金融業監管局(FINRA)的 BrokerCheck 網站了解不同的智能投顧產品,就像研究傳統投資顧問團隊一樣。

智能投顧會權衡個人偏好與各種不可預測的因素,
自動推薦符合投資者特定需求的投資組合

圖 10.3 智能投顧示意圖

資料來源:schwab.com。

智能投顧的典型服務模式：

1. 安排客戶完成一份簡短的問卷來評估其風險承受能力和投資需求。

2. 系統為客戶建立一個多樣化的基金組合，通常由服務提供方的投資專家團隊在演算法給出的結果中挑選得出。

3. 專家團隊定期監控市場活動和每一項基礎投資，以確保客戶的投資組合透過演算法得到適當的調整。

4. 一些智能投顧產品會提供真人線上顧問服務，他們可以說明客戶設定投資目標的優先順序，並提供相關建議。

5. 客戶可以隨時登錄帳戶，跟蹤目前投資帳戶的狀態，並做出需求調整。

　　與傳統的投資顧問相比，智能投顧有更高的客觀性和更好的執行力，因為自動化演算法的執行過程不會受服務提供者的情緒或業績需求的影響。此外，智能投顧還大大降低人力消耗，能夠以更低的成本向更多的客戶提供服務。但與其他資訊系統一樣，智能投顧系統有可能會受到包括**惡意程式碼**等在內的各種技術攻擊。與此同時，中國對智能投顧產品的監管政策目前尚不完善，整個行業還有待發展。

11 保險科技

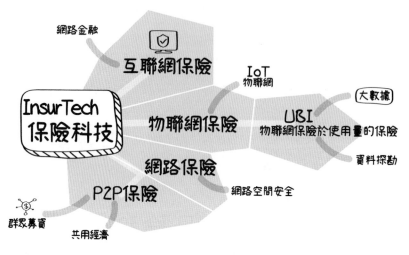

圖 11.1 保險科技模組知識圖譜

　　保險科技是金融科技領域中發展較晚，但非常有潛力的一個分支領域。簡單地理解，保險科技是指利用新一代資訊技術來提供保險服務。相對於作為金融科技發展的主要脈絡的銀行信貸，保險科技由於保險行業在整個金融市場的佔有率較小，IT 基礎設施不夠完善，資料品質不夠理想，業務數位化轉型緩慢等，目前處於起步階段，但是由於存在巨大的市場空間，全球金融科技公司紛紛在保險科技領域提前佈局。保險科技模組知識圖譜如圖 11.1 所示。

　　首先，從商業模式上講，新的消費場景催生保險新營業的型態：P2P 保險和互聯網保險。在數位金融時代，網路資訊安全問題無論對企業還是消費者而言都是難言之痛，除了網路安全技術方案，國家相關法律法規的保障，再加上金融保險手段，可以更好地及系統性加強路安全防線。

　　P2P 保險源於共用經濟理念，利用社群網路採用「小組」互助模式，和中國重大傷病互助保險不同，其產品多為房屋保險、汽車保險和電子產品保險等。相比 P2P 網貸，P2P 保險的典型案例主要出現在歐美，在中國還比較少。

　　其次，在數位金融下，新興技術對商業模式的推動不可小覷，依賴於物聯網技術的物聯網保險，利用個人可穿戴設備、智慧傢俱、衛星定位智慧型車載終端等設備，採集更多使用者的場景資料，為保險的定價、理賠和風控提供決策支援。使用量的保險是物聯網保險的典型應用，區別在於傳統的保險模式是歷史的反映，使用量的保險利用物聯網和人工智慧技術，結合大數據和資料探勘分析現在的駕駛行為模式，帶來汽車保險科技的創新與變革。

　　依託網際網路平台的保險業務稱為互聯網保險，這雖然不是一個很專業的術語，但就像網路金融的說法一樣，便於描述中國保險科技的發展方向，是對保險科技具有中國特色的一種理解。

　　值得一提的是，中國保險資訊技術管理有限責任公司（簡稱中國保信，現由於機構合併改名為中國銀行保險資訊技術管理有限公司）①成立於 2013 年 7 月，是重要的保險科技公司，致力於金融基礎設施建設，加強銀行保險業金融基礎設施建設，為監管和市場做好服務。

保險科技 | Insurance Technology / Insur-Tech / InsTech
Key word：大數據、雲端運算、人工智慧、區塊鏈

保險科技是指利用大數據、雲端運算、人工智慧、區塊鏈等新一代資訊技術提供的保險服務。

　　InsurTech 或 **InsTech** 是混搭術語，表示**保險**和科技的整合。

---

① http://www.cbit.com.cn/zgbxgw/index/index.html.

InsurTech 或 **InsTech** 是 **FinTech** 的保險相關分支。雖然常用來描述初創企業，但保險科技也可以是大公司內部的創新應用，如蘇黎世保險公司部署人工智慧理賠處理。蘇黎世保險公司使用**人工智慧**審查有關人身傷害理賠的文件，例如醫療報告，並相信其大大縮短理賠處理的時間。

保險科技公司往往有幾個關鍵的共同特點：更快／更智慧的技術，一個創新和有創造力的文化，竭誠提升客戶體驗，使用簡單的名稱來打響自己的品牌，易於記憶並引起客戶共鳴。保險科技公司傾向於依靠智慧手機 App、**人工智慧**、**機器人**和**雲端運算**。

美國的多數保險科技公司啟動交易都專注於財產險，例如，**前端保單服務**、**後端理賠服務**。

保險科技公司有 Lemonade、Trov、KASKO、ROOT、Snapsheet、SPEX、Knip、FitSense、Mass-Up、Cuvva 和 Everledger。

雖然大多數保險科技初創公司專注於避免保險風險（如果發生被視為保險風險的事件，則有責任支付索賠）領域，但有些初創公司是完全的保險公司。這些例外包括 Lemonade 和 Metromile 等。

網路保險 | Cyber-Insurance

Key word：網路安全

網路保險（Cyber-Insurance），也稱網路責任保險（Cyber Liability Insurance）或網路安全保險，是指保障企業發生網路安全事故和資訊洩露事故造成的第一方損失和協力廠商賠償責任的保單。[1]

網路保險政策可能包括資料損毀、敲詐勒索、盜竊、駭客和阻斷服務攻擊。賠償責任範圍是公司因錯誤和遺漏未能保護資料而給他人造成的損失，以及其他方面的內容，包括定期的安全監察、事後公共關係、調查費用等。

網路保險有以下幾種類型：

■ 駭客保險，防範網路攻擊和駭客攻擊。

■ 盜竊和詐欺，覆蓋刑事或詐欺網路事件導致的投保人資料的銷毀或損失，包括盜竊和資金轉移。

■ 法醫調查，涵蓋網路相關的必要的法律、技術或司法鑑定服務，以評估是否發生了網路攻擊，評估攻擊的影響並判斷是否停止了攻擊。

■ 業務中斷險，涵蓋因網路事件或資料丟失而導致保單持有人無法開展業務的收入損失和相關成本。

■ 勒索，提供與調查針對保單持有人的系統進行網路攻擊的威脅有關的費用，以及向威脅要獲取和披露敏感資訊的勒索者支付的費用。

■ 信譽保險，抵禦聲譽攻擊和網路誹謗的保險。

■ 電腦資料丟失和恢復，涵蓋與電腦相關的資產的物理損壞或在正常使用期出現的損壞，包括檢索和恢復由於網路攻擊而被破壞或損壞的資料、硬體、軟體等。

【案例】中國安聯全球企業與特殊保險部（AGCS）在網路保險領域擁有 10 多年的經驗，可以保護組織機構免受網路犯罪和數位威脅的侵害。AGCS 可提供從專業、獨立的網路保險到傳統財產和意外險的一系列專業網路保險。

安聯保險集團（Allianz）承保的網路保險包括第一方損失（如業務中斷、恢復和危機通訊）和協力廠商賠償責任（如數據洩露、網路中斷和通知費用）。網路保險提供的不僅僅是對潛在的重大經濟損失的補償，還可以為客戶提供有價值的預防和事件回應服務，說明公司提高網路彈性[a]，並減輕事件發生後的負面影響。這些服務包括全天候的 IT 鑑證專家[b]、法律顧問或危機通訊支援。[2]

---

a 網路彈性（cyber resilience）也稱運維彈性（operational resilience），是指網路在遇到災難事件時快速恢復和繼續運行的能力。

b IT 鑑證專家經過專門培訓，可以查核和調查電腦、記憶棒、儲存卡和任何其他數位設備上的即時資料和已刪除資料，以作為法律程式的一部分進行取證。

【案例】中國平安產險在 2017 年年初推出「平安網路安全綜合保險」。

「平安網路安全綜合保險」借鑒了國際市場主流產品的架構與模式,以《網路安全法》的要求,結合中國市場,打造出一款「本土化 + 國際化」險種。針對被保險人因網路安全事件、資訊安全事件導致的第一方損失(包括營業中斷、網路勒索及事故處理費用)、協力廠商賠償責任(如資訊洩露)提供保險保障,所提供的承保能力最高達 1.5 億元。

「平安網路安全綜合保險」不僅解決國際市場產品本土化的難題,還保證產品框架與服務體系的延續性。在該產品體系中,既在再保險端引入中國、國際著名的再保險公司,又在 IT 評估端與中國外知名的大型網路安全公司合作,解決舶來品的本土適應問題。

該產品是為面臨網路風險帶來的財務損失及名譽損失的企業提供的一項解決方案。[3]

P2P 保險 [4] | Peer-to-Peer Insurance
Key word:共用經濟、群眾募資

P2P 保險,泛指社群網路採用「小組」互助模式的保險產品。

P2P 保險的概念最早由 2010 年在德國柏林成立的一家保險代理公司 Friendsurance 提出,該保險公司的名字由 friend(朋友)與 insurance(保險)組合而成。用戶可以在臉書、領英(LinkedIn)等社交平台邀請朋友、家人等組成互助「小組」,一起在 Friendsurance 平台購買保險產品。

在 P2P 保險模式中,保費被分成兩部分,一部分作為保險公司的保費收入,另一部分會形成一個回報資金池。如果互助「小組」內有人出險,則首先用回報資金池中的資金對被保險人進行理賠,不足的部分再由保險公司賠付。如果保險期限內「小組」成員沒有出險,則各成員可以獲得回報資金池中的保費返還。

P2P 保險的創新價值有：首先，互助「小組」的模式降低被保險人的道德風險、逆向選擇風險。因為「小組」成員由朋友、家人組成，成員之間相互認識，有感情因素存在，發生集體騙保的機率降低。其次，提升理賠效率。回報資金池會率先進行小額賠付，降低保險公司處理小額賠付的理賠效率。最後，社群網路降低行銷成本。互助小組模式可以降低保險仲介、經紀人的行銷成本，降低保費，使用戶受益。

P2P 保險與中國的互助保險的不同點有：P2P 保險的種類大多為房屋保險、汽車保險、電子產品保險。中國境內的互助保險主要是重大疾病互助保險。中國重大疾病互助保險的參與人數多、以陌生人為主、道德風險高、騙保風險大、盈利模式不清晰。P2P 保險則採用類似於 Friendsurance 的 4 ～ 16 人的「小組」模式，風控相對嚴格，有明確的盈利方式。

【案例】以 Friendsurance 為例。使用流程是，投保人繳納一定的保費後，與投保人列表上的人建立互助關係。一旦對方出險，投保人分擔最多 30 歐元的損失。若投保人在該時間段沒有出險，則有一定的獎勵返還。例如，繳納 100 歐元保費，其中的 60 歐元進入保險資產池作為大金額賠付的資金來源，剩下 40 歐元作為未出險獎勵和小額賠付的資金來源，平均來講，返還金額占比達 33%。

Friendsurance 的盈利來源為保費與出險賠付的差額。

除 Friendsurance 外，更多的 P2P 保險公司如 InsPeer、Lemonade 和 Uvamo 等衍生出更多有趣的商業模式。InsPeer 還會根據使用者的出險機率和賠付情況進行評分，分數可以被所有人看到，並根據分數制定與他人分擔金額的比例。Lemonade 把保險金與慈善和公共事業聯繫起來，客戶可以自主選擇慈善機構，或者自己孩子所在的學校。

而 Uvamo 則將投保人與計畫投資保險業的投資者聯繫到一起。

P2P 保險模式可以減輕保險公司和保單持有人在傳統的集中式保險結構中可能存在的衝突，因為它們的動機並不總是一致的。在傳統保險中，未在索賠中支付的預留保費通常由保險公司持有。但是，在 P2P 保險中——成員共同使用自己的資源來彌補損失——當提起索賠的數量少於預期數量時，已付保費後的剩餘資金（超額保費）會返還給小組成員。同時，在糟糕的年份，當索賠損失實際超過了收取的保費時，可以使用再保險公司來彌補差額。因此，在 P2P 保險中，由於不用於支付理賠金的保費會被退還給成員保單持有人，即使被保險人與保險人之間的衝突沒有消除，也會趨於減少。

【案例】中國 P2P 保險平台主要有 3 種經營模式（見表 11.1）：Friendsurance 模式、Bought By Many 模式和 Lemonade 模式。其中，前兩種模式屬於 P2P 保險經紀，而第三種模式屬於 P2P 保險公司。目前大部分的 P2P 保險平台參照 Friendsurance 模式。[5]

表 11.1　3 種 P2P 保險平台經營模式對比

經營模式	Friendsurance 模式	Bought By Many 模式	Lemonade 模式
國家	德國	英國	美國
商業模式	保險經紀	保險經紀	保險公司
是否可以自行選擇互保成員	是	是	是
互保小組建立機制	客戶有相似保險需求進行分組	客戶有相似保險需求進行分組	保險客戶有意願捐助的慈善項目進行分組
主營業務	電子產品保險、責任保險、家庭財產保險、職業責任保險、汽車保險等	寵物保險、旅遊保險、電子產品保險、健康保險、職業責任保險、房屋保險等	屋主保險、租戶保險

經營模式	Friendsurance 模式	Bought By Many 模式	Lemonade 模式
盈利模式	傭金 + 管理費	傭金	保費固定額度與經營成本之間的差額
未發生償付時是否產生費用	是	是	是

物聯網保險 | IoT Insurance

Key word：物聯網

物聯網保險是指利用物聯網技術為保險公司提供智慧資料監視和狀態跟蹤以及資料監測功能，說明保險公司進行保險定價、理賠和風控。

物聯網被應用到保險行業，透過個人可穿戴設備、智慧家居、衛星定位智慧型車載終端等設備，能夠獲取更多使用者的場景資料，更加精確地說明保險產品定價，推進保險產品個性化創新。

物聯網的設備，如車載感測器、全球定位系統等，可以為保險行業提供資訊資料。大多數汽車保險公司會收集速度、加速度和行駛距離等資料，並將其用於準確獲取保費保單和減少詐欺。大多數汽車保險公司為駕駛員和車主提供駕駛行為車險（Usage-Based Insurance，UBI）。此外，投保人還可以獲得良好的駕駛行為獎勵，並改善駕駛習慣。

因此，物聯網能夠降低保費成本並加強客戶關係。於使用量的保險中採用遠端資訊技術，提高承保和**保險理賠效率**。

【**案例**】利寶相互保險公司（Liberty Mutual Insurance）已與 Nest（智慧溫控器製造商，谷歌子公司）合作，實現在家裡連接的煙霧報警器，使客戶能夠降低發生火災的風險，進而降低他們的家庭保費。

Nest 會告訴客戶哪裡有煙霧或一氧化碳，並在他們的手機上發出警報，而分頻感測器則會尋找快速和緩慢燃燒的火災。利寶相互保險公司將這些價值 99 美元的 Nest 產品免費發送給客戶，並收取客戶最高 5% 的保費。這是物聯網推動保險公司日益成為生活方式公司或顧問的一個很好的例子。

【**案例**】伊瑞保險公司（Erie Insurance）一直在用無人機進行財產查核，以應對損失索賠。它是第一家獲得美國聯邦航空管理局（FAA）許可，將無人機用於商業用途的保險公司。如此可以加快索賠過程，在不危及員工的情況下查看損失，更清楚地了解潛在的詐欺案件。

【**案例**】「智慧牙刷」聽起來像是拉斯維加斯國際消費電子展（CES）上的一個噱頭，但你可以試著告訴美國牙科保險公司 Beam Dental，誰在為這些產品的牙科保險定價。是的，Beam Dental 為每位客戶提供一款智慧牙刷，監控他們的口腔衛生情況，並使用此資訊支援牙科保險計畫。如果客戶的刷牙習慣達不到要求的標準，Beam Dental 會向他們發送通知和鼓勵，並希望這能改善牙齒衛生情況，將保費降低 25%。

駛行為計費保險 | Usage-Based Insurance, UBI

Key word：大數據、資料探勘、物聯網

駛行為計費保險，是車輛保險的一種，也稱根據使用量定價的保險，包括根據駛狀況定價的車險（Pay As You Drive，PAYD）、根據駛行為定價的車險（Pay How You Drive，PHYD）、里程的車險，其保費取決於使用的車輛類型、時間、距離、行為和地點。

駛行為計費保險與傳統保險不同，傳統保險試圖區分和獎勵「安全」司機，給他們設置較低的保費或無理賠獎金。然而，傳統區分依據的是歷史行為模式，而不是現在的行為模式。這意味著，更安全（或更魯莽）的駛模式和生活方式可能需要很長時間才能表現在保費上。

駛行為計費保險的最簡單形式是根據駛狀況定價的車險。然而，根據駛狀況定價的車險的一般概念包括，保費可能不僅取決於你開多少車，而且取決於你如何、在哪裡、何時開車。

駛行為計費保險的另一種形式是根據駛行為定價的車險。其與根據駛狀況定價的車險類似，但還引入其他感測器（如加速度計）來監視駛行為。

根據駛狀況定價的車險意味著保費是動態計算的，通常基於驅動的因素。

有 3 種類型的駛行為計費保險：覆蓋範圍基於車輛的里程表讀數；覆蓋範圍 GPS 資料統計的里程、車輛被使用的分鐘數，由車輛獨立模組記錄，透過手機或無線射頻辨識系統技術傳輸資料；覆蓋範圍從車輛收集的其他資料，包括速度和時間資訊、道路的歷史風險、行駛距離或時間之外的駛行為。

美國汽車保險公司 Progressive 正在使用 UBI 遠端資訊技術處理常式來監控其汽車保險客戶的駕駛情況。透過使用 ODB（車載診斷系統）遠端資訊處理軟體接收器和機器學習，該保險公司能夠判斷駕駛員在每次行程中的表現。透過這樣做，該保險公司可以根據個人情況更準確地定價，同時這種方法也能用較低的保費獎勵更安全的司機。到目前為止，該保險公司已經對超過 1.7 萬億名司機進行觀察，並表示其價格是以「你實際駕駛的方式，而不僅僅於你住在哪裡、你有什麼樣的車等傳統因素」。該保險公司還與 Zubie 合作，Zubie 是一家可以插入汽車的裝置的製造商，它可以幫助汽車保險公司跟蹤駕駛員駕駛行為的好壞。相關協定讓 Progressive 的客戶看到，根據 Zubie 收集的駕駛資料，Progressive 將如何向他們收費。

UBI 車險、UBI 貨運物責險在中國處於起步階段。在非車險領域，2019 年 10 月，平安保險和中交興路聯合發佈優駕保 UBI 網路貨運物流責任險（簡稱優駕保），這是 UBI 的貨運保險。主要以網路貨運平台、物流公司和實際運輸方。該險種依託中交興路車聯網大數據和平安保險專業的產品設計能力，透過視覺化評分報告對投保人進行評級，精準定價，讓投保人享受價格低、理賠快、少出險的實惠。以車聯網大數據，優駕保還可以對司機進行不安全駕駛行為提醒、陌生和危險路段安全預警、路線提示等，提升即時風控能力。出險後，保險公司可以透過車聯網大數據了解車輛運行軌跡，司機也可以用中交興路開發的車旺大卡固定現場證據，提高理賠效率。[6]

互聯網保險 | Internet Insurance

Key word：網路金融

互聯網保險是指保險機構依託網際網路和行動通訊等技術，透過自營網路平台、協力廠商網路平台等訂立保險合約、提供保險服務的業務。[7]

互聯網保險有許多優勢：[8]

1. 相比傳統保險，互聯網保險使客戶能自主選擇產品。客戶可以線上比較多家保險公司的產品，保費透明，權益清晰明瞭，這種方式可以讓傳統保險的退保率大大降低。

2. 服務更便捷。網上產品諮詢、將電子保單發送到郵件信箱等都可以透過輕點滑鼠來完成。

3. 理賠更輕鬆。網際網路讓投保更簡單，資訊流通更快，也讓客戶理賠不再像以前那樣困難。

4. 保險公司同樣能從互聯網保險中獲益很多。首先，透過網路可以推進傳統保險業的加速發展，使險種的選擇、保險計畫的設計和銷售等方面的費用減少，有利於提高保險公司的經營效益。據有關資料統計，透過網際網路向客戶出售保單或提供服務要比傳統行銷方式節省 58% ～ 71% 的費用。

在互聯網保險的發展過程中出現眾多的保險公司，也湧現出很多的保險創新案例。[9]從業績來看，中國眾安保險已經佈局消費金融、健康險、車險、開放平台、航旅及商險等多個領域，獲得中國 2016 年金龍獎「年度十佳網路金融創新機構」獎。從資料來看，眾安保險借助強大的網際網路創新能力成為網路金融生態的重要穩定器，有累計 5 億的保民和超億張保單。眾安保險主要的創新在產品上，主要的創新險種包括航班延誤險、「買唄」、眾安分單、車險的 UBI 方案。其中，「買唄」是由眾安保險與蘑菇街透過大數據平台對使用者進行資信評分，並為評分較優的使用者提供的消費信貸服務，這是中國境內保險業首個以電商平台的信用保險產品，也是信用保證保險與網際網路的完美結合。在眾安分單中，眾安保險透過與央行徵信中心、公安大數據平台、前海徵信、支付寶芝麻信用等信用資料系統的對接，其強大的資料探勘和風險管控能力對客戶的信用等級進行評分和分級，眾安保險會參與網際網路平台上每一筆貸款的審批和每一名借款人的風險定價，挖掘潛在的客戶需求。車險的 UBI 方案，是使用量和車主使用習慣，實現「隨人隨車」定價的模式，讓車主按照需求購買保險。

參考資料

第 1 章

1. https://www.worldbank.org/en/news/feature/2014/04/10/digital-finance-empowering-poornew-technologies

2. 李藝銘、安暉《數位經濟：新時代再起航》〔M〕北京人民郵電出版社 2017.

3. 聯合國貿易和發展會議《2019 年數位經濟報告（中文版）》〔R/OL〕（2019-09-17）〔2020-06-05〕http://www.databanker.cn/research/262213.html

4. 謝平、鄒傳偉《互聯網金融模式研究》〔J〕金融研究，2012/12，11-22.

5. 黃益平、黃卓《中國的數位金融發展：現在與未來》〔J〕經濟學（季刊），2018/17（04）：1489-1502.

6. 顧月《央行解讀新工具：普惠小微企業延期支持和信用貸款支持怎麼用？》〔N〕. 21 世紀經濟報導，2020-06-02.

7. Bailey Klinger《Alternative Credit Scoring in Emerging Markets》〔C〕。「Proceeding of the Credit Scoring and Credit Control XIV Conference」Edinburg, UK, August 26-28, 2015.

8. Greg Larson《Needles in the Haystack: How a New Tool Is Unlocking Entrepreneurship in Africa》〔J〕Harvard Kennedy School Review, 2012, 04.

9. 焦瑾璞《惠金融的國際經驗》〔J〕中國金融，2014/10：68-70.

10. Strack F., Mussweiler T.《Explaining the enigmatic anchoring effect: Mechanisms of selective accessibility》〔J〕. Journal of Personality and Social Psychology,1997,73（3）：437-446.

11. 孫惟微《賭客信條：你不可不知的行為經濟學》〔M〕北京：電子工業出版社，2010.

12. 賈紅宇《中國眾籌融資背後的經濟學「原理與真相」》〔EB/OL〕（2014-11-10）〔2020-06-05〕https://www.weiyangx.com/111233.html

13. 香港金融管理局《虛擬銀行》〔EB/OL〕.（2020-06-01）〔2020-06-05〕https://www.hkma.gov. hk/chi/key-functions/banking/banking-regulatory-and-supervisory-regime/virtual-banks/

14. MBA 智庫《美國安全第一網路銀行》〔EB/OL〕（2014-02-19）〔2020-06-05〕 https:// wiki.mbalib.com/zh-tw/ 美國安全第一網路銀行

15. Fintech News Hong Kong. Meet Hong Kong's 8 New Virtual Banks〔EB/OL〕（2019-05-10）〔2020-06-05〕. https://fintechnews. hk/8951/virtual-banking/hkma-virtual-banklicense-sc-digital-livi-zhongan-za/

16. https://www. hkma.gov. hk/eng/news-and-media/press-releases/virtual-banks

17. 中國互聯網金融協會互聯網銀行專業委員會《2019 開放銀行發展研究報告》〔R/OL〕（2019-12-29）〔2020-06-12〕https://www.cebnet.com.cn/upload/resources/file/2019/12/29/78691. pdf

18. Tony van Gestert Baesens.《Credit Risk Management—Basic Concepts：Financial Risk Components, Rating Analysis, Models, Economic and Regulatory Capital》〔M〕Oxford: Oxford Press, 2009.

第 2 章

1. Trevir Nath《How Big Data Has Changed Financ》〔e EB/OL〕（2019-06-25）〔2020-06-15〕https://www.investopedia.com/articles/active-trading/040915/how-big-data-has-changedfinance. asp.

2. 劉新海《金融大數據應用新進展：從智慧金融、普惠金融到宏觀金融決策》〔R〕北京：社會科學文獻出版社，2017

3. 劉新海《徵信 AI：來自人工智慧的信用服務》〔J〕當代金融家，2017/12，45-48.

4. 劉新海、丁偉《美國 ZestFinance 公司大數據徵信實踐》〔J〕徵信 2015/08，16-20.

5. 韓家煒、坎伯、裴健《資料採擷》〔M〕范明、孟小峰譯，北京:機械工業出版社，2012

6. 麥爾荀伯格、庫基耶《大數據時代》〔M〕盛楊燕、周濤 譯，杭州：浙江人民出版社，2013.

7. 姚前、謝華美、劉松靈、劉新海《徵信大數據》〔M〕.北京：中國金融出版社，2018.

8. 劉新海《釋能金融大資料：從微觀、中觀到宏觀風險分析》〔R〕.北京：經濟科學出版社，2018，09：36-57.

9. 國務院發展研究中心產業互聯網課題組《中國大資料應用發展報告 No.1》（2017）〔M〕北京：社會科學文獻出版社，2017

10. 紀森森　等《信用經濟：下一個 10 年紅利風口》〔M〕北京：電子工業出版社，2018.

11. 刘新海《徵信 AI：來自人工智能的信用服》〔J〕. 當代金融家，2017，12，45-48.

12. 鄭孫聰《萬字詳解：騰訊如何自研大規模知識圖譜 Topbase》〔DB/OL〕（2020-06-01）參考文獻 321〔2020-06-15〕. https://zhuanlan.zhihu.com/p/145112755

13. Brin S., Page L.《The Anatomy of a Large-Scale Hypertextual Web Search Engine》〔J〕. Computer Networks and ISDN Systems,Volume 30, April 1998, Pages 107-117.

14. 陳封能、斯坦巴赫《資料採擷導論》〔M〕范明、範宏建 譯，北京：人民郵電出版社，2011.

15. 劉新海、丁偉《美國 ZestFinance 公司大資料徵信實踐》〔J〕徵信，2015/08，16-20.

16. Guangxi Cao, Yingying Shi, Qingchen Li.《Structure Characteristics of the International Stock Market Complex Network in the Perspective of Whole and Part》〔J〕. Hindawi Discrete Dynamics in Nature and Society, Volume 2017.

17. 矽谷觀察《人工智慧：深度學習詳解》〔EB/OL〕（2019-04-28）〔2020-06-12〕https:// www.shangyexinzhi.com/article/details/id-112344/.

18. 陳永偉《聯邦學習能打破資料孤島嗎？》〔N〕經濟觀察報 2020-05-01.

19. 羅瓊、楊微《電腦科學導論》〔M〕. 北京：北京郵電大學出版社，2016.

20. www.techtarget.com

21. Jain, Anil K., Ross, Arun .《Introduction to Biometrics》〔C〕. Handbook of Biometrics. German:Springer, 2008：1-22.

第 3 章

1. 貓九區塊鏈《區塊鏈的幾個歷史趣事有點意思哦》〔EB/OL〕（2019-11-02）〔2020-06-04〕https://www.wanbizu.com/baike/2019110257708.html

2. 王明偉《美國政府為何不要民眾買黃金原因就是這些！》〔EB/OL〕（2019-09-12）〔2020-06-04〕http://www.silver.org.cn/x/20160912-74320.html

3. 《白話區塊鏈》《幣可分享：熊市很多人心灰意冷，卻很少人知道當年中本聰和「六大羅漢」有多牛》〔EB/OL〕（2018-11-22）〔2020-06-04〕https://www.sohu.com/a/277142059_100249655

4. 姚前《數位貨幣初探》〔M〕北京：中國金融出版社，2018.

5. 中國區塊鏈技術和產業發展論壇《中國區塊鏈技術和應用發展白皮書》〔R〕，2016/10: P5.

6. https://blockgeeks.com/blockchain-infographics/

7. http://www.btc.com

8. Andreas M. Antonopoulos《精通比特幣（第二版）》〔EB/OL〕喬延宏等 譯 https:// www.8btc.com/book/281955

9. Wikipedia《Digital Currency》〔EB/OL〕（2020-05-04）〔2020-06-04〕https://en.wikipedia.org/wiki/Digital_currency.

10. European Central Bank《Virtual currency schemes—a further analysis》〔R/OL〕（2015-02）〔2020-06-04〕https://www.ecb.europa.eu/pub/pdf/other/virtualcurrencyschemesen.pdf

11. Financial Crimes Enforcement Network《Application of FinCEN's Regulations to Persons Administering, Exchanging, or Using Virtual Currencies》〔R/OL〕（2013-03-18）〔2020-06-04〕https://www.fincen.gov/resources/statutes-regulations/guidance/applicationfincens-regulations-persons-administering

12. European Banking Authority《EBA Opinion on 'virtual currencies'》〔R/OL〕（2014-07-04）〔2020-06-04〕https://eba.europa.eu/sites/default/documents/files/documents/10180/657547/81409b94-4222-45d7-ba3b-7deb5863ab57/EBA-Op-2014-08%20Opinion%20on%20Virtual%20Currencies.pdf?retry=1

13. UK Government Chief Scientific Adviser《分散式帳本技術：超越區塊鏈》〔R/OL〕萬向區塊鏈實驗室 譯 http://www.199it.com/archives/445197. html

14. UK Government Chief Scientific Adviser《分散式帳本技術：超越區塊鏈》〔R/OL〕萬向區塊鏈實驗室 譯 http://www.199it.com/archives/445197. html

15. Wikipedia《乙太坊》〔OL〕（2020-03-05）〔2020-06-04〕https://zh.wikipedia.org/wiki/wiki/ 乙太坊

16. 克里斯·伯尼斯克、傑克·塔塔爾《加密資產》〔M〕. 林華等　譯，北京：中信出版社，2018

17. Investopedia《Smart Contracts》〔EB/OL〕（2019-10-08）〔2020-06-04〕https://www.investopedia.com/terms/s/smart-contracts. asp

18. U.S. securities and exchange commission《Report of Investigation Pursuant to Section 21（a）of the Securities Exchange Act of 1934: The DAO》〔R/OL〕（2017-07-25）〔2020-06-324 金融科技知識圖譜 04〕https://www.sec.gov/litigation/investreport/34-81207.pdf

19. https://blockgeeks.com/blockchain-infographics/

20. Martin Chorzempe《China Needs Better Credit Data to Help Consumers》〔R〕Peterson Institute for International Economics, Policy Brief 18-1, 2018-01.

21. 劉新海《數位金融下的消費者信用評分現狀與展望》〔J〕徵信 2020/05：65-81.

22. TBILISI《A brief history and future of credit scores》〔J〕Economist, 2019-07-06.

23. 繆維民《金融科技時代的深度信用分析》〔R〕中國人民大學商學院 2019-11-30.

24. 劉新海、賈紅宇、韓曉亮《區塊鏈，一種新的徵信視角和技術架構》〔J〕徵信，2020/04:13-21.

25. 在中國有中證資本市場執行統計監測中心〔EB〕https://www.cmsmc.cn/cmsmc/cgfb/jcsy/scfxyj/595637/index.html

26. 中國人民銀行《信貸市場和銀行間債券市場信用評級規範》〔S〕2007

第 4 章

1. 貓九區塊鏈《區塊鏈的幾個歷史趣事有點意思哦》〔EB/OL〕.（2019-11-02）〔2020-06-04〕.https://www.wanbizu.com/baike/2019110257708.html

2. 王明偉《美國政府為何不要民眾買黃金 原因就是這些！》〔EB/OL〕.（2019-09-12）〔2020-06-04〕. http://www.silver.org.cn/x/20160912-74320.html

3. 白話區塊鏈《幣可分享：熊市很多人心灰意冷，卻很少人知道當年中本聰和「六大羅漢」有多牛》〔EB/OL〕.（2018-11-22）〔2020-06-04〕.https://www.sohu.com/a/277142059_100249655

4. 姚前《數位貨幣初探》〔M〕.北京：中國金融出版社，2018.

5. 中國區塊鏈技術和產業發展論壇《中國區塊鏈技術和應用發展白皮書》〔R〕，2016，10: P5.

6. https://blockgeeks.com/blockchain-infographics/

7. http://www.btc.com

8. Andreas M. Antonopoulos.《精通比特幣（第二版）》〔EB/OL〕.喬延宏等 譯.https://www.8btc.com/book/281955

9. Wikipedia「Digital Currency」〔EB/OL〕.（2020-05-04）〔2020-06-04〕.https://en.wikipedia.org/wiki/Digital_currency

10. European Central Bank《Virtual currency schemes—a further analysis》〔R/OL〕.（2015-02）〔2020-06-04〕https://www.ecb.europa.eu/pub/pdf/other/virtualcurrencyschemesen.pdf

11. Financial Crimes Enforcement Network. Application of FinCEN's Regulations to Persons Administering, Exchanging, or Using Virtual Currencies〔R/OL〕.（2013-03-18）〔2020-06-04〕. https://www.fincen.gov/resources/statutes-regulations/guidance/applicationfincens-regulations-persons-administering

12. European Banking Authority. EBA Opinion on 'virtual currencies'〔R/OL〕.（2014-07-04）.〔2020-06-04〕. https://eba.europa.eu/sites/default/documents/files/documents/10180/657547/81409b94-4222-45d7-ba3b-7deb5863ab57/EBA-Op-2014-08%20Opinion%20on%20Virtual%20Currencies.pdf?retry=1

13. UK Government Chief Scientific Adviser《分散式帳本技術：超越區塊鏈》〔R/OL〕.萬向區塊鏈實驗室 譯.http://www.199it.com/archives/445197.html

14. UK Government Chief Scientific Adviser《分散式帳本技術：超越區塊鏈》〔R/OL〕.萬向區塊鏈實驗室 譯.http://www.199it.com/archives/445197.html

15. Wikipedia「乙太坊」〔OL〕.（2020-03-05）〔2020-06-04〕. https://zh.wikipedia.org/wiki/wiki/乙太坊

16. 克里斯．伯尼斯克、傑克．塔塔爾《加密資產》〔M〕.林華 等 譯．北京：中信出版社，2018.

17. Investopedia《Smart Contracts》〔EB/OL〕.（2019-10-08）〔2020-06-04〕. https://www. investopedia.com/terms/s/smart-contracts.asp

18. U.S. securities and exchange commission《Report of Investigation Pursuant to Section 21》（a）of the Securities Exchange Act of 1934: The DAO〔R/OL〕.（2017-07-25）〔2020-06-04〕. https://www.sec.gov/litigation/investreport/34-81207.pdf

19. UK Government Chief Scientific Adviser《分散式帳本技術：超越區塊鏈》〔R/OL〕. 萬向區塊鏈實驗室 譯. http://www.199it.com/archives/445197.html

20. Christof Paar, Jan Pelzl《Understanding Cryptography: A Textbook for Students and Practitioners》〔M〕.New Dehlki: Springer,2010.

21. Wikipedia「Public Key Cryptography」〔EB/OL〕.（2018-07）〔2020-06-04〕.https://en.wikipedia.org/wiki/Public-key_cryptography

22. https://searchsecurity.techtarget.com/definition/asymmetric-cryptography

23. Mavroeidis, Vasileios, Kamer Vishi《The Impact of Quantum Computing on Present Cryptography》〔J〕. International Journal of Advanced Computer Science and Applications, 2018, 9（3）:405-414.

第 5 章

1　溫信祥《支付科技的未來》〔J〕，中國支付清算，2019，02：6-11.

2　中國人民銀行《電子支付指引（第一號）》〔S/EB/OL〕.（2005-10-26）〔2020-06-14〕.http://www.cfca.com.cn/20150812/101231459.html

3　溫信祥《支付研究（2020 卷）》〔M〕.北京：中國金融出版社，2020.

4.　高頓財經研究院《CFA 一級中文教材》〔M〕.上海：立信會計出版社，2019.

5.　上海國機集團《上海票據交易所介紹》〔EB/OL〕.〔2020-06-14〕. https://www.sigchina com/index.php?m=content&c=index&a=show&catid=121&id=654.

6.　Wikipedia「Cheque」〔EB/OL〕.（2020-05-20）〔2020-06-14〕. https://en.wikipedia.org/wiki/Cheque

7. Wikipedia「Credi card」〔EB/OL〕.（2020-06-13）〔2020-06-14〕. https://en.wikipedia.org/wiki/Credit_card

8. 路華強、楊志寧《深度支付》〔M〕. 北京：中國金融出版社，2018.

9. https://www.paypal.com/c2/home

10. Federal Reserve Bank（USA）《Electronec Funds Transters Act（EFTA）》〔S/EB/OL〕 https://www.federalreserve.gov/boarddocs/caletters/2008/0807/08-07_attachment.pdf

11. Wikipedia「Point of sale」〔EB/OL〕.（2020-06-09）〔2020-06-14〕. https://en.wikipedia. org/wiki/Point_of_sale

12. 人民網《支付寶升級「你敢付我敢賠 2.0」》〔EB/OL〕.（2019-07-02）〔2020-06-14〕. http://it.people.com.cn/n1/2019/0702/c1009-31207749.html

13. SWIFT《SWIFTNet》〔EB/OL〕.〔2020-06-14〕.https://www.swift.com/zh-hans/about-us/discover-swift/messaging-standards#topic-tabs-menu

14. https://www.swift.com/

15. https://zh.pcisecuritystandards.org/minisite/env2/

16. https://www.emvco.com/

17. Wikipedia. Central Bank Digital Currency〔EB/OL〕.（2020-04-17）〔2020-06-14〕 https://en.wikipedia.org/wiki/Central_bank_digital_currency

18. 199IT《英格蘭銀行：2020 英國央行數位貨幣（CBDC）研究報告》〔EB/OL〕.（2020-03-19）〔2020-06-14〕.http://www.199it.com/archives/1022450.html

19. 潘超《央行數位貨幣（CBDC）基礎知識了解一下》〔EB/OL〕（2019-08-16）〔2020-06-14〕.http://finance.sina.com.cn/blockchain/roll/2019-08-16/doc-ihytcern1336727.shtml

20. 中國金融四十人論壇《周小川談數位貨幣：私人部門可做金融基礎設施，但必須有公共精神》〔EB/OL〕（2019-06-26）〔2020-06-14〕. https://feng.ifeng.com/c/7npMcZVS8W9

21. https://www.fca.org.uk/account-information-service-ais-payment-initiation-service-pis

第 6 章

1. 何海鋒、銀丹妮、劉元興《監管科技（Suptech）:內涵、運用與發展趨勢研究》〔J〕．金融監管研究，2018，82（10）：69-83．

2. https://www.cbinsights.com/research/briefing/state-of-regulatory-technology-regtech/

3. 中國互聯網金融安全課題組《監管科技：邏輯、應用與路徑》〔R〕.2017.4. http://www.sohu.com/a/308843496_117965

5. BIS. Innovative Technology in Financial Supervision（Suptech）—The Experience of Early Users〔R〕.2018-06.

6. https://www.ibm.com/cn-zh/industries/banking-financial-markets/risk-compliance

7. 清華五道口金融科技研究院鑫苑房地產金融科技研究中心《英國 FCA 監管科技（Regtech）研究》〔R/OL〕.（2019-04-22）〔2020-04-23〕http://www.pbcsf.tsinghua.edu cn/upload/default/20190506/213252264a71177043d031838c1db374.pdf

8. 199IT《英格蘭銀行：2020 英國央行數位貨幣（CBDC）研究報告》〔EB/OL〕.（2020-03-19）〔2020-06-14〕.http://www.199it.com/archives/1022450.html

9. 維克托·邁爾 - 舍恩伯格、肯尼士·庫克耶《大數據時代》〔M〕.盛楊燕、周濤 譯.杭州：浙江人民出版社，2013.

10. https://www.bbva.com/en/what-is-regulatory-sandbox/

11. 未知《關於壓力測試在商業銀行風險管理中的應用探討》〔EB/OL〕.http://www.51testing.com/html/30/n-239530.html

12. Thomas Ilin, Liz Varga《The uncertainty of systemic risk》〔J〕.Risk Management,2015,17: 240-275.

13. G. Kaufman《Banking and currency crises and systemic risk: Lessons from recent events》〔J〕.Economic Perspectives, 2000,24（2）: 9-28.

14. Edward Denbee《Christian Julliard ,Ye Li, Kathy Yuan.Network Risk and Key Players: A Structural Analysis of Interbank Liquidity, Working Paper, London School of Economics and Political Science》,2018-12-31.

15. http://www.systemicrisk.ac.uk/

16. Kimmo Soramäki《Samantha Cook. Network Theory and Financial Risk》〔M〕. London:Risk Books. 2016.

17. 萬存知《徵信業的探索與發展》〔M〕. 北京：中國金融出版社 . 2018.

18. 孟娜《不一樣的關聯》〔J〕. 中國徵信，2012，08：37-39.

19. 馬駿、何曉貝、唐晉榮 等《金融危機的預警 / 傳染和政策干預》〔M〕. 中國金融出版社 . 2019.

20. 程大偉、牛志彬、劉新海、張麗清《複雜擔保網路中傳染路徑的風險評估》〔J/OL〕. 中國科學，2020. https://engine.scichina.com/publisher/scp/journal/SSI/doi/10.1360/SSI-2020-0028?slug=abstract

21. 馬修 · 傑克遜《人類網路》〔M〕. 余江 譯，中信出版社 .2019.

22. 陳道富、劉新海《我國應借助大資料分析積極應對擔保圈風險》〔R〕. 國務院研究發展中心研究報告，2014-11.

第 7 章

1. 中國人民銀行、中國銀行業監督管理委員會、中國證券監督管理委員會和中國保險監督管理委員會《金融機構客戶身份識別和客戶身份資料及交易記錄保存管理辦法》〔S/EB〕.2007-8-1.

第 8 章

1. 朱勝濤、溫哲、位華 等《註冊資訊安全專業人員培訓教材》〔M〕. 北京：北京師範大學出版社，2019.

2. 未央網《英國央行要求金融企業必須接受網路安全壓力測試》〔EB/OL〕.（2018-06-28）〔2020-06-04〕https://www.weiyangx.com/293401.html

3. 《資訊安全等級保護辦法》〔S/EB〕.http://www.gov.cn/gzdt/2007-07/24/content_694380.htm

4. 《中華人民共和國電腦資訊系統安全保護條例》〔S/EB〕. http://www.gov.cn/flfg/2005-08/06/content_20928.html

5. 中國網信網《網路安全法促進國家關鍵資訊基礎設施安全保護新發展》〔EB/OL〕.（2016-11-10）〔2020-06-14〕.http://www.cac.gov.cn/2016-11/10/c_1119889958.html

6. 未央網《金融企業必須了解的全球網路安全監管條例》〔EB/OL〕（2017-12-11）〔2020-06-04.https://www.weiyangx.com/270590.html

7. Vangie Beal《The 7 Layers of the OSI Model》〔EB/OL〕.（2019-04-23）〔2020-06-04〕https://www.webopedia.com/quick_ref/OSI_Layers.asp

8. IT 之家《駭客發現 iPhone 相機零日漏洞 蘋果給予 7.5 萬美元獎勵》〔EB/OL〕.（2020-04-04）〔2020-06-04〕.https://tech.sina.com.cn/digi/2020-04-03/doc-iimxxsth3546438.shtml

9. 至誠財經《Facebook 資料洩露風波不斷 大資料時代的商業還能自律嗎？》〔EB/OL〕（2018-12-17）〔2020-06-04〕.http://www.zhicheng.com/syrw/n/236689.html

10. 海德納吉《社會工程：安全體系中的人性漏洞》〔M〕陸道宏、杜娟、邱璟譯.北京：人民郵電出版社，2013.

11. Ross Anderson《Security Engineering: A Guide to Building Dependable Distributed Systems（2nd ed.）》〔M〕.Indianapolis, IN: Wiley 2008.

12. 再無債《奈及利亞騙局 419 騙局》〔EB/OL〕（2019-05-15）〔2020-06-04〕https://www.zaiwu zhai.com/fangpian/917.html

13. 董興生《勒索病毒善偽裝造成的破壞不可逆》〔N〕華西都市報，2016-10-11.

14. 中國新聞網《國內勒索病毒持續高發，今年來超 200 萬台終端被攻擊》〔EB/OL〕.（2018-09-22）〔2020-06-04〕http://it.people.com.cn/n1/2018/0922/c1009-30309119.html

15. 俠客島《「勒索病毒」幕後工具指向美國國安局》〔EB/OL〕（2017-05-16）〔2020-06-04〕.http://news.ifeng.com//a//20170516//51097848_0.shtml

16. 中關村線上《勒索病毒全球爆發，你的備份方式安全嗎？》〔EB/OL〕（2017-05-22）〔2020-06-04〕http://news.zol.com.cn/640/6403445.html

17. 傑米·巴特利特《暗網》〔M〕劉丹丹 譯.北京：北京時代華文書局，2018.

18. 騰訊網路安全與犯罪研究基地《侵公典型案件暗網占比 40%？三個真相還原暗網世界》〔EB/OL〕（2020-04-20）〔2020-06-04〕https://mp.weixin.qq.com/s/CUhGvGiNqKk8CP8w QkAxNA

19. 汪德嘉 等《身份危機》〔M〕北京：電子工業出版社，2017.

20. RPA 中國《亞馬遜推出欺詐檢測器，可自動識別異常交易》〔EB/OL〕（2019-12-19）
〔2020-06-04〕https://baijiahao.baidu.com/s?id=1653276502752896574&wfr=spider&for
=pc

21. 國際金融公司《徵信知識指南》〔M〕華盛頓：世界銀行出版社，2012.

22. YvanLiu《沙箱（SandBox）、檔案操作》〔EB/OL〕（2016-07-14）〔2020-06-04〕
https:// www.jianshu.com/p/00c26f4763e5

23. CSDN 博客《沙箱機制（sandBox）》〔EB/OL〕（2014-07-15）〔2020-06-04〕
https://blog.csdn.net/forrhuen/article/details/37822417

24. 威脅情報研究組《威脅情報發展現狀解讀（一）》〔EB/OL〕「安全幫」微信
公眾號 .（2020-04-05）〔2020-06-04〕https://mp.weixin.qq.com/s/FKrlhxfdL2-
FLS6jGdae9g

25. 電腦與網路安全《網路安全態勢感知》〔EB/OL〕（2018-10-14）〔2020-06-04〕.
https://www.sohu.com/a/259447248_653604

第 9 章

1. 個人資訊保護課題組《個人資訊保護國際比較研究》〔M〕北京：中國金融出版社，
2017

2. 王融《大數據時代：資料保護與流動規劃》〔M〕北京：人民郵電出版社，2017.

3. 中國法制出版社《中華人民共和國網路安全法（含草案說明）》〔M〕北京：中國
法制出版社，2016.

4. 國家市場監督管理總局、國家標準化管理委員會《資訊安全技術 個人資訊安全規
範》〔S/M〕北京：中國質檢出版社，2020.

5. 中國人民銀行《個人金融資訊保護技術規範（JR/T 0171-2020）》〔S〕2020-2.

6. 安恒信息《一文看懂個人金融資訊保護技術規範》〔EB/OL〕（2020-03-06）〔2020-
06-20〕https://www.mpaypass.com.cn/news/202003/06113618.html

7. 劉新海《信用評分 60 年（7）:美國個人資訊保護新舉措促信用評分 7 月飆升》〔EB/
OL〕（2017-07-25）〔2020-06-20〕http://opinion.caixin.com/2017-07-25/101121670.
html

8. 劉新海《個人徵信發展需要市場化驅動》〔J〕中國改革，2019，05：60-66.

9. 清華五道口《廖理：另類資料正在崛起，促進金融模式創新》〔EB/OL〕http://www.pbcsf.tsinghua.edu.cn/portal/article/index/id/4134.html

10. 劉新海《徵信與大數據》〔M〕北京：中信出版社，2016.

11. https://www.ft.com/content/f1590694-fe68-11e8-aebf-99e208d3e521

12. Federal Trade Commission《Data Brokers: A Call for Transparency and Accountability》〔R/OL〕（2014-05）〔2019-10-22〕. https://www.ftc.gov/system/files/documents/reports/data-brokers-call-transparency-accountability-report-federal-trade-commission-may-2014/140527databrokerreport.pdf

13. Stephanie Gruber（SAP）,Eric Vanderburg（TCDI）《GDPR，Data Privacy and Cybersecurity》〔R/OL〕2018 MIT CDOIQ Symposium. https://www.slideshare.net/evanderburg/gdpr-data-privacy-and-cybersecurity-mit-symposium

14. 尼古拉·傑因茨《金融隱私：徵信制度國際比較（第二版）》〔M〕萬存知 譯 . 北京：中國金融出版社，2009.

15. https://www.ftc.gov/news-events/media-resources/protecting-consumer-privacy/financialprivacy

16. 劉新海《歐盟最嚴資料保護法規對我國金融科技發展的深遠影響》〔J〕當代金融家，2018，06：20-20.

17. Cynthia Dwork, Frank McSherry, Kobbi Nissim, Adam Smith《Calibrating Noise to Sensitivity in Private Data Analysis》〔M〕New Dehlhi: Springer. 2006.

18. Apple.《Apple Previews iOS 10, the Biggest iOS Release Ever》〔EB/OL〕（2016-06-16）〔2020-16-14〕https://www.apple.com/newsroom/2016/06/apple-previews-ios-10-biggestios-release-ever.html.Retrieved 16 June 2016

第 11 章

1. 研究和市場《網路安全保險——全球市場展望（2017—2026）》2019-8.

2. https://www.allianz.com/en.html

3. 國內那些事《平安產險網路安全綜合保險，讓平安在你身邊》〔EB/OL〕https://www.sohu.com/a/142518547_529355

4. 《國外盛行的 P2P 保險模式，到底有什麼與眾不同的地方？》〔EB/OL〕http://www.woshipm.com/it/597012.html

5. 郭銳欣《國外 P2P 保險平臺經營模式比較研究》〔J〕保險理論與實踐，2018，08：60-75.

6. 新華網《中交興路聯合平安保險發佈基於 UBI 的貨運保險》〔EB/OL〕http://www.xinhuanet.com/tech/2019-10/31/c_1125177916.html

7. 中國保監會《互聯網保險業務監管暫行辦法》〔S〕2015/07.

8. 和訊保險《陳劍峰：利用互聯網優勢 推動保險行銷發展》〔EB/OL〕〔（2011-06-23）2013-11-20〕http://insurance.hexun.com/2011-06-23/130829282.html

9. 吳軍《互聯網保險的發展現狀及案例啟示》〔J〕中國經貿導刊，2017，014:43-72.

後記

　　美國學者丹尼爾·貝爾（Daniel Bell）和彼得·德魯克（Peter F. Drucker）等在 20 世紀 70 年代認為，在後工業化時代，知識將取代資本，成為社會上最重要的資源。我們認為，在當代中國，金融科技或許正是這一論斷的最好注腳。未來，金融科技知識圖譜的研究工作還要繼續，將進一步加強技術應用水平和內容專業程度，歡迎金融科技專業人士加入這個公益專案。

　　金融科技的發展，在促進數位經濟發展的同時，在全球範圍內引發巨大的爭議，從消費者隱私保護、網路安全、平臺與資料壟斷到演算法歧視。而本書預期帶來的專業理解和概念清晰化不僅有助於創新，也有助於撥開雲霧，正確界定金融科技的地位並發揮其價值。

　　同時，未來與時俱進的金融監管也需要更好的金融科技解決方案。

　　新冠肺炎疫情給世界帶來前所未有的衝擊，也促使經濟生活數位化轉型加速，希望本書能夠促進金融科技知識向產品與服務的轉化，增進數位化金融的健康快速發展。

　　第一線金融領域的概念變化較快，所以本書在編寫過程中參考大量中外文獻資料，並用工程化的技術，分析和關聯名詞。儘管如此，受限於團隊的研究能力，難免會出現一些偏差，希望讀者和各領域專業人士能夠指正和提出寶貴建議，以期將金融科技的研究工作延續下去。

劉新海

2021 年 2 月 8 日於北京

致謝

本書為公益專案，寫作時長為 3 年，從最初簡潔新穎的英文版到目前內容豐富詳盡的中文版，背後是團隊成員的圖譜框架構建、標記、分析和論證等大量工作。

本書理論部分還得到眾多專家、學者和機構的大力支持。其中，中國國務院研究發展中心金融研究所副所長陳道富研究員、清華大學經濟管理學院學術委員會主席陳國青教授、波士頓諮詢（BCG）高級顧問孫中東先生對本書的框架提供寶貴意見；中國科學院大學金融科技研究中心主任劉世平教授、北京大學光華管理學院金融系主任劉曉蕾教授、清華大學電腦系副主任徐恪教授、北京大學智慧科學系張岩教授、中國人民大學財政金融學院陳忠陽教授和中國科學院自動化研究所肖柏華研究員參與本書創作過程中的線上研討，給出很多真知灼見；通付盾公司資訊安全專家汪德嘉博士、張昀球先生和崔寶文先生就本書資訊和網路安全方面的內容提供專業建議；中國市場學會信用學術委員會主任林鈞躍老師和央行徵信中心原顧問李銘博士就信用科技領域給予專業指導；北京智速科技有限公司首席執行官、中國科學院網路資訊中心客座研究員王子田博士對量化投資部分提出修改意見；騰訊研究院首席數據政策專家王融女士和中國資訊通信研究院互聯網法律研究中心何波研究員在個人資訊保護與應用模組方面提供專業的支援。

維薩中國的王東先生和舒晨女士協助組織研討，協調專家資源，並在維薩內部針對支付科技部分廣泛徵求意見。還有一些不方便署名的金融監管機構的專家也參與大量的研究和討論，在此也一併致謝。

2AB545

FinTech金融科技名詞速查字典：全面即懂人工智慧、數位貨幣、區塊鏈、支付科技及網路安全

作　　者／金融科技理論與應用研究小組／劉新海
執行編輯／單春蘭
特約美編／MATT
封面設計／走路花工作室
行銷企劃／辛政遠
行銷專員／楊惠潔
總 編 輯／姚蜀芸
副 社 長／黃錫鉉
總 經 理／吳濱伶
發 行 人／何飛鵬
出　　版／電腦人文化
發　　行／城邦文化事業股份有限公司
　　　　　歡迎光臨城邦讀書花園
　　　　　網址：www.cite.com.tw
香港發行所／城邦 (香港) 出版集團有限公司
　　　　　香港灣仔駱克道193號東超商業中心1樓
　　　　　電 話：(852) 25086231
　　　　　傳 真：(852) 25789337
　　　　　E-mail：hkcite@biznetvigator.com
馬新發行所／城邦 (馬新) 出版集團
　　　　　Cite (M) Sdn Bhd
　　　　　41, Jalan Radin Anum, Bandar Baru Sri Petaling,
　　　　　57000 Kuala Lumpur, Malaysia.
　　　　　電 話：(603) 90578822
　　　　　傳 真：(603) 90576622
　　　　　E-mail：cite@cite.com.my

若書籍外觀有破損、缺頁、裝釘錯誤等不完整現象，想要換書、退書，或您有大量購書的需求服務，都請與客服中心聯繫。

客戶服務中心
地址：10483 台北市中山區民生東路二段141號B1
服務電話：（02）2500-7718、（02）2500-7719
服務時間：週一 ～ 週五9：30～18：00，
24小時傳真專線：（02）2500-1990～3
E-mail：service@readingclub.com.tw

※ 詢問書籍問題前，請註明您所購買的書名及書號，以及在哪一頁有問題，以便我們能加快處理速度為您服務。

※ 我們的回答範圍，恕僅限書籍本身問題及內容撰寫不清楚的地方，關於軟體、硬體本身的問題及衍生的操作狀況，請向原廠商洽詢處理。

廠商合作、作者投稿、讀者意見回饋，請至：
FB 粉絲團：http://www.facebook.com /InnoFair
E-mail 信箱：ifbook@hmg.com.tw

國家圖書館出版品預行編目資料

FinTech金融科技名詞速查字典：全面即懂人工智慧、數位貨幣、區塊鏈、支付科技及網路安全/
金融科技理論與應用研究小組, 劉新海著. -- 初版. --
臺北市：電腦人文化出版：城邦文化事業股份有限
公司發行, 民111.07
　面；　公分. -- (Bizpro)
ISBN 978-957-2049-20-4(平裝)
1.CST: 金融業 2.CST: 金融管理 3.CST: 金融自動化
561.029　　　　　　　　　　　　　111001368

印刷／凱林印刷有限公司
2022年(民111) 07月 初版一刷　　Printed in Taiwan
定價／420元

FINTECH

FINTECH

FINTECH

FINTECH